首阳教育书系

第三届议题式教学设计大赛
优秀作品选编

黄建炜 沈雪春 主编

陕西师范大学出版总社 西安

图书代号：JY24N0618

图书在版编目（CIP）数据

第三届议题式教学设计大赛优秀作品选编／黄建炜，
沈雪春主编. — 西安：陕西师范大学出版总社有限公司，
2024. 5
　ISBN 978-7-5695-4062-8

　Ⅰ.①第… Ⅱ.①黄… ②沈… Ⅲ.①政治课—教学
设计—高中 Ⅳ.①G633.202

　中国国家版本馆 CIP 数据核字（2024）第 019015 号

第三届议题式教学设计大赛优秀作品选编
DISANJIE YITISHI JIAOXUE SHEJI DASAI YOUXIU ZUOPIN XUANBIAN
黄建炜　沈雪春　主编

责任编辑	江　丹	
责任校对	闫　琳	
装帧设计	诚成文化	
出版发行	陕西师范大学出版总社	
	（西安市长安南路 199 号　邮编　710062）	
网　　址	http://www.snupg.com	
印　　刷	陕西博文印务有限责任公司	
开　　本	787 mm×1092 mm　1/16	
印　　张	16.75	
字　　数	280 千	
版　　次	2024 年 5 月第 1 版	
印　　次	2024 年 5 月第 1 次印刷	
书　　号	ISBN 978-7-5695-4062-8	
定　　价	60.00 元	

如有印装问题，请与出版社联系调换。联系电话：029-85308197。

序一　设计:教学增值的应然路径

教学是一种实践性活动。大多数教师的教学依赖模仿与经验,当实践发展到一定阶段,就会出现种种教学模式。一种教学模式对个体或一定的群体来说,具有稳定性,而稳定教学模式的背后是不变的教学理念。因此,想彻底改变教学模式,就要先更新教学理念。

一般教师对待自己选择的教学模式背后的教学理念是不自觉的,也是不反省的。所以,教学设计往往缺乏明确理念指导,属于"不理解的教学设计"。这样的教学设计对应的课堂教学往往是肤浅的、杂乱的,难以有思维的涌动和情感的流淌。追求理解的教学设计,需要我们进行教学设计时,持续地思考和处理好三对关系。

一、教学设计与课堂教学的关系

所谓教学设计,就是把学习与教学原理转化为教学材料、活动、信息资源和评价的规划这一系统的、反思性的过程。教学设计是课堂教学的基础。优秀的教学设计可以为教学锦上添花,起到事半功倍的效果。通常来看,教学设计至少要回答四个基本问题:一是我们要到哪里去,即教学目标,制订教学目标是课堂教学的出发点;二是我们凭借什么到达那里,即依据标准选择适合的学习内容,是课堂教学的凝聚点;三是我们如何到达那里,即选择适合的教学方式,是课堂教学的突破点;四是我们怎样知道已经到达那里,即进行教学评价,是课堂教学的落脚点。

传统教学设计有两大误区:聚焦活动的教学和聚焦灌输的教学。这两种情况下,教师都没有彻底想清楚教学目的,都没有恰当地回答有效学习的核心问题:什么是最重要的? 核心是什么? 简单地说,其都没有明确的大概念引导教学,没有为确保学习效果而制订计划。"活动导向的设计",教师只关注活动本身,导致学生认为自己的任务只是参与,学习只是活动,而不是对活动意义的深刻思考。灌输式教学通常依赖教材，通过教材定义教学内容和教学次序。事实上，教材只是一种教学资源而非教学大纲。

二、教学设计与教学理念的关系

在所有设计行业中，设计工作都受标准的指导和约束。教学设计也是如此。优秀的教学设计能够充分体现教师对新课程理念的领会、对新课标要求的把握、对新教材教法的适应。

进行教学设计时，许多教师习惯考虑教什么和如何教。设计时，往往从教材、喜欢的方法和传统的活动开始。换句话说，太多的教师只关注自己的"教"，而不是学生的"学"。他们花大量时间思考自己要做什么、使用哪些材料、要求学生做什么，而不是思考为了达到学习目标学生需要什么。"如果目的地未定，那么怎么走都行。"这样的教学设计与深刻的教学规律和先进的教学理念是脱节的。所以，最好的教学设计应该是以终为始，从学习预期结果开始的逆向思考。这个习惯转变，是指教师思考如何开展教与学活动之前，先要根据主题思考此类学习要达到的目的是什么(即带学生到哪里去)，以及哪些证据能够表明学习达到目的和符合逻辑的评估(即知道现在的位置，凭什么到达那里)，然后再导出适合的学习活动(即如何使学生到达那里，教学活动是达到目的的一种手段)。一旦舍弃那些习惯了的和最喜欢的但不能达到预期结果的课程与活动，就表明你开始进步了。

《普通高中思想政治课程标准(2017年版2020年修订)》指出，高中思想政治课是落实立德树人根本任务的关键课程，以培育社会主义核心价值观为目的，是帮助学生树立正确的政治方向、提高思想政治学科核心素养、增强社会理解和参与能力的综合性、活动型学科课程。议题式教学则是实现活动型学科课程的基本抓手。这些是我们在进行教学设计时的圭臬。在实际教学中，由于议题式教学既包含学科课程具体内容，又引领学生思辨进而发展思维、促进知识理解和能力提高，深受一线教师青睐。数年来，广大一线思政课教师、教研员、理论工作者都对此进行不懈的探索，既突出学科本质，又在人工智能浪潮下思考议题式教学的智慧性。

三、教学设计与教学模式的关系

是否有一种万能的结构和模式满足教学需要呢？苏联教育家巴班斯基在论述教学过程的优化时指出："最优是指对现有条件来说，对学生和教师在当时的实际可能性来说，以及从一定的准则来看是最好的。"最好的是具体的、有条件的,不可能存在一种适用于任何不同教学情境的通用的课堂结构模式。即使课前教师进行多方面准备,精心设计某一课堂教学结构,也不可能对课堂教学实际进展情况进行准确的全部预测。所以,任何一种预先设计的课堂结构都不可能完全吻合教学实际。

教师进行教学设计时,要认识课堂教学是一个多侧面、多层次的活动过程,是千姿百态、变化多端的发展过程。课堂教学中,学生是最活跃、最革命的因素,应克服机械和教条,增强主动性和探究性,当教学情境突变时,能够灵活而机智地处理预设外的情况,同时对设计好的教学结构做出相应调整和变通。如果一切都按照预设流程有条不紊地进行,实际上是将学生当作"套中人",使本应充满生机的课堂教学变成没有活力的"拼盘"。这种课堂表面看似乎风平浪静,但抑制学生的积极性、主动性和创造性,把教学引向死胡同,远离教学本质。

因此,我们可以参考优秀的教学设计,从中汲取有益的营养,但不能原封不动地移植;可以体现一定的课堂改革模式,但不能机械教条地固守。我们要认识到,经验主义是教学改革的最大障碍。因为经验主义常常以情感代替理智,以想象性事实代替客观事实。它强调的是"情感经验优于事实"的真相建构逻辑,从而使得教学脱离真相,呈现后真相。因此,教学设计要能因学生而异、因教学内容而异、因教学目标而异,不僵化、不同化。对于教师来说,千课一面最后的结果可能是以教限学、以教害学,是万万要不得的。

我们进行本辑优秀教学设计、策划和选编时,既考虑覆盖面,又凸显教师多元化思考,其中"更好发挥政府作用"教学设计就有 8 篇,"贯彻新发展理念"教学设计更是多达 11 篇。这么做的出发点是去模式化、多灵动性,让阅读这本书的老师能更好地触摸教学本质,更好地体会教学设计是科学、是艺术、是伦理。具体成书时,我们对每份教学设计作了相对统一的格式要求,但是,仍然百花齐放。

关于教学设计的这些思考,或许零乱,聊以作序。

黄建炜
2024 年 3 月于西安

序二　迭代中生发的"盎然春意"

　　"世上本没有路,走的人多了,也便成了路。"思政课议题式教学的实践和探索正是从"没路"到"有路"再到"有大路"的过程,也是从"无人走路"到"有人走路"再到"很多人走路"的过程。从第一届高中思想政治议题式教学设计大赛到第二届高中思想政治议题式教学设计大赛再到第三届高中思想政治议题式教学设计大赛,议题式教学设计在迭代中不断创新,生发姹紫嫣红的"盎然春意"。

　　与前两册图书相比,本书收录的36篇教学设计呈现新特点:目标设计的层级性、运行逻辑的可视性、同题异构的对比性、议题指向的学科性等。这些新的特点印证议题式教学设计的新一轮发展态势,让人欢喜和欣慰,值得在序言中细述一番,愿读者先睹为快。

　　一、目标设计的层级性

　　翻开书,你会发现每一篇教学设计都是从"必备知识、关键能力、学科素养、核心价值"四个层级设计教学目标,而这些层级目标中蕴含政治认同、科学精神、法治意识、公共参与四个学科核心素养的相应维度。教师进行目标设计的主要依据是《普通高中思想政治课程标准(2017年版2020年修订)》(以下简称"新课标")和《中国高考评价体系》。新课标明确了思想政治学科核心素养的四个维度,即政治认同、科学精神、法治意识、公共参与。《中国高考评价体系》明确提出评价的基本框架。高考评价体系主要由"一核""四层""四翼"三个部分内容组成。其中,"四层"为考查内容,即核心价值、学科素养、关键能力、必备知识,是素质教育目标在高考中的提炼,回答"考什么"的问题。本书收录的议题式教学设计的教学目标采用"四层四维"的矩阵式架构(见图1),在学科内容上体现学科核心素养的四维要求,在素养层阶上体现中国高考评价体系的四层要求,实现教-学-评的协同。

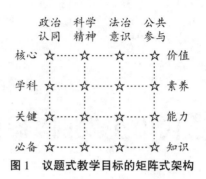

图1 议题式教学目标的矩阵式架构

比如,蔡莉老师"公有制为主体 多种所有制经济共同发展"教学设计的教学目标表述如下:

(1)**必备知识**:了解社会主义初级阶段生产资料所有制形成和确立的原因,理解公有制为主体地位的表现、原因和作用,了解非公有制经济的内涵,把握非公有制经济对国民经济的重要作用,明确多种所有制经济共同发展的意义。

(2)**关键能力**:辨识企业的性质、辨别公有制和非公有制地位的能力,能够分析我国以公有制为主体、多种所有制经济共同发展的必要性和合理性的综合能力。

(3)**学科素养**:认同和坚持以公有制为主体、多种所有制经济共同发展的基本经济制度。

(4)**核心价值**:成为中国特色社会主义经济的建设者。

在这一目标设计中,必备知识、关键能力、学科素养、核心价值成为学习"公有制为主体 多种所有制经济共同发展"的素养层阶要求,政治认同成为学习"公有制为主体 多种所有制经济共同发展"的素养内容要求。

二、运行逻辑的可视性

任何课堂都有内在运行逻辑,运行逻辑形成课堂独有的教学结构。将教学结构以图示方式呈现,能够形成可视化的运行进路,有助于读者理解课堂运行的内在规律。本书的教学设计通过一个坐标图进行运行逻辑的可视化表达。坐标图中的横轴表示教学过程,每个教学环节标识为横轴上的一个坐标点,串点成线用于表示整个教学过程的运行轨迹;纵轴代表教学任务,形成知识衔接、知识理解、知识应用和知识迁移四个具有递进性层级;每个教学环节由教学情境、活动任务和学科知识构成,完成不同的教学任务,形成具有递进性的教学路线。在教学路线中,我们似乎可以看到课如人生的隐喻:躺不能躺成平板,卷不能卷成麻花,在45度向上的人生路线中寻找意义。

比如,董秋楠老师"更好发挥政府作用"教学设计以图2所示坐标将呈现课堂逻辑。

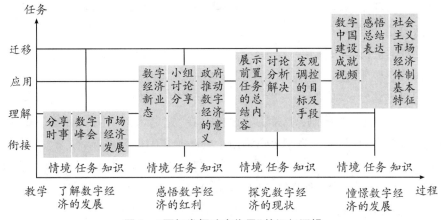

图2 "更好发挥政府作用"的运行逻辑

从"更好发挥政府作用"运行逻辑图示中，我们可以清楚看到课堂教学的展开过程。整个教学过程分为"了解数字经济的发展、感悟数字经济的红利、探究数字经济的现状、憧憬数字经济的发展"四个环节，每个环节由情境、任务（活动和问题）、知识等基本要素构成。其中，"了解数字经济的发展"环节主要完成知识衔接任务，"感悟数字经济的红利"和"探究数字经济的现状"环节主要完成知识理解和知识应用任务，"憧憬数字经济的发展"环节主要完成知识理解、知识应用和知识迁移的基本任务。教学运行逻辑可视化让教学过程、教学任务及两者在教学环节中的分布情况一目了然。

三、同题异构的对比性

不同教师根据实际、结合自己的理解形成富有个性的教学设计。个性化的教学设计如果缺乏参照，就可能导致封闭或自以为是。同题异构在对教材的把握和教学方法的设计上强调同中求异、异中求同，能够让我们清楚地看到不同教师对同一教材内容的不同处理、不同的教学策略所产生的不同教学效果，既彰显教师教学个性，又体现资源共享和互补。因而，同题异构具有对比实验的意义，有利于克服个性化设计存在的弊端，给读者提供多种参照和比较，从而引发思维碰撞。

本书收录的教学设计全部集中在普通高中思想政治必修2《经济与社会》教材，共36个。其中，"公有制为主体 多种所有制经济共同发展"教学设计2个，"充分发挥市场在资源配置中的决定性作用"教学设计4个，"更好发挥政府作用"教学设计8个，"我国的经济发展"教学设计2个，"贯彻新发展理念"教

3

学设计 11 个,"我国的个人收入分配"教学设计 2 个,"我国的社会保障"教学设计 3 个。这些同题异构的教学设计能让我们在对比中进行选择和综合,以他山之石攻自己之玉。

比如,同样是"贯彻新发展理念"知识主题,教学设计展现"自顾自美丽"的教学风格。昆明理工大学附属中学周芳老师以"如何坚持以人民为中心的发展思想与贯彻新发展理念"为议题,通过"共话十年佳绩,感悟'春'之魅力;当好排头兵,探索'春'之密码;建言献策,激发'春'之活力"架构课堂,呈现议题引领活动的教学模式;浙江省绍兴市稽山中学张美老师以"如何贯彻新发展理念,推动高质量发展"为议题,通过"一个村,共寻蜕变密码;一座城,共谋发展路径;一份礼,共证绍兴答卷"架构课堂,呈现议题引领情境式的教学模式。

四、议题指向的学科性

新课标明确指出:"议题,既包含学科课程的具体内容,又展示价值判断的基本观点;既具有开放性、引领性,又体现教学重点、针对学习难点。"这就意味着,思想政治学科的议题应该具有学科性、开放性、引领性和针对性。它既不是知识主题,又不是情境主题,而是一个具有可议性的学科问题。本书收录的议题式教学设计,经过初次设计和优化再构,36 个教学设计的议题在不同程度上体现引领性和开放性,所有议题都明确指向教学重点,具有针对性。

比如,围绕"贯彻新发展理念"知识主题,老师们设计了"新发展理念'新'在哪里""为什么发展必须以人民为中心"等议题。这些议题从"是什么"或"为什么"层面指向教学重点,反映教材新变化。再如,围绕"更好发挥政府作用"知识主题,老师们设计了"如何更好发挥政府作用""如何更好发挥政府作用推动数字经济发展""政府在实现共同富裕中如何'有为'"等议题。这些议题从"怎么样"层面指向教学重点,反映时代新变化。每个议题都反映了教师对教材知识的深刻理解,很多议题能够反映教材的新变化和时代的新动态,生发盎然的新意。

从第一届高中思想政治议题式教学设计大赛到第三届高中思想政治议题式教学设计大赛,来自全国各地两千多位教师递交了自己的作品。这些作品蕴含思政人对课程改革的内心期盼和对课堂改进的强烈意愿,犹如春天的生命,散发蓬勃的生机和无限的可能。

沈雪春

2024 年 3 月写于吴江同里

第二单元　经济发展与社会进步

第一单元 生产资料所有制与经济体制

"公有制为主体　多种所有制经济共同发展"教学设计

蔡　莉(四川省遂宁高级实验学校)

议题:我国的生产资料所有制是如何彰显制度优势的?

一、教学准备

1.教材分析

(1)本课地位:"公有制为主体　多种所有制经济共同发展"是《经济与社会》第一单元第一课第一框的内容。本书的主线为:中国经济社会是在什么样的制度基础上通过怎样的运行,实现什么样的发展,发展结果如何保障人民共享。因此,本框生产资料所有制和经济体制的知识是认识我国经济的基础。

(2)本课内容:本框阐述我国以公有制为主体、多种所有制经济共同发展的基本经济制度,具体包括公有制和非公有制的地位必要性与合理性。

第一目"公有制主体地位及其表现",从宏观的生产资料所有制到我国的生产资料所有制,主要介绍公有制经济的地位、内容、作用和体现。

第二目"多种所有制经济共同发展",主要阐述非公有制经济的地位、内容、作用,以及公有制经济和非公有制经济共同发展的积极意义。

2.学情分析

(1)知识基础:学生通过初中阶段的学习,已经对社会主义初级阶段的生产资料所有制有了初步认识,具备一定的知识基础,也能初步理解我国社会主义生产资料所有制的显著优势。本阶段学习要从身边经济现象入手,使学生对我国生产资料所有制从感性认识上升到理性认识,为正确理解我国当前所有制结构的必然性和优越性与"两个毫不动摇"进一步奠定理论基础。

(2)认知能力:本课内容的教学对象为高一学生。高一学生思维活跃,初步具备分析社会经济现象的心智和能力,但是对经济理论知识认识还不够深入和透彻。基于高一学生的思维习惯、兴趣爱好,政治课堂应该从真实生活经济现象入手,带领学生逐步深入对经济理论知识的学习。

3.教学目标

(1)必备知识:了解社会主义初级阶段生产资料所有制形成和确立的原因;

理解公有制为主体地位的表现、原因和作用;了解非公有制经济的内涵;把握非公有制经济对国民经济的重要作用;明确多种所有制经济共同发展的意义。

(2)关键能力:辨识企业的性质、辨别公有制和非公有制地位的能力;能够分析我国以公有制为主体、多种所有制经济共同发展的必要性和合理性的综合能力。

(3)学科素养:认同和坚持以公有制为主体、多种所有制经济共同发展的基本经济制度。

(4)核心价值:成为中国特色社会主义经济的建设者。

4.教学重难点

(1)教学重点:公有制的主体地位的原因和体现;非公有制经济的地位和作用。

(2)教学难点:多种所有制经济共同发展的意义。

5.教学方法

本课采用以议题为引领、以真实教学情境为载体、以核心素养为旨归的议题式教学法。议题引领一个小问题、两个子议题和一个小项目,包含在四个环节之中。

6.教学结构

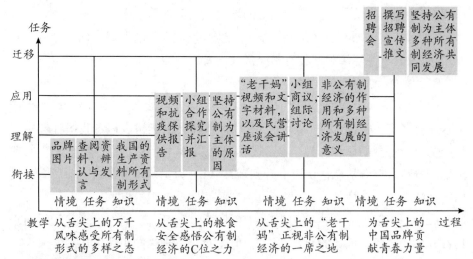

二、教学过程

(一)前置学习

[学生活动]自主查阅相关资料,了解相关食品品牌属于哪种所有制形式;小组合作,查阅中储粮和"老干妈"企业的相关资料。

(二)课堂教学

导入:都说民以食为天,人的生存和发展离不开吃,随着经济发展,人们的消费选择也变得更加丰富。有哪些品牌受同学们喜欢呢?在上课之前,请同学们欣赏一段食品广告剪辑视频。

[设计意图]以食品广告剪辑视频为导入,点明主题"从舌尖上的中国看公有制为主体、多种所有制经济共同发展"。广告剪辑视频导入具有较强感染力,熟悉的品牌广告语能引起学生情感共鸣、激发学生学习兴趣,便于更好地营造议学情境和顺利开展议学活动。

环节一:从舌尖上的万千风味感受所有制形式的多样之态

[教学情境]图片:不同食品及其企业商标。

[学习任务]自由发言:查阅资料,判断以上图片分别反映哪种所有制?是所有制中具体哪种形式?

[答案提示]

表1　不同所有制形式

公有制经济	国有经济:中储粮
	集体经济中的国有成分和集体成分:砂糖橘
	混合所有制中的国有成分和集体成分:天友
非公有制经济	个体经济:街边小吃
	私营经济:螺蛳粉
	外资经济:百事可乐
	混合所有制中的非公有成分:天友

[设计意图]引导学生联系生活实际,感受生活中的物质资料生产,通过图片激发学生对物质资料的兴趣,能更好地把抽象的物质资料概念用直观形象方式呈现出来,使学生从身边的物质资料认识我国基本经济制度的具体内容,从具体到抽象,符合学生的认知规律。

环节二:从舌尖上的粮食安全感悟公有制经济的"C位"之力

[教学情境1]视频"粮仓里的中国——北粮南运"片段。

[教学情境2]材料:《中国储备粮管理集团有限公司抗疫保供专题社会责任报告》(简称《报告》)指出,面对新冠疫情这场"疫情大考",中储粮集团公司深入贯彻习近平总书记重要讲话精神,第一时间打响疫情防控"阻击战"。《报告》分别从"党建引领""应急动用""保供稳市""组织收购""携手抗疫"五大方面,总结中储粮集团公司在疫情期间参与保供稳市、积极履行社会责任的实践。同时,《报告》收录了12个中储粮基层战疫故事,讲述了基层干部员工全力以赴投入抗击疫情、复工复产、保供稳市、抗疫物资支援等各项任务的动人故事。有效发挥粮食安全"压舱石"、服务调控"主力军"和调节市场"稳定器"作用,以实际行动书写出一个个不平凡的抗疫故事,在这场特殊的大考中交出优异答卷。

[学习任务]小组讨论:北粮南运和疫情中的中储粮说明国企的实力如何?为什么要让公有制经济在国民经济中稳居"C位"?

[知识建构]

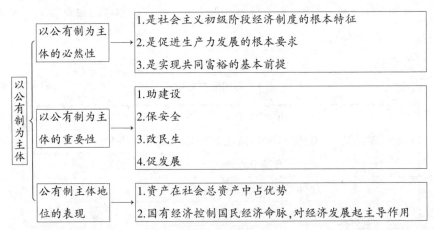

[设计意图]本环节是教学重点,能够帮助学生了解坚持以公有制为主体的原因,提供中储粮的视频和情境材料,使学生在真实情境中分析问题、探究原

因。汇报观点,有利于培养学生探究思考、分析问题的能力和创新能力。通过合作商议方式,深化学生对公有制度在国民经济中主体地位的认识。

环节三:从舌尖上的"老干妈"正视非公有制经济的一席之地

[教学情境1]"老干妈"品牌的发展历程。

全国最"火辣"的女人——"老干妈"陶华碧,一个逆袭成为"国民女神"的农村妇女背后的传奇商业史。"老干妈"一年卖出6亿瓶,三年纳税20亿,是当之无愧的中国第一辣酱。"老干妈"公司服务"三农",带动农业发展,也带动农民种植优质辣椒,提高农民经济收入。在全国65个城市建立销售网络,产品出口到美国、澳大利亚、加拿大、新西兰等30多个国家和地区。2012年7月,美国奢侈品电商Gilt把"老干妈"奉为尊贵调味品,限时抢购价11.95美元两瓶。美国"老干妈"绝对算得上是"来自中国的进口奢侈品"。原本仅仅只是贵州特色调味品的"老干妈",成了风味辣椒调味制品的代名词,成了全国和世界众多消费者佐餐、烹饪必备佳品。"老干妈"作为辣椒制品生产和销售的龙头企业,贵阳南明老干妈风味食品有限公司积极响应市慈善总会为疫情防控捐款捐物的号召,践行企业社会责任,2020年2月,捐款100万元和价值203万元的15 000件老干妈食品,用于支援湖北省和贵阳市的疫情防控。

[教学情境2]2018年11月1日,习近平总书记在民营企业座谈会上的讲话中强调,基本经济制度是我们必须长期坚持的制度。民营经济是我国经济制度的内在要素,民营企业和民营企业家是我们自己人。民营经济是社会主义市场经济发展的重要成果,是推动社会主义市场经济发展的重要力量,是推进供给侧结构性改革、推动高质量发展、建设现代化经济体系的重要主体,也是我们党长期执政、团结带领全国人民实现"两个一百年"奋斗目标和中华民族伟大复兴中国梦的重要力量。在全面建成小康社会、进而全面建设社会主义现代化国家的新征程中,我国民营经济只能壮大、不能弱化,不仅不能"离场",还要走向更加广阔的舞台。

[学习任务]小组商议:"老干妈"的巨大影响力展现出非公有制经济对社会具有哪些重要作用?

组际辩论:我国大力发展民营企业会不会动摇公有制的主体地位?

[知识建构]

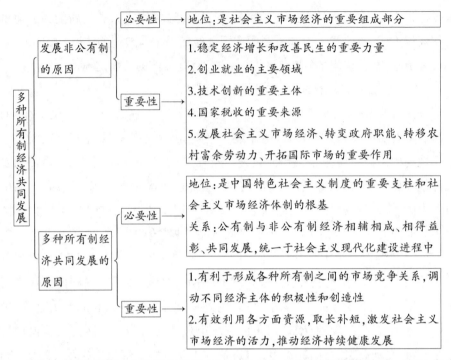

[设计意图]以"老干妈"品牌为切入点,学生从熟悉的事物出发,认识非公有制经济就在身边,并对生活和社会产生巨大影响。学科理论知识紧扣生活现实,问题设置旨在锻炼学生提取信息、分析经济现象的能力,从而实现生活逻辑与学科逻辑的统一。学习任务二是在学习任务一基础上进行思维深化,学习任务一为了让学生认识到非公有制的作用,民营经济作为我国的非公有制经济对社会发挥重大作用,国家也非常重视民营经济的发展,但是大力发展民营经济是否会削弱公有制经济的地位成为学生疑问。因此,学习任务二以组际辩论形式进行,旨在让学生厘清公有制和非公有制各自的地位、作用及其之间的关系。

[答案提示]以"老干妈"企业为话题情境,教师说明"老干妈"也是众多非公有制经济的具体缩影,让学生运用教材第7页非公有制经济的地位和作用知识分析材料。学生回答的结构应该为"材料+作用"。例如:"老干妈"出口到30多个国家,开拓了辣椒酱国际市场;"老干妈"公司服务"三农",既带动农业发展,也带动农民种植优质辣椒,提高了他们的经济收入,在创业就业、改善民生、转移富余劳动力等方面发挥了巨大作用;"老干妈"在创收的同时积极纳税,推动社会主义市场经济发展,稳定经济增长。

[答案提示]运用公有制经济和非公有制经济的关系、意义和要求知识点总

结学生辩论,最后让学生在辩论中清楚我国大力发展民营企业不会动摇公有制的主体地位。

(结语)舌尖上的中国中藏着我国基本经济制度的智慧,也彰显社会主义经济制度的强大优势。我们有足够勇气坚定道路自信和制度自信,在中国特色社会主义制度的光辉照耀下,使中国经济的浪潮奔向更加辽阔的海域。

[议学延伸]随着经济迅速发展,食品品牌也愈加丰富。正值毕业季,中粮集团、五粮液集团、三全食品、海底捞集团等食品企业走进校园招贤纳士。

假如你是某企业招聘宣传员,请以小组为一个团队为本企业公众号撰写一篇简洁的招聘宣传推文,主要向招聘对象传达企业性质、企业优势、企业精神。班内进行展示,评比出"同学们最想去的企业"。

举例:大悦城控股集团股份有限公司是中粮集团旗下唯一的地产投资和管理平台。大悦城控股定位"城市运营商与美好生活服务商"的战略方向,肩负"创造城市永续价值,追求可持续性幸福"企业使命,力争成为更具持续发展能力的城市美好生活创造者。此次大悦城控股逆势招人彰显了中粮"忠于国计、良于民生"的使命担当,与武汉同心同行,不仅是中粮集团的央企担当,还体现大悦城控股华中区域的战略观、人才观与产品观,赋新江城,与武汉同发展。加入中粮,与你一同成就梦想。

[板书设计]

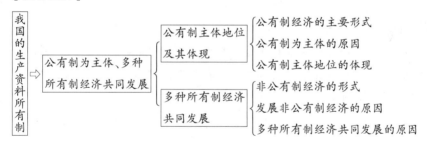

三、教学资源

1.视频:"粮仓里的中国——北粮南运"。

2.中储粮发布:《抗疫保供专题社会责任报告》。

3.视频:"'老干妈'品牌的发展历程"。

4.新华网:《习近平在民营企业座谈会上的讲话》。

"公有制为主体 多种所有制经济共同发展"教学设计

谢蔚岚(浙江省嘉兴市第五高级中学)

议题:在社会主义初级阶段,公有制经济与非公有制经济如何统一于社会主义现代化建设之中?

一、教学准备

1.教材分析

(1)本课地位:我国在社会主义初级阶段坚持公有制为主体、多种所有制经济共同发展。这是中国特色社会主义制度的重要支柱。学习本框内容,有利于学生辩证地看待不同的所有制经济,深刻感受中国特色社会主义制度的优越性,认同我国的基本经济制度,培育政治认同、科学精神、法治意识、公共参与等学科核心素养。

(2)本课内容:"公有制为主体 多种所有制经济共同发展"是必修2《经济与社会》第一单元"生产资料所有制与经济体制"中第一课"我国的生产资料所有制"第一框的内容。下设两目:

第一目是"公有制主体地位及其体现",主要阐述生产资料所有制在生产关系中的地位,我国公有制经济的形式、地位及其体现、作用,国有经济地位、作用、最主要的实现形式。

第二目是"多种所有制经济共同发展",主要阐述我国非公有制经济的形式、地位、作用,多种所有制经济共同发展的意义。

2.学情分析

(1)认知基础:高一学生处于少年期结束、青年期开始的过渡阶段,在理智、情感、道德、社交等方面尚未成熟,思维正经历从具体思维到抽象思维的过渡。

(2)认知能力:学生刚刚完成必修1《中国特色社会主义》的学习,对生产资料所有制有一定程度的了解。本框将所有制知识和当前实际生活相结合,有利于激发学生学习兴趣。

3.教学目标

(1)必备知识:了解我国在社会主义初级阶段生产资料所有制的内容。

(2)关键能力:培养获取、解读、归纳信息的能力;培养应用所学知识,分析经济现象、解决实际问题的能力。

(3)学科素养:辩证看待公有制经济和非公有制经济对我国经济发展的影响,培育科学精神;激发对公有制主体地位、国有经济主导作用的自信心和自豪感,培育政治认同素养。

(4)核心价值:感受多种所有制经济共同发展的意义,激发参与家乡建设的责任感,努力成为有理想、有学识、有信念、有担当的中国特色社会主义事业的接班人。

4.教学重难点

(1)教学重点:我国社会主义初级阶段生产资料所有制的内容和依据。

(2)教学难点:公有制主体地位及其体现。

5.教学方法

议题式教学法、情境探究法、角色扮演法。

6.教学结构

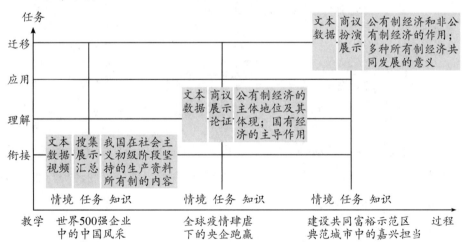

二、教学过程

(一)前置学习

[学生活动]

活动一:每位学生从近三年世界500强企业中挑选一家中国企业,并搜集其发展历程资料;按企业的当前排名、成立时间、规模、资金来源、所属区域和产业、核心技术、经营模式、社会贡献、国家政策等,对所搜集资料进行归纳整合,形成报告并制作PPT。

活动二:分组考察嘉兴经济发展状况,包括资源分布、特色产业、企业的所有制类型、居民收入、环境状况等,结合"建设共同富裕示范区典型城市"要求,为嘉兴未来经济发展出谋划策。

(二)课堂教学

导入:播放视频"世界500强中国企业排行榜"。

环节一:世界500强企业中的中国风采

[教学情境]世界500强企业中的中国企业概况:成立时间、企业规模、资金来源、当前排名等。

[学习任务]学生进行调查成果展示,并指出所展示企业的所有制性质,谈谈对"公有制经济与非公有制经济并存于社会主义市场经济之中"的理解。

[知识建构]

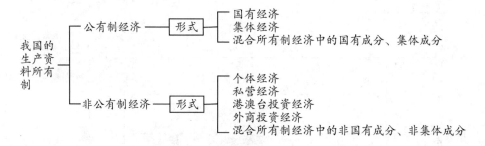

[设计意图]通过活动,使学生了解我国生产资料所有制的不同形式,感受公有制经济与非公有制经济的形式和发展概况,理解当前公有制经济与非公有制经济并存于我国的社会主义市场经济之中。

环节二:全球疫情肆虐下的央企跑赢

[教学情境]从2019年至今,连续上榜世界500强的中国央企概况:规模和资金、所属区域和产业、核心技术、经营模式、社会贡献、国家政策等。

[学习任务]学生展示上榜央企的发展概况,商议、归纳全球疫情下央企能够坚挺的共同原因,论证观点"在全球疫情肆虐下,我国央企能跑赢世界500强"。

[知识建构]

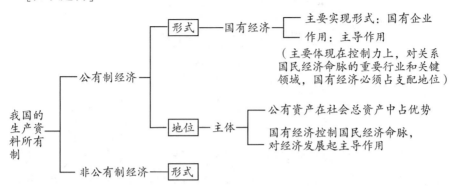

[设计意图]通过活动,学生多角度了解我国央企的发展形势,深刻感受国有经济的主要实现形式和主导作用,进而理解公有制经济的主体地位及其体现,增强政治认同。

环节三:建设共同富裕示范区典范城市中的嘉兴担当

[教学情境]你是一名经济规划师,掌握着近十年世界500强企业的发展数据及嘉兴在各方面取得的成就和存在的不足。近日,嘉兴市委提出,要推动嘉兴从"统筹城乡发展的典范"迭代升级、蝶变跃升为"共同富裕的典范",率先闯出以城乡高水平融合为特色,高质量发展、现代化建设和共同富裕相互促进、螺旋式上升的新路子,要求全面呈现共同富裕美好社会形态的"五幅图景",即蝶变跃升、富庶均衡的富裕图景,生活和美、近悦远来的幸福图景,红船领航、自信自强的文明图景,秀水泱泱、韵味江南的美丽图景,现代智慧、充满活力的和谐图景。

[学习任务]分组讨论,根据嘉兴当前的实际状况,提出嘉兴建设共同富裕示范区典型城市中应重点开发的经济项目,具体介绍支持开发的经济项目所属产业、资金来源、项目前景等,并阐述支持该项目的理由。

[知识建构]

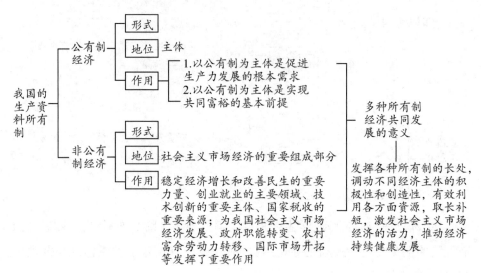

[设计意图]通过活动,学生辩证地看待公有制经济与非公有制经济的作用,明白公有制经济与非公有制经济是相辅相成、相得益彰的;同时,更深层次地理解公有制主体地位的体现,理性看到公有制的主体地位是就全国而言的,有的地方、有的产业可以有所差别,因而要具体问题具体分析,从而培育其科学精神;通过角色扮演,学生认识到多种所有制经济共同发展的意义,增强参与家乡建设的使命感和责任感,培育其公共参与能力。

[板书设计]

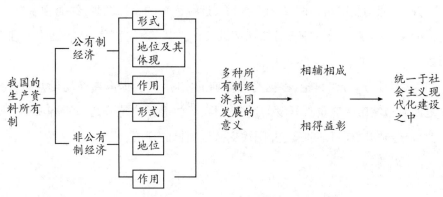

三、教学资源

1.沈雪春,顾爱勤:《议题式课堂教学设计·中国特色社会主义、经济与社会》。

2.浙江在线:国家级嘉兴经济技术开发区奋楫争先逐梦共富新征程。

"毫不动摇巩固和发展公有制经济"教学设计

唐　盼(新疆乌鲁木齐市第八中学)

议题:如何毫不动摇巩固和发展公有制经济?

一、教学准备

1.教材分析

(1)本课地位:"毫不动摇巩固和发展公有制经济"是高中思想政治必修2《经济与社会》第一单元"生产资料所有制与经济体制"中第一课"我国的生产资料所有制"第二框"坚持'两个毫不动摇'"的第一目。无论是从教材内容还是从单元设计看,本课时内容都至关重要。从《经济与社会》整本教材看,本书依据习近平新时代中国特色社会主义经济思想的基本原理,讲述我国社会主义基本经济制度,解析社会主义市场经济的基本特征,并在此基础上阐释指导我国经济社会发展的新理念,最终帮助学生理解全面深化改革的意义,提升学生在新时代参与社会主义现代化建设的能力。生产资料所有制在生产关系中起决定性作用,是经济制度的基础。只有充分了解"我国的生产资料所有制、独特优势以及如何做",才能为深入了解我国社会主义经济制度和经济体制奠定基础,进而系统理解全面深化改革的意义。在此基础上,加强学生对中国特色社会主义道路的认同、对中国特色社会主义制度特别是对我国基本经济制度的认同,最终引导学生积极投身社会主义现代化建设。

从单元设计看,本单元依据唯物史观原理,从生产资料与生产关系入手,进而引出生产资料所有制在经济制度中的决定性作用。只有先清晰、透彻地讲好"我国的生产资料所有制是什么,该如何做",才能更好地从学理上讲清楚"社会主义市场经济体制为什么是我国的一项基本经济制度",再从理论、实践双重角度,引导学生深刻理解"坚持和完善社会主义市场经济体制为何能够成就中国经济的奇迹"。因此,第一单元第一课第二框在整个单元中具有承上启下的关键作用,打通第一单元两课之间的逻辑与脉络。此框第一目"毫不动摇巩固和发展公有制经济"成为架起整个单元并使之前后贯通的重要一课时。

(2)内容分析:根据新课标"模块2:经济与社会",本课时内容与新课标中此模块内容要求的1.2"明确坚持毫不动摇巩固和发展公有制经济……"相对应。针对此部分内容,新课标给出的教学提示为"以为什么要坚持'两个毫不动摇'为议题,探究我国社会主义基本经济制度的优越性"。在具体课堂教学实践中,本课时则以"如何毫不动摇巩固和发展公有制经济"为课时总议题。

本单元导语提出的五个问题是本单元核心的单元学习目标,其后的"有助于""树立"和"提升"则是提高学生学科核心素养的关键。其中,"如何巩固和发展公有制经济,鼓励、支持、引导非公有制经济发展"是第一课第二框要重点回答与解决的学习内容。"如何巩固和发展公有制经济"是本课时所要学习的核心问题,也是本课时的核心学习目标。在第一课导言中,同样提出两个问题。虽然这两个问题主要集中在第一框学习,但是第二框内容正是对这两个问题回答的逻辑延续与进一步阐释。特别就第二个问题"我国的生产资料所有制有什么优势"而言,第二框两目内容是对其进一步的逻辑延续与深入阐述,其逻辑为"既然有优势,那么我们该如何做"。

本目由三个"探究与分享"串联起正文的全部内容,并有三个"相关链接"对正文中的相关知识进行扩展补充。

2.学情分析

(1)心智特征:高一学生具备一定的观察能力和逻辑思维能力,能够在分析经济现象过程中提升学科能力和素养。相较必修1学习,学生对新的经济领域具备探究兴趣,但对理论性较强的内容,教师需要选用合适的教学方法和情境素材,才能达到深刻认识和深度学习。

(2)认知结构:学生在初中《道德与法治》八年级下册第三单元"人民当家作主"第五课"我国的基本政治和经济制度"中,对我国的基本经济制度的含义与作用及坚持"两个毫不动摇"已有了初步了解,但这种了解是浅显的,仅仅停留在概念识记,对"为什么"及"如何做"并未涉及。学习必修2第一课第一框之后,学生已经深入了解并且结合一定事例可以回答"为什么"问题,为第二框"如何做"的深入学习架好桥梁。

第一框学习为第二框学习打好理论基础、打通思维之脉。因此,第二框从实践层面出发,帮助学生打通"理论—实践"的脉络,使学生的认知结构更加立体化。基于此,本课时的总议题"如何毫不动摇巩固和发展公有制经济"及子议题1"如何壮大国有经济——国民'奶小生'的成长之路"和子议题2"如何壮大农村集体经济——国民'奶小生'的反哺之路",都以新疆著名乳制品国企天润乳业发展为例,以学生身边企业为线索,带领学生共同完成本节课的学习。这样的议题与情境设计贴近学生生活,能够激发学生学习兴趣,较好达成教学目标。

3.教学目标

能够从具体的国企改革发展中,总结出发展壮大国有经济的有效措施;能够结合现实发展,阐述发展壮大农村集体经济的有效措施,理解和认同国家改革方向与政策措施。培养学生对知识的应用迁移能力和实践创新能力,增强学生的公共参与素养,引导学生做强国建设的参与者和实践者;明确坚持毫不动摇巩固和发展公有制经济,自觉坚持社会主义初级阶段的基本经济制度,坚定中国特色社会主义制度自信,坚定中国特色社会主义信念,提升学生政治认同,引导学生做中国特色社会主义的建设者和接班人。

4.教学重难点

(1)教学重点:从具体的国企改革发展中总结出发展壮大国有经济的有效措施。

(2)教学难点:结合现实发展,阐述发展壮大农村集体经济的有效措施,最终理解和认同国家改革方向与政策措施。

5.教学方法

议题式教学法、情境探究法。

6.教学结构

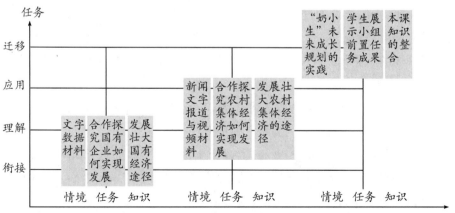

二、教学过程

(一)前置学习

[学生活动]

1.以学习小组为单位,走进天润乳业或者乌鲁木齐市城市规划馆,寻找"奶小生"的前世和今生,了解天润乳业如何从"新疆土娃娃"成为如今的"国民奶小生"。

2.完成寻访之旅后,小组成员合作完成一份"国民奶小生"未来发展规划书,为"奶小生"发展出谋划策。(发展规划书的内容包括原因分析、提出对策的理由、相关理论)

(二)课堂教学

导入:实物展示学生食堂配餐的酸奶——天润酸奶。天润作为新疆本土乳制品国企,如何从"新疆土娃娃"成为如今走出新疆、走向全国的"国民奶小生"呢? 就让我们走进"奶小生",一起探究"如何发展壮大国有经济"。

环节一:"奶小生"成长之路

[教学情境]从新疆"土娃娃"成长为国民"奶小生"并不容易,一路前行,最终完成蜕变。

材料一:天润乳业的发展壮大过程

天润乳业在发展过程中也面临产能过剩、资源浪费、效益下降等难题,先后启动资源整合项目,并购重组兵团乳业旗下的天澳牧业。

天润乳业先后将在资本市场融资的8800万元全部投入企业建设中,一举改善了养殖企业的基础设施和生产条件,保证了公司优质奶源这一根本。

近年来,天润乳业通过持续进行技术改造和创新发展,先后通过引进国际尖端的生产设备和技术,形成了饲草种植、奶牛养殖、乳品生产、科研开发、市场营销于一体的产业化经营模式,综合经济实力日益壮大,基础产业发展势头强劲,乳业产能质量显著提高,产品创新取得丰硕成果。迅速占领疆内市场,并远销其他省份,成为推动公司结构优化升级、市场销量和利润大幅增长的重要动力。天润乳业也已快速成长为新疆乳业的龙头企业。

不断完善自身产业链和产业布局,以产业化协同发展为目标,建立农业、加工业和市场服务业三大产业体系,加快实现"天山南北、润康中国"的战略构想。

材料二:我国国有经济近年来发展数据

从1957年到1978年,国有经济主要通过全面控制各行业发挥主导作用。

1998年至2004年,国有企业总户数从23.8万户减至13.8万户,净减少10万户,年均递减8.7%。

20世纪90年代以来,在市场化程度高、竞争属性强的领域,国有经济呈现逐步退出趋势,但在关系国家安全的行业仍占有重要地位。农副产品加工业、饮料制造业、化纤制造业等行业,国有控股工业的总产值比重均大幅下降。

1993年至2006年,按全部工业领域,我国企业产值大幅增加至348 248亿元,国有企业数量从10.5万个下降到2.5万个,产值从22 725亿元上升到98 910亿元。2020年,按控股情况统计企业法人单位数25 055 456个,其中国有控股企业293 473个、集体控股企业1 805 550个。

目前,我国国有经济分布范围依然过宽,在国民经济行业20个门类中都有分布,在国民经济行业95个大类中也基本都有分布。国有经济根据管理权限在部门或地区分布,资源分散、条块分割的状态尚未得到根本改善,经营性国有资产也未实现集中统一管理。

材料三:天润乳业、联通集团等国企通过"混改"实现新发展

2015年9月,国务院印发《关于国有企业发展混合所有制经济的意见》,对国企混改之路提出了具体要求。党的十九大报告明确指出:"深化国有企业改革,发展混合所有制经济,培育具有全球竞争力的世界一流企业。"一系列顶层设计凸显了发展混合所有制经济的重要地位和作用。

新疆天润乳业股份有限公司由十二师国资委控股,并引入其他资本。联通集团从混改方案的制定到实施,始终引人关注,不少业内人士喊出"国企混改看联通"的口号。就让我们仔细看一看,联通集团混改项目有哪些特点,能为后续的混改工作带来哪些借鉴意义。

联通集团引入中国人寿、腾讯、百度、京东、阿里、苏宁、光启互联、淮海方舟、兴全基金与结构调整基金等战略投资者。混改后,联通集团持股比例由62.7%下降至36.7%,10家战略投资者合计持股比例约35.2%,员工持股2.7%,公众股东持股25.4%,最终国有资本合计持有53%,形成多元化的股权结构,保证国有资本在重大决策上的话语权,有效防止非国有资本侵占造成的国有资产流失。

[学习任务]探寻国民"奶小生"的成长之路。

1."奶小生"的成长之路给"壮大国有经济"怎样的启示?

2.要壮大国有经济,除"奶小生"之类的经济外,还需哪些类型?国家如何

布局?

[知识建构]

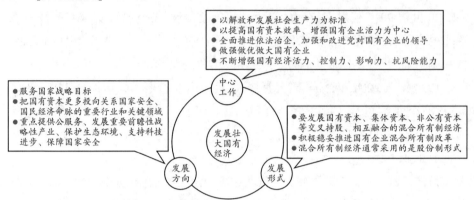

[设计意图]本环节涉及的学科知识并不难,重要的是学生能否从具体的国企改革发展中总结出发展壮大国有经济的有效措施,以及提升参与中国特色社会主义现代化建设的自觉性和能力,提高学科核心素养。本环节设计从微观与宏观、横向与纵向两个维度完成。以天润乳业发展为议学情境,学生从"奶小生"成长中见微知著,总结归纳国有经济该如何发展;从国有经济发展宏观视角出发,探究我国国有经济发展。在本环节设计中,虽然以天润乳业发展为情境展开,但也融入其他国有企业改革发展的事例。微观视角与宏观视角相结合、横向视角与纵向视角相结合,使学生不会被情境困住,既借助情境又能摆脱情境。这样的设计,不仅有利于学生发展思维与开阔视野,还能提高学生政治认同、公共参与素养。

环节二:"奶小生的"反哺之路

[教学情境]国民"奶小生"反哺助力农村发展。天润乳业作为新疆本土国企,在自身不断谋发展的同时助力南北疆经济发展。

材料一:"农村土地改革 激发'三农'新活力"视频(选自《新闻联播》)。

材料二:天润乳业助力南疆经济社会发展新闻报道。

[学习任务]探寻"奶小生"的反哺之路。

1.国民"奶小生"如何反哺农村集体经济发展?结合材料,小组完成下表。

此时,牧场(土地)所有权归_____,承包权归_____,生产经营权归_____;这时,农户不仅可以通过自己种植(养殖)获得收入,还可以通过_____获得收入。

天润乳业以租赁方式使用牧场相关设施……$\xrightarrow{\text{作用}}$( )

"企业+基地+农户"的发展模式,使农业经营主体从过去单一的_____发展到既有_____,又有集体和_____。

探索"企业+基地+农户"发展模式,在南疆地区形成了2万亩饲草的种植规模,既调动了当地农户发展种植的积极性,又带动了3000余人就业$\xrightarrow{\text{作用}}$( )

2.结合"奶小生"的反哺,思考如何壮大农村集体经济。

[知识建构]

发展壮大农村集体经济
- 发展壮大农村集体经济要巩固农村基本经营制度
- 深化农村土地制度和集体产权制度改革
- 保障农民财产权益
- 发展多种形式适度规模经营
- 培育新型农业经营主体
- 健全农业社会化服务体系
- 建立符合市场经济要求的集体经济运行机制

[设计意图]相较国有经济,学生对农村集体经济的陌生感更强。缩小这种距离会让学生产生亲切感,起到事半功倍的效果。国有经济和农村集体经济作为公有制经济的重要形式与组成部分,二者并不是完全割裂的。本环节设计仍以天润乳业为背景,从天润乳业作为国企的担当入手,连接"如何发展壮大国有经济"和"如何发展壮大农村集体经济"两个部分内容。学生对农村集体经济陌生的原因之一是对相关经济名词不熟悉,需要教师提供一定"脚手架"辅助学生的学习。因此,本环节提供"农村土地改革 激发'三农'新活力"视频片段,让学生通过视频了解教学中涉及的经济名词,帮助学生完成学习任务。学生通过小组合作共同完成一个个相互联结的议学任务,最终总结归纳农村集体经济发展壮大的措施。在此过程中,达成"能够结合现实发展,阐述发展壮大农村集体经济的有效措施,理解和认同国家改革方向和政策措施"教学目标。

环节三:"奶小生"的未来之路

[教学情境]我是"国民奶小生"未来发展建议人。

[学习任务]展示小组前置任务成果。

[设计意图]思政课不应只停留在课堂上。学生通过探寻"奶小生"的发展历程产生的体验,有课程前置学习效果。实践中,体验再经过课堂的深化,可以更好地帮助学生学习与理解理论,最终通过直接体验与理论学习的融会贯通,完成对中国特色社会主义(经济)制度的"感性—理性"认同,真正提高学生政治认同和公共参与素养。特别是"国民奶小生"未来发展规划书学习项目,让学生完成"理论—实践"环节,学以致用。

(结语)从新疆"土娃娃"到国民"奶小生"是天润的故事,更是我国国有经济发展的故事;国民"奶小生"虽是奶企但有大担当,是天润的故事,更是我国农村集体经济发展的故事。毫不动摇巩固和发展公有制经济,不只是一句话,更是发生在我们身边的事。

[板书设计]

$$\boxed{\text{巩固和发展公有制经济毫不动摇}}\left\{\begin{array}{l}\text{发展壮大国有经济}\\\text{发展壮大农村集体经济}\end{array}\right.$$

三、教学资源

1.《新闻联播》视频:"农村土地改革 激发'三农'新活力"。

2.新闻报道:《天山南北著华章——天润乳业助力南疆经济社会发展纪实》。

3.张卓元:《中国经济体制改革40年》。

"我国的社会主义市场经济体制"复习课教学设计

杨　威(上海市虹口高级中学)

议题:资源配置中市场与政府的关系如何?

一、教学准备

1.教材分析

(1)本课地位:"我国的社会主义市场经济体制"是必修 2《经济与社会》第二课内容,是全书的重中之重。社会主义市场经济体制与公有制为主体、多种所有制经济共同发展,按劳分配为主体、多种分配方式并存,构成我国社会主义初级阶段的基本经济制度。

(2)内容分析:本课由两个框题组成,第一框"充分发挥市场在资源配置中的决定性作用",主要讲述市场在资源配置中的优势及其局限性;第二框"更好发挥政府作用",主要讲述社会主义市场经济体制的基本特征及我国政府的经济职能。本课的目标是引领学生从宏观上了解社会主义市场经济体制。

(3)课标要求:《普通高中思想政治课程标准(2017 年版 2020 年修订)》指出,阐述建设高标准市场体系的意义,辨析经济运行中政府与市场的关系,解析宏观调控的目标与手段。在学生已掌握相关知识前提下,本节课通过议题式教学,探究经济活动中"两只手"的作用,深入理解市场在资源配置中的决定性作用、更好发挥政府作用的重要性和必要性,引导学生全面、辩证地看问题,进而提高学生分析、解决问题的能力。

2.学情分析

(1)知识基础:学生在初中已经了解社会主义市场经济体制是我国的基本经济制度相关内容,经过新授课学习,已掌握相关知识,但是受生活经验和知识储备所限,对本课涉及的市场机制、供求、价格等知识理解存在难度,难以辩证、全面地认识经济运行中市场与政府的关系,需要有意识地加以引导。

(2)认知能力:高中学生思维活跃,具备分析社会生活中一些具体经济现象的能力和思辨思维,能够结合所学知识形成对经济社会的理解和评价,具有基本的价值判断。学生的认知能力及透过现象看本质的能力比较欠缺,认知呈现感性、零碎的特点,复习课中要注重帮助学生梳理知识、构建知识体系,进行透彻的学理分析。

3.教学目标

(1)必备知识:掌握市场经济运行的基本知识,阐明市场调节的优点及局限性,理解社会主义市场经济的基本特征,体悟"两只手"的关系。

(2)关键能力:提升获取信息、解读资料、交流合作、辩论分析和知识迁移运用的能力。

(3)学科素养:培养对社会主义市场经济体制的政治认同;贯彻绿色发展、生态文明理念,树立合理利用资源、节约资源的观念,提高参与公共事务的能力和素养;厘清有分歧的观念,提高思辨能力,树立法治意识,增强科学精神。

(4)核心价值:形成责任担当意识。

4.教学重难点

(1)教学重点:市场配置资源的机制及优缺点,规范市场秩序。
(2)教学难点:市场如何配置资源,更好发挥政府作用。

5.教学方法

议题式教学法、开放互动式教学法、情境体悟式教学法、合作探究式教学法。

6.教学结构

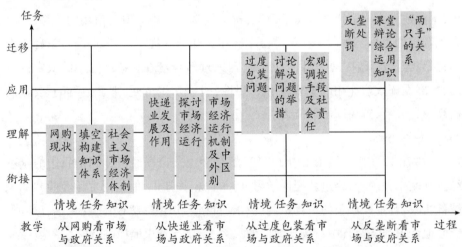

二、教学过程

导入:同学们,一场"双11"盛宴,我们看到互联网公司天然具有的规模效应,有利于财富创造,是未来数字经济、科技创新的重要组成部分。要持续发挥市场在资源配置中的决定性作用。

市场具有自发性等局限性。我们要看到资本为了逐利而损害消费者利益的行为,不能只看到它们创造的效益,而忽视其中被侵犯的规则。同时,应有效发挥政府的作用。

今天,我们一起由网购展开,感受"两只手"的默契,体悟资源配置中市场与政府的关系。

环节一:从网购看市场与政府关系

[学习任务1]你能建立核心概念之间的联系吗?

1."双11"期间,犹如有一只"看不见的手"调节商家宣传、备货、消费者购物,说明_____在_____中发挥决定性作用。

2.绝大多数消费者认为,淘宝的购物环境值得信赖,说明市场运行中良好的_____是基础。

3.网购消费者更喜欢在信誉高的商家购物。为此,商家纷纷提高自己的服务水平,"攒"信誉。这说明建立_____,褒扬诚信,惩戒失信的重要性。

4.但在"双11"期间,我们依然会发现有商家先提价再打折,出现以次充好、虚假宣传、虚假信誉等现象,说明市场调节具有_____。

5.针对这些问题,国家制定《网络交易管理办法》等法规,明确网络零售市场各参与主体的权利、责任、义务关系,进一步明确网购不是法外之地,说明国家运用_____完善我国_____的运行。

[知识建构]

资源配置　　市场　　市场秩序

社会征信体系　　局限性　　宏观调控　　社会主义市场经济

[设计意图]引入学生熟悉的"双11"购物场景,学习生活中的经济常识,将核心知识填写在横线上,考查学生基础知识的掌握情况。通过探讨网购等现象,发现蕴含其中的市场经济运行基本知识。

[学习任务2]这些内容是本课的核心概念。你能建立这些核心概念之间的联系吗?

要求:概念之间应具有一定逻辑(可以是结构图或思维导图),可依据理解添加其他概念;先自主构建,然后小组间交流分享。

[知识建构]

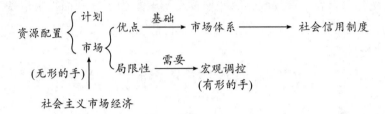

[设计意图]由于高一学生认知能力及透过现象看本质的能力有所欠缺,单纯依靠学生自主构建知识体系有难度。所以,第一个学习任务呈现本课的核心知识,为学生建构知识体系提供思路。学生通过知识体系建构,理清"两只手"的关系,筑牢知识基础,提高驾驭知识的能力。

环节二:从快递业看市场与政府关系

[教学情境1]为什么会用机器代替人工?

我国快递业务量连续6年居世界第一。"双11"我们启动"买买买"模式的同时,快递公司也迎来物流高峰。2023年和2022年相比,派送速度大幅提高。这是怎么实现的呢?

申通快递转运中心经理刘婷婷表示:"由于人工成本增加,在分拣环节,小件改由机器代替人工进行自动化分拣,通过加强管理,提高操作效率,保障了时效。"

[学习任务1]说明为什么会用机器代替人工?

要求:独立思考,能够运用所学知识并结合材料阐述原因。

[知识建构]

价格高 ⟶ 需求减少 ⟶ 资源流出

人工成本高,减少人力的使用,机器更有价格

优势,增加机器投入使用。

价格相对变低 ⟶ 需求增加 ⟶ 资源流入

结论:市场经济主要通过价格、供求、竞争等机制,

像一只"看不见的手"调节资源的配置。

[设计意图]通过对人工成本增加促使机器代替人工经济现象的探讨,学生感受生活处处有学问,从而更好地理解商品价格与商品供求之间的关系,学会自主分析价格变化如何影响资源配置,提高运用知识解析生活中经济现象的能力。

[教学情境2]我国和国外市场运行有无差别？

邮政快递行业是国民经济发展的基础性、战略性产业。中国邮政作为行业的"国家队"，是我国最大的物流企业，2019年利润收入是民营快递顺丰快递的6.06倍。

中国邮政乡镇网点覆盖率达100%，有力带动全国农村地区农副产品进城和工业品下乡，推动偏远地区百姓脱贫的步伐。

在抗击新冠疫情中，在党中央坚强领导下，中国邮政依照国家邮政局有关规定，以国家利益为重，积极承担责任，有力保障了武汉等地区援助物资、生活必需品的配送。

[学习任务2]有人认为，中国快递的崛起、效能的进步，是市场经济发展的结果，我国和国外的市场运行没有差别。你怎么看？

要求：可以结合教学情境1、2分析说明你的观点；在独立思考基础上，组内交流。

[知识建构]

表1 社会主义市场经济体制的基本特征

重要特征	党的领导是中国特色社会主义最本质的特征和中国特色社会主义制度的最大优势
显著优势	在我国，把社会主义制度和市场经济有机结合起来，既能发挥市场经济的长处，又能发挥我国社会主义制度的显著优势
根本目标	促进全体人民实现共同富裕是社会主义市场经济体制的根本目标
内在要求	科学的宏观调控、有效的政府治理，是社会主义市场经济体制优势的内在要求……发挥全国一盘棋、调动各方面积极性、集中力量办大事的显著优势，促进经济社会持续健康发展

表2 全面比较社会主义市场经济与资本主义市场经济

		社会主义市场经济	资本主义市场经济
不同点	经济基础	生产资料公有制	生产资料私有制
	目标	共同富裕	资本利益最大化
	宏观调控的结果	正确处理市场与政府的关系更科学、有效	存在不同利益，影响调控效果
相同点		市场在资源配置中起决定性作用	

[设计意图]引入中国邮政快速发展和担当作为的事例,体悟社会主义市场经济体制的优越性。在对社会主义市场经济与资本主义市场经济的全面比较中,理解社会主义市场经济的基本特征,明确我国社会主义市场经济的优势,形成制度认同。

环节三:从过度包装看市场与政府关系

[教学情境]如何解决过度包装的问题?

收到快递后,有学生发现网购过度包装的问题。该学生网上查阅相关资料,发现过度包装带来严重的污染问题。

视频:《朝闻天下》关注快递包装垃圾回收,过度包装,快递垃圾回收成难题。

网购带来的污染触目惊心。2019 年,用掉 37 亿个包装箱及 3.3 亿卷胶带。仅一年消耗的瓦楞纸箱原纸就达 4600 万吨,相当于 7200 万棵树。所以,一些环保人士便倡导不要网购,选择实体店购物。

[学习任务 1]调查:面对这种情况,你会怎么选择? 继续网购还是选择实体店购物?

[学习任务 2]结合视频材料,谈谈我们应该如何解决过度包装问题。

要求:从某一角度提出行之有效的措施,感悟我们的责任。

[知识建构]

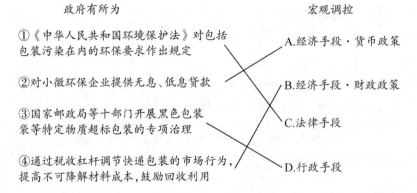

政府有所为

① 《中华人民共和国环境保护法》对包括包装污染在内的环保要求作出规定

②对小微环保企业提供无息、低息贷款

③国家邮政局等十部门开展黑色包装袋等特定物质超标包装的专项治理

④通过税收杠杆调节快递包装的市场行为,提高不可降解材料成本,鼓励回收利用

宏观调控

A.经济手段·货币政策

B.经济手段·财政政策

C.法律手段

D.行政手段

表3　不同经济形势下的财政政策和货币政策

	社会总供给大于社会总需求	社会总供给小于社会总需求
经济态势	经济滞缓(过冷)	经济过热
政府	扩张性财政政策:增加财政支出,减少税收,增加国债	紧缩性财政政策:减少财政支出,增加税收,减少国债
央行	扩张性货币政策:降存贷款利率和准备金率	紧缩性货币政策:升存贷款利率和准备金率
目的	刺激需求(升温)	抑制需求(降温)

[设计意图]探究活动引入与学生生活密切相关的快递过度包装问题,事例真实而具体,具有针对性、开放性。引导学生观察社会生活中的经济现象,并运用所学经济知识解决生活中的现实问题,提高理论联系实际的能力。对政府、企业、消费者三个方面展开探讨,让学生明白市场参与主体要承担相关的责任和义务,学会多角度分析问题,拓展思维的广度和深度。同时,通过对过度包装问题的探讨,学习贯彻绿色发展、生态文明观念,增强关注社会的意识,提高参与公共事务的能力和素养。

环节四:从反垄断看市场与政府关系

[教学情境]政府更严格监管市场还是给予其更多创新空间?

根据反垄断法第四十七条、第四十九条规定,综合考虑阿里巴巴集团违法行为的性质、程度和持续时间等因素,2021年4月10日,市场监管总局依法作出行政处罚决定,责令阿里巴巴集团停止违法行为,并处以其2019年中国境内销售额4557.12亿元4%的罚款,计182.28亿元。同时,按照行政处罚法坚持处罚与教育相结合的原则,向阿里巴巴集团发出《行政指导书》,要求其围绕严格落实平台企业主体责任、加强内控合规管理、维护公平竞争、保护平台内商家和消费者合法权益等方面进行全面整改,并连续三年向市场监管总局提交自查合规报告。

有人说,政府应对市场进行更严格的监管,限制资本的"恶行"。

有人说,创新的空间不应被限制,不能因为部分企业的乱象就将整个行业创新全盘否定。

[学习任务]选择你赞成的观点或者提出新的观点,并阐述理由。

要求:小组合作交流,分享观点。

[设计意图]引入学生关注度比较高的阿里巴巴被处罚事件,引起学生探究热情,激发其思维活力。通过政府对市场更严格监管还是给予更多创新空间的辨析,学生可以充分认识市场经济的重要作用,理解公平公正的市场秩序和统一开放、竞争有序的市场体系对发挥市场在资源配置中决定性作用的重要性,引导学生理解建立市场基础制度规则对维护公平公正的市场秩序的重要性,增强学生的规则意识和法治意识。从反垄断体悟"两只手"的关系,在热点问题辨析中,厘清有分歧的观念,提高思辨能力,增强科学精神。

[板书设计]

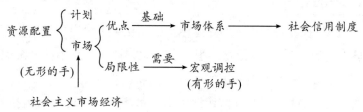

三、教学资源

1.中研网:《2020 快递行业现状与前景分析》。

2.新华网:《(受权发布)〈抗击新冠肺炎疫情的中国行动〉白皮书》。

3.央视网:《朝闻天下》关注快递包装垃圾回收,过度包装,快递垃圾回收成难题。

4.人民数据:《市场监管总局依法对阿里巴巴集团"二选一"垄断行为作出行政处罚》。

5.《史记·货殖列传》。

"充分发挥市场在资源配置中的决定性作用"教学设计

康　庆(陕西省延安市新区高级中学)

议题:如何发挥市场在资源配置中的决定性作用?

一、教学准备

1.教材分析

(1)从本课看:本课包括两框,第一框"充分发挥市场在资源配置中的决定性作用",主要讲述市场在资源配置中的优势及其局限性;第二框"更好发挥政府作用",主要讲述社会主义市场经济体制的基本特征及我国政府的基本职能。

(2)从本框看:本框包括三目,第一目"市场调节"阐述资源配置的必要性和基本手段,着重分析市场配置资源的具体运行机制及其优点;第二目"市场体系",阐述建设统一开放、竞争有序的市场体系的必要性和主要措施;第三目"市场缺陷",阐述市场调节的局限性及仅依靠市场经济调节可能产生的后果。

2.学情分析

(1)知识储备:本框内容学生初中没有接触过,所以没有知识积淀,但是所学内容来自学生身边,与学生生活息息相关。因此,这节课学习内容对学生是新知识,但理解难度不大。

(2)认知水平:在现实生活中,学生对市场配置资源有所了解,但对具体怎么体现,以及如何配置资源确实不能准确把握,需要从感性认识上升到理性认识。

(3)情感态度:本节课内容素材来自学生身边,能让知识点化抽象为具体。

3.教学目标

(1)必备知识:理解合理配置资源的必要性,掌握市场配置资源的具体机制,理解市场调节的局限性和危害,体悟现代化市场体系的重要性和建设现代化市场体系的措施。

(2)关键能力:观察分析现实生活中违背市场规则、破坏市场秩序的一些经济行为,培养辨别能力和提出建议的能力,以及全面认识市场配置资源优缺点的辨析能力;把握对市场机制有效发挥作用的具体条件的理解能力。

(3)学科素养:认同我国的社会主义市场经济体制,增强经济制度自信、经济理论自信;养成诚信为本、操守为重的良好个人习惯和道德品质;深刻认识市场经济是法治经济,市场参与主体要遵守法律,树立诚信观念。

(4)核心价值:体会社会主义市场经济体制的优越性,增强积极投身社会主义市场经济建设的意识。

4.教学重难点

(1)教学重点:市场配置资源的优点和局限性;建设现代化市场体系的措施。

(2)教学难点:市场配置资源的机制和发生作用的过程;市场调节的弊端。

5.教学方法

议题式教学法、社会实践教学法。

6.教学结构

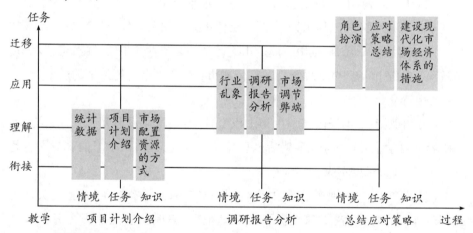

二、教学过程

(一)前置学习

[学生活动]

1.集思广益,形成项目计划。通过上网查阅、实地调查并结合生活经验,撰写经营一家奶茶店的项目计划书,包括店址选择、商品管理、价格管理、促销管理、店面管理等方面。

2.走访调查,撰写调研报告。线上发放问卷、线下实地走访,整理汇总当前奶茶行业市场存在的经营问题,撰写调研报告。

(二)课堂教学

导入:如今,奶茶店遍布大街小巷,品牌林立、口味多样,是众多消费者青睐的饮品之一。假如你现在大学毕业,申请到国家创业项目资金10万元,可供选择的创业项目较多,但资金有限。你是否会选择开一家奶茶店呢?由此引出本课课题和议题。

环节一:集思广益——项目计划介绍

[教学情境]2021年中国消费者购买新式茶饮场景统计。

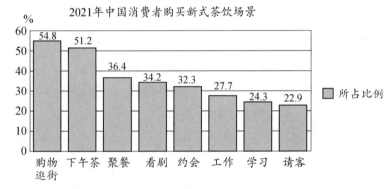

2021年中国消费者购买新式茶饮场景

[学习任务]结合小组项目计划书成果,展示如何经营一家奶茶店。归纳总结市场如何配置资源并对资源配置起决定性作用。

[知识建构]当奶茶供不应求时,价格上涨,企业增加产量→消费者减少需求,卖者竞争加剧,供过于求,价格下跌,企业减少产量→消费者增加需求,买者竞争加剧,慢慢地会出现供不应求态势。

市场主要通过供求、价格和竞争三者之间的变化与相互作用对资源进行调节。这便是市场配置资源的机制。

市场不仅能够通过价格反映供求关系变化,传递供求信息,实现资源配置,还能够调整生产经营活动,引导资源流向效率高的领域和企业,推动科技和管理的进步,实现优胜劣汰。这便是市场配置资源的优势。

[设计意图]学生通过多方搜集资料,在了解创业过程中,明白市场在其中发挥什么作用,理解市场配置资源的具体机制,更为今后的职业生涯打下基础。

环节二:走访调查——调研报告分析

[教学情境]奶茶行业乱象视频。

[学习任务]学生结合调研活动形成调研报告,展示和分析当前奶茶企业存

在的经营问题。(归纳总结市场调节存在的缺陷)

[知识建构]奶茶门店数量多,分布较为集中;奶茶食品安全问题频出;品牌山寨问题频出,市场竞争激烈;产品同质化现象严重,缺乏创新;数字化趋势表现较为局限,线上线下结合不够突出。

归纳:1.市场调节有局限性(固有的弊端)。(1)自发性:为了自身不正当利益和眼前利益,生产经营者可能会损害社会公共利益与长远利益。(2)盲目性:由于生产经营者不可能完全和及时掌握市场上所有信息,因而其决策必然带有一定盲目性。(3)滞后性:由于从价格形成、价格信号传递到生产的调整有一定时间差,市场调节往往具有滞后性。

2.市场调节不是万能的。(1)市场不能调节:国防、治安、消防等公共物品的供给。(2)不能让市场调节:如枪支弹药、危险品、麻醉品等。(3)不能完全调节:教育、医疗等与民生相关的重要服务。

[设计意图]学生通过社会实践活动走访,实地调研奶茶企业存在的经营问题,结合资料文献,培养学生发现问题、分析问题、解决问题的能力。走出课堂,走向更广阔的空间、更丰富的资源、更真实的情境,通过开发与利用现有资源,丰富教学内容,加深学生对社会的认识与理解。

环节三:角色扮演——总结应对策略

[教学情境]假如你是政府市场监管局的领导、奶茶企业的老板、消费者,针对调研中发现的问题会怎么做?

[学习任务]以小组为单位进行探究讨论活动,分饰不同角色,从不同角色立场出发提出措施、建议和意见。

[知识建构]面对行业门槛低、山寨情况严重等问题,政府建立统一的产品标准化管理机制,加大对食品安全问题的监管,对实质性问题进行严格规范,完善失信惩戒制度等相应的法律法规;企业精准定位、不断创新,加强食品安全,注重卫生条件;消费者履行相应的权利和义务,监督举报违法现象。

总结:如何建设现代化市场经济体系(国家、企业、个人)。

[设计意图]通过创设相关情境,进行角色体验,多维度观察对象,多途径探究,提高学生调动和运用知识分析与解决问题的能力,深化学生对市场局限应进行解决的认识,强化其公共参与意识。

[板书设计]

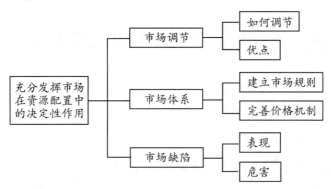

三、教学资源

1.视频:"记者'卧底'网红奶茶店打工见闻:蟑螂'不用管'　标签随意换"。

"充分发挥市场在资源配置中的决定性作用"教学设计

刘迎飞(山东省潍坊文华学校)

王海君(山东省潍坊青州市教研院)

议题:如何充分发挥市场在资源配置中的决定性作用?

一、教学准备

1.教材分析

"充分发挥市场在资源配置中的决定性作用"是高中思想政治必修2《经济与社会》第一单元第二课"我国的社会主义市场经济体制"第一框题内容。学生已经学习第一课"我国的生产资料所有制",对我国的基本经济制度有一定了解。我国发展社会主义市场经济就是要充分发挥市场在资源配置中的决定性作用,更好发挥政府的作用,推动有效市场和有为政府更好结合。第二框题内容包括"市场调节""市场体系""市场缺陷"三目内容,核心概念是"市场"。从历史维度看,我国改革开放以来经济发展,确立社会主义市场经济体制,生产、消费、交换、分配活动都通过市场实现,从而使经济充满活力。从现实维度看,国内大市场的建设、发展和运行需要一整套制度。在生产领域,首要确立公有制为主体、多种所有制经济共同发展的基本经济制度;在分配领域,建立以按劳分配为主体、多种分配方式并存的分配制度。从教材逻辑看,本课内容起着承上启下的作用,对准确理解经济制度与市场经济体制的关系具有重要的作用。

2.学情分析

(1)知识基础:高一学生在初中学习过基本经济制度。受知识水平所限,学生理解抽象的市场配置资源的基本原理和机制存在难度,对价格、供求知识接触不多。因此,如何增强学生对社会主义市场经济体制的认同感是本课最大的难点。同时,国内大市场的宏观概念内容体系庞大,学生理解存在难度,宜采用小切口的方式。

(2)认知能力:高一学生对市场经济有一定的观察和体验,具备问题探究能力。由于学生往往是作为消费者参与经济生活,体验局限于消费(需求)侧,生活关切点在市场消费,对市场决定资源(主要是各种生产要素)配置的优点及资源配置方式背后的深层次体制机制了解不多。本课立足学生家乡青州,探寻如何利用国内大市场带动银瓜产业发展,便于学生理解与参与。

3.教学目标

(1)必备知识:理解合理配置资源的必要性、市场配置资源的具体机制及市场配置资源的优点;理解市场调节的局限性和危害,探寻建设现代化市场体系和国内大市场的措施。

(2)关键能力:培养学生分析和辨别能力,全面认识市场配置资源的优点;培养学生观察能力和解决问题的能力,针对现实生活中违背市场规律的现象,通过市场机制和健全完善国内大市场机制,有效发挥作用,带动乡村特色农产品的发展,助力乡村振兴。

(3)学科素养:认同我国的社会主义市场经济体制,增强经济制度自信、经济理论自信;深刻认识市场经济是法治经济,市场参与主体要遵守法律,树立诚信观念。

(4)核心价值:本课教学的落脚点是培养积极参与家乡发展和乡村振兴的社会主义接班人;坚定学生中国特色社会主义市场经济制度自信,培养拥有中国特色社会主义道路自信、理论自信、制度自信、文化自信的时代新人。

4.教学重难点

(1)教学重点:比较计划和市场两种资源配置手段;市场配置资源的优点和机制;市场调节的固有弊病;如何建立现代市场体系,进一步发展中国特色社会主义市场经济。

(2)教学难点:什么是国内大市场和怎样建设国内大市场;如何利用大市场带动乡村特色农产品,从而让国内大市场助力乡村振兴。

5.教学方法

议题式教学法、项目式教学法、角色体验法、情境教学法、教学评一体化方法。

6.教学结构

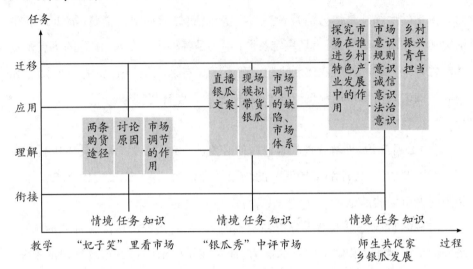

二、教学过程

（一）前置学习

[学生活动]小组合作，参与市场调研。家长陪学生从市场购买不同品种荔枝，注意品种、价格、产地等。小组合作，走访调查研究，了解本地银瓜产业发展情况，注意价格、销售、盈利等。

（二）课堂教学

导入：同学们好！今天这节课以"品荔枝 话银瓜"为话题，学习第二课第一框内容"充分发挥市场在资源配置中的决定性作用"，探究市场在推动乡村特色产业发展中的作用。

环节一："妃子笑"里看市场

[教学情境1]品荔枝，师生共忆荔枝。

回望历史，我们感慨荔枝是皇家宴上珍品，难入寻常百姓家。但在今天，古代贵妃级的贡品却进入寻常百姓家。

五六月份正是新鲜荔枝上市的季节。老师小时候只能"望图解馋"，因为在改革开放之前，物资匮乏，国家实行计划经济，青州根本就没有荔枝。

随着改革开放深入推进，我国逐步建立了社会主义市场经济体制，形成全国大市场，极大促进社会生产力发展，极大丰富物质财富、促进商品流通、方便人们生活。我们实现了荔枝"自由"!

[教学情境2]品荔枝,探寻满城皆是"妃子笑"的原因。

今天,我给同学们带来的荔枝是从两个途径购买的:一是佳乐家超市,二是直播间(播放视频)。苏轼说的"罗浮山"就在增城。

[学习任务]请从生产者和消费者两个角度讨论荔枝自由购买的原因。(时间6分钟,独立思考3分钟,组内交流3分钟)

[知识建构]形成有机联系的市场体系。

顺丰空运——物流市场

直播平台——数字技术市场

保险——资本市场

主播——人才市场

[总结归纳]正是由于不同的市场相互作用,形成有机联系的市场体系,才保证我们能够体验"快递到了"的幸福。

[学习任务]想想与荔枝有关的古诗句,思考为什么在市场经济条件下实现了荔枝"自由"。先独立思考问题,然后小组合作探讨意见,展示学习成果。其他小组及时记录、补充完善观点。

[知识建构]

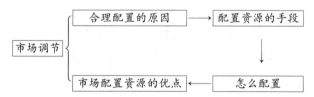

[设计意图]"天下熙熙,皆为利来;天下攘攘,皆为利往。"国内大市场的建立,充分激发各类市场活力,实现供需互促、产销并进,促进特色优势农业发展,赋能乡村振兴!苏轼诗中说的罗浮山就在今天的广东增城,视频中介绍的"增城桂味荔枝"和"增城糯米糍荔枝"获得国家地理标志证明商标!近年来,该市围绕"做强农业品牌,打造名优农产品",坚持荔枝仍是增城重要的农业产业支柱,极大促进当地农民致富。

生产者为实现利润,有"日买荔枝千千万"动力;消费者有"不做岭南人"的愿望;市场正好把二者有效对接,体现"供需有缘市场牵"。市场就像一只"看不见的手",在大市场的调解下,满足消费者对物美价廉产品的需求,生产者可以获得利润,实现双方互赢,共同促进产业发展。

通过教师启发和引导,学生可以深入理解市场机制就像一只"看不见的手",通过价格、供求、竞争等机制调节生产什么、如何生产、产品如何分配,引导和调节资源在全社会的配置。市场决定资源配置是市场经济的一般规律。通过本环节学习,学生认同我国的社会主义市场经济体制,理解并体悟国家建设市场体系的措施的重要性和必要性。

环节二:"银瓜秀"中评市场

[教学情境1]如何让瓜农笑开颜?

直播带货是最新的销售方式,尝试直播间带货银瓜。

[教学情境2]通过卖荔枝和卖银瓜的议题学习,我们发现依靠市场经济,可以做大做强乡村特色产业,树立农业品牌,助力乡村振兴。因此,可以从三个方面努力:

尊天时——充分发挥市场在资源配置中的决定性作用,建立全国统一大市场;

重地利——做强做大特色农产品,发展当地的比较优势;

要人和——做理性的市场参与者,树立大市场意识、规则意识、法治意识、诚信意识。

[学习任务]1.角色扮演,现场模拟直播带货银瓜。

2.直播带货参与市场经济,理性分析市场经济的弊端。

3.以消费者视角共话直播带货存在的弊端和解决措施。

[知识建构]

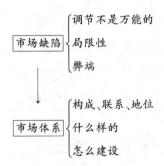

[设计意图]乡村振兴是国家战略。党的二十大对乡村振兴作出与时俱进

的战略安排,指出农村将为青年提供更为广阔的舞台。思政课教师要培养积极
参与家乡发展和乡村振兴的社会主义接班人!

[板书设计]

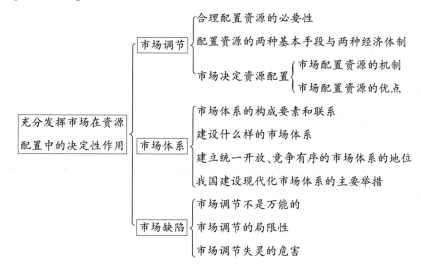

"充分发挥市场在资源配置中的决定性作用"教学设计

梅亚红(湖北省黄梅县教育科学研究所)

议题:如何充分发挥市场在资源配置中的决定性作用?

一、教学准备

1.教材分析

本框题是必修2《经济与社会》第二课"我国的社会主义市场经济体制"第一框,是习近平新时代中国特色社会主义经济思想的基本原理之一,主要包括"市场调节""市场体系""市场缺陷"三目内容,回答了市场调节如何配置资源、市场调节的优点和缺陷、建设高标准市场体系的意义与要求等内容,为下一框题学习做铺垫,与第一课所有制结构和第三课分配制度共同构成我国社会主义基本经济制度。学习本框内容可以帮助学生深入理解建设高标准现代市场体系的意义,厘清经济运行中政府与市场的关系,提升在新时代参与社会主义现代化建设的能力。

2.学情分析

(1)知识基础:学生在初中阶段虽然已经了解社会主义市场经济体制是我国的基本经济制度的重要内容,但是对市场如何实现资源配置并不清楚,对市场配置资源的优点和缺陷仅有感性认识,对现代市场经济体系的认识也是浅显和零散的,缺乏深度和系统性。

(2)认知能力:高一学生具备一定的认识和分析社会经济现象能力,对市场经济有一定的生活观察和体验,对新能源汽车等社会热点问题比较感兴趣,具备一定的问题探究能力;但是,学生自主思考、合作学习、公开表达的意愿不强烈,往往只是作为一个消费者参与经济生活,关注点也主要在消费,对市场决定资源配置的优点及其背后的深层次经济道理缺乏挖掘。本节课理论性、综合性较强,需要教师从现实生活出发精心设计问题、耐心引导学生,使学生积极地参与课堂。

3.教学目标

(1)必备知识:了解资源配置的必要性及配置资源的两种基本手段,理解在市场经济中,市场对资源配置起决定性作用,辩证认识市场调节的优点和缺陷,理解建立市场规则的必要性,能阐明建设高标准市场体系的意义。

(2)关键能力:能独立思考,从情境材料中获取和解读有效经济信息;在小组交流合作中能调动和运用所学经济学观点分析经济现象,并抓住问题实质;能结合生活实际正确地描述教材中的市场经济、市场规则和市场体系等经济概念,针对具体的经济现象,能通过判断、归纳、演绎、比较和概括等方式,分层论证和探讨相应社会主义市场经济观点;辩证分析市场配置资源的优势和缺陷。

(3)学科素养:认同我国坚持和发展社会主义市场经济体制的举措,树立在日常生活中自觉遵守、维护市场秩序与规则的观念,养成诚实守信的道德品质和行为习惯。

(4)核心价值:坚定中国特色社会主义道路自信和制度自信。

4.教学重难点

(1)教学重点:市场配置资源的机制与优点。

(2)教学难点:建设现代化市场体系的意义与要求。

5.教学方法

议题式教学法、情境探究法、合作探究法。

6.教学结构

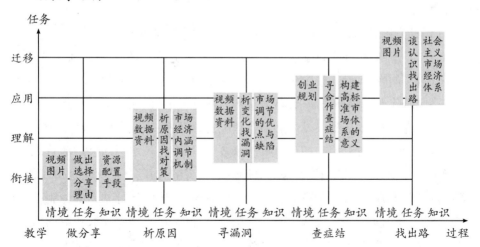

二、教学过程

(一)前置学习

[学生活动]

1.开展社会调查,收集相关资料,向父母了解自家交通工具的种类、数量、品牌及市场价格,分析影响家庭购车选择的各种因素。

2.小组合作,汇总各类数据,形成初步分析报告。

(二)课堂教学

导入:同学们,在前期的社会调查数据中,我们能够清楚地发现人的需求是多种多样、变化发展的,在一定时期和范围内,社会能够利用的资源相对有限。为了更好满足人类多方面需要,社会必须合理配置资源,以尽可能少的资源投入生产更多的产品,获得较大效益。配置资源的方式有哪些呢? 这些资源配置方式有什么优点和不足呢? 我们在什么市场环境下能实现合理优化配置资源呢? 本节课主要探讨市场配置资源机制。

环节一:做分享

[教学情境1]系列图片(20世纪70—80年代自行车、90年代摩托车、21世纪汽车)。

[教学情境2]短视频"新能源汽车十大品牌"。

[学习任务1]不同时代人们选择不同的交通工具,说明影响大众选择出行工具的因素有哪些。

[学习任务2]时代发展的今天,越来越多中国家庭选择新能源汽车,你认为理由是什么?

[设计意图]通过系列图片和视频材料直观形象地呈现不同时代人们选择的出行工具不同,构建贴近学生实际生活、引发学生学习兴趣、符合时代特色的典型且真实的教学情境,使学生在教师引导下,在民主开放的学习环境中,思考探究不同时代人们的不同需求,且需求不断变化发展,而在一定时期和范围内,资源又是有限的,解决这一矛盾必须合理配置资源;在问题导向驱动下,学生进一步分析影响选择的因素,初步分析国家政策、社会生产水平、收入、消费观念、市场价格、供求关系、竞争程度等都会影响消费者的选择,从而深刻理解资源配置的两种基本方式:计划和市场。改革开放以前,我国实行计划经济体制;改革开放以后,我国实行市场经济体制。在这个过程中,培养学生获取和解读信息、分析与综合的能力,同时自觉建立对社会主义市场经济体制的制度自信。

[知识建构]

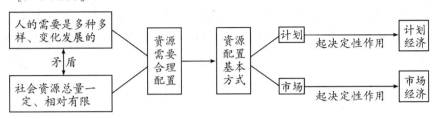

环节二:析原因

[教学情境]在 2022 年上半年的数据中,扣除同比增长 110.56%的新能源车后,传统燃油车在上半年的销量同比下滑 25.06%。虽然上半年有新冠疫情影响,但随后的购置税减征政策的主要目的是救燃油车,并且不少车企也出台了补贴剩余 50%购置税的优惠措施。事实证明,对于主流消费者而言,决定是否购买燃油车(尤其是一台主流合资燃油车)的关键要素,一是燃油车终端优惠幅度,二是油价变化幅度。因此,我们最近看到燃油车优惠普遍有放大趋势,同时燃油二手车的价格也绷不住了。一旦燃油车保值率的神话破灭了,叠加油价长期高位运行,燃油车的销量可谓越来越不乐观。

[学习任务 1]结合材料和已有知识,分析影响新能源车销量同比增长110.56%、传统燃油车销量同比下滑 25.06%的原因。

[学习任务 2]面对汽车市场现状,你认为车企该如何把握市场趋势?

[知识建构]

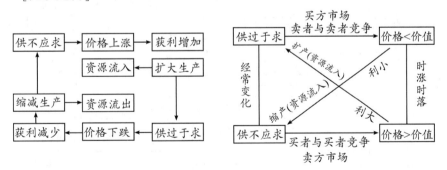

[设计意图]通过对新能源汽车和传统能源车 2022 年销售数据的变化及原因剖析,学生在小组合作探究中学会理性分析经济现象,深刻认识社会各种资源在价格机制、供求关系和竞争机制的相互作用影响下,在不同行业、部门和领域不断流入、流出。市场机制就像一只"看不见的手",引导和调节着资源在全社会的配置。市场决定资源配置是市场经济的一般规律。在市场经济中,生产

什么、如何生产、产品如何分配市场,主要通过价格、供求、竞争等机制调节。通过探讨学习任务2,学生认识到作为车企应在了解汽车市场行情基础上主动出击,以市场为导向发现商机,及时调整经营战略,调整产品布局,提升核心竞争力,在市场竞争中立于不败之地。在这个合作探究过程中,锻炼学生获取和解读信息、分析与综合的能力,以及论证和探究问题的能力,提升经济素养。

环节三:寻漏洞

[教学情境]汽车这十年:中国汽车不断创新,由大到强。

[学习任务1]结合视频资料和所学知识,学生分三个学习小组,分别讨论以下三个问题:

(1)近十年中国汽车的价格有哪些变化?产能和销量怎么样?反映了什么经济学道理?

(2)近十年来,与合资车、进口车相比,国产车在技术方面有哪些变化?

(3)近十年来,中国汽车产业结构有什么变化?产业链供应链方面主要有哪些变化?

[学习任务2]在现代市场经济条件下,是不是所有资源都可以由市场调节?请你结合实例进行说明。

[知识建构]市场调节的优缺点。

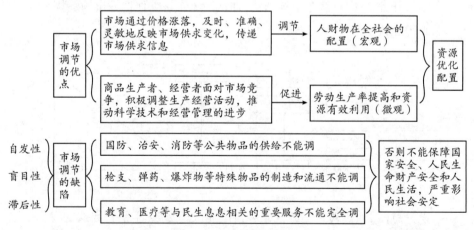

[设计意图]通过提供有效的真实汽车行业近十年发展相关数据情境,设置学习任务1,让学生在数据变化对比中发现问题、分析问题,以小组合作讨论方式集思广益,在交流合作中加深对市场调节机制的认识,达成共识。更好理解在价格机制、供求机制和竞争机制相互作用下,宏观上可以调节人财物在全社

会的配置,微观上可以促进生产经营者积极调整生产经营活动、推动科学技术和经营管理的进步,提高社会劳动生产率,提高资源的利用效率,实现优胜劣汰。学生进一步坚定坚持发展中国特色社会主义市场经济的信心和决心。学习任务2的设置能够拓展学生思维视域,从数据看到中国汽车行业由大到强,并不意味着市场调节是万能的、完美无缺的,在一些具体领域,市场不能发挥作用,不让市场发挥作用。这一学习任务可以激发学生的辩证思维能力、理论联系实际能力,引导学生在具体实例中感受市场调节的缺陷的表现,正视其后果,为社会主义市场经济需要加强党的领导、实施科学的宏观调控做铺垫。

环节四:查症结

[教学情境]

材料一:小刘同学的爸爸刚刚从汽车修理厂退休,打算和朋友开一个汽车服务公司,涵盖汽车修理修配、保养、二手车交易等服务,并找来几个朋友出谋划策。以下是朋友们的建议。

朋友甲:汽车修理修配需要专业的人才,我们还需要招聘两个年轻的汽修技术人员,他们年轻有活力。

朋友乙:建议公司开在汽贸城,那里交通便利,有停车场和稳定的客源。

朋友丙:公司前期投入资金较多,除了我们几个人投资外,是否考虑银行贷款? 最近,还得拿出切实可行的融资方案。

材料二:老刘的公司开张一个月了,只承接了几单老朋友的生意,新客户一个也没有。老刘很纳闷,仔细观察才发现,汽贸城另外两家汽车修理服务公司与本地两家最大的汽车销售公司签订合作协议,凡是从销售公司卖出的汽车,其售后服务指定在那两家汽修公司,否则不提供正常售后保障。还有几家小的修理店在汽贸城的入口处广发传单,派专人接待那些需要修理等服务的客户。

材料三:不正当竞争的含义、危害;《中华人民共和国反不正当竞争法》相关条款。

[学习任务]学生独立思考并回答以下三个问题。

1.结合材料一思考:创立汽车服务公司需要跟哪些市场打交道? 这些市场有什么联系?

2.在材料二中可以发现当地汽贸城市场体系建设中存在哪些问题? 这些问题给资源配置带来哪些不利影响?

3.结合材料三思考:老刘开公司的经历给我们什么启示? 从不同市场主体角度分析如何解决上述问题?

[知识建构]市场体系。

表1　市场体系知识

重要地位			建设统一开放、竞争有序的市场体系,是充分发挥市场在资源配置中的决定性作用的基础
建设什么样的现代市场体系			构建全国统一大市场,深化要素市场改革,建设高标准市场体系;完善产权保护、市场准入、公平竞争、社会信用等市场经济基础制度,优化营商环境
怎样建设现代市场体系	国家	强化市场基础制度规则统一	①完善统一的产权保护制度 ②实行统一的市场准入制度 ③维护统一的公平竞争制度,反对不正当竞争 ④健全统一的社会信用制度
		完善主要由市场决定价格的机制	①凡是能由市场形成价格的都交给市场,政府不进行不当干预 ②政府定价主要限定在重要公用事业、公益性服务、网络型自然垄断环节等方面;政府定价要提高透明度,接受社会和企业监督
		补:综合运用经济、法律和行政手段,充分发挥宏观调控的总体功能,进行科学的宏观调控(下一框)	
	企业		①遵守职业道德、行业规范和法律法规。②开展正当竞争,遵循自愿、平等、公平、诚信的原则,树立良好信誉和企业形象
	个人		①尊法学法守法用法,运用法律维护自己的合法权益。②树立诚信观念,遵守市场道德

[设计意图]通过三段情境材料的创设,依次设置三个层级的学习任务,从简单的市场场景入手,以问题为导向,逐层分析市场体系建设中存在的问题,并积极从不同角度寻找解决问题的办法,是一次学科关键能力的综合运用,需要学生从场景体验中提炼有用经济信息,发现其市场体系建设中的合理和不合理之处,进一步分析原因,锻炼学生分析与综合的能力、论证和探究问题的能力,促使学生在体验、分享交流过程中,自觉遵循市场规律,树立规则意识、法治观念和维权意识。在此议题合作探究学习中,既发挥学生的主体作用,又发挥教师的主导作用。在教师引导下,构建系统的高标准市场经济体系知识结构。既了解现代市场的基本种类、基本构成要素,又明确建设高标准市场体系的必要性和重要地位,还从不同主体角度围绕怎样建设高标准市场体系进行针对性分析,激发学生发散思维,积极鼓励学生开放表达和创新表达。

环节五:找出路

[教学情境]视频资料:特斯拉落户中国。

[学习任务]特斯拉在中国亮眼的业绩离不开中国改革开放政策的支持,以及良好的营商环境和大量扶持新能源汽车产业政策的出台。你如何看待中国新能源汽车市场前景?

[知识建构]

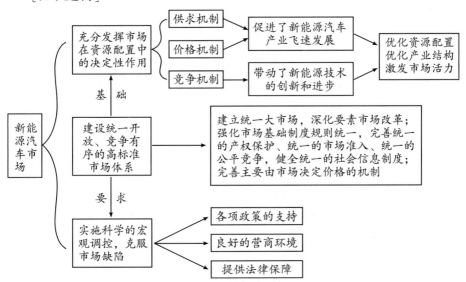

[设计意图]创设开放式学习任务,可以激发学生的创新意识,整合所学知识,提高思维能力,发展学科素养,进而坚定发展中国特色社会主义市场经济的决心和信心,坚定道路自信和制度自信。

[板书设计]

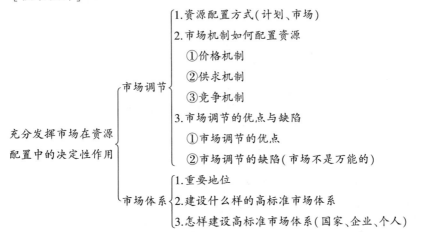

三、教学资源

1.视频:"新能源汽车十大品牌"。

2.视频:"'弯道超车'的中国新能源汽车"。

3.《中华人民共和国反不正当竞争法》。

4.视频:"特斯拉落户中国能给中国带来什么"。

"充分发挥市场在资源配置中的决定性作用"教学设计

杨丽芳(湖南省株洲市第八中学)

议题:如何充分发挥市场在资源配置中的决定性作用?

一、教学准备

1.教材分析

"充分发挥市场在资源配置中的决定性作用"是高中思想政治必修2《经济与社会》第二课第一框的内容。本框下设三目,分别是"市场调节""市场体系""市场缺陷",主要围绕"市场如何配置资源、为什么要发挥市场在资源配置中的决定性作用、如何更好地发挥市场在资源配置中的决定性作用、为什么不能单靠市场调节"内容逻辑展开。从本课地位看,上一课"我国的生产资料所有制"讲述我国坚持公有制为主体、多种所有制经济共同发展的生产资料所有制形式,而生产资料所有制是经济制度的基础。这决定我国要坚持社会主义市场经济体制,充分发挥市场在资源配置中的决定性作用,更好发挥政府作用。本课最后一目讲述市场缺陷。正是因为市场调节有缺陷,所以要更好发挥政府作用,弥补市场的缺陷。因此,本课在整本教材中起到承上启下的作用。

2.学情分析

(1)知识基础:学生在初中阶段对市场经济体制的内涵、市场配置资源的机制有基本的认识和了解,但对市场如何配置资源、市场调节有何优缺点、如何构建现代化市场体系等知识很陌生,理解和掌握有一定难度。

(2)认知能力:高一学生思维较活跃,善于思考,学习积极性高,探索欲强。他们对螃蟹话题感兴趣且有一定关注,为其分析观点、形成结论奠定基础。但他们对"螃蟹市场"话题只停留在螃蟹好吃的感性认识上,缺乏更为深入、全面的分析。

3.教学目标

(1)理解市场调节机制、市场调节的优点,培养学生交流合作意识、获取和解读信息能力、分析与综合能力及探究与建构能力,增强对社会主义市场经济体制的理解与认同,坚定中国特色社会主义制度自信。

(2)理解建设统一开放、竞争有序的市场体系的必要性和具体措施,运用相关知识为经济建设出谋划策,树立规则意识、法治意识,培养创新精神、应用迁移能力和实践能力,提高公共参与意识,增强社会责任感,提升参与中国特色社会主义建设的自觉性和能力。

4.教学重难点

(1)教学重点:如何充分发挥市场在资源配置中的决定性作用。

(2)教学难点:建设统一开放、竞争有序的市场体系。

5.教学方法

议题式教学法、情境探究法、合作探究法、角色扮演法。

6.教学结构

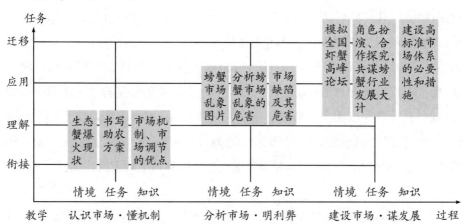

二、教学过程

(一)前置学习

[学生活动]小组合作,收集相关资料,了解螃蟹行业发展现状。查阅相关资料,了解中国农民丰收节及习近平关于粮食安全的相关论述。

(二)课堂教学

导入:瓜果飘香谷满仓,又是一年好"丰"光。秋天意味着收获,到处洋溢着丰收的喜悦。我们通过视频"庆丰收 迎盛会"感受一下。

为了庆贺丰收,致敬耕耘,自2018年起,我国将每年秋分设立为"中国农民丰收节"。全国各地开展了"庆丰收,迎盛会"主题活动,传递丰收的喜悦,传播农耕文化,推广特色农产品。假如你是产品推荐官,在湖南会场,会推荐哪些特色农产品呢?

老师今天推荐一个湖南特色农产品——大通湖大闸蟹。虽然它的名气远不及螃蟹界顶流阳澄湖大闸蟹,但也获得国家地理标志产品和"中国十大名蟹"称号,还出口国外。2022 年,大通湖大闸蟹预计产量达 1500 吨,喜获丰收。这节课,我们围绕螃蟹产业,一起探究如何更好地发挥市场在资源配置中的决定性作用。

[设计意图]本课选取"庆丰收 迎盛会"主题视频导入,画面唯美震撼,能快速吸引学生注意力。从主题视频中引出中国农民丰收节话题,通过角色体验活动激发学生学习兴趣与探究欲望,并为教师介绍湖南特色农产品——大通湖大闸蟹做好铺垫。

环节一:认识市场·懂机制

子议题 1:生态蟹如何撬开市场?

[教学情境]生态蟹爆火现状。

随着生活水平提高、消费观念转变,人们对安全优质水产品的需求日趋强烈。生态蟹因其味道鲜美、品质优良,成为市场上的香饽饽,价格水涨船高。蟹农们纷纷扩大生态蟹的养殖规模……

[学习任务]小组讨论:生态蟹的价格为何水涨船高? 面对这种情况,假如你是大通湖大闸蟹养殖协会会长,将如何带领蟹农们抓住生态蟹爆火的机遇抢占市场? 以小组为单位撰写一份助农方案,助力蟹农增收致富。

[知识建构]

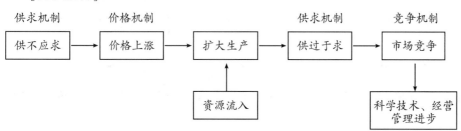

[教师引导]生态蟹的价格水涨船高,是因为消费者对生态蟹的需求量增加,而供给没有跟上,呈现"供不应求—价格上涨—获利增加—蟹农生产积极性

提高,扩大生产规模—生产规模扩大需要更多人力物力财力投入,资源流入"。如果蟹农们都养生态蟹,又会导致什么状况? 生态蟹有利可图,蟹农们纷纷投入生产,致使供过于求。蟹农们面对这种情况怎么办? 请分享大家的助农方案。

学生分享的助农方案中的关键词,如价格、品质、品牌、营销手段等,其实是一个产品竞争力的重要体现。助农方案的关键是提高生态蟹的市场竞争力,使其在螃蟹市场竞争中脱颖而出。

总结:市场就像一只"无形的手",通过供求、价格和竞争机制引导资源的流向,推动科学技术和经营管理的进步,也为大通湖蟹农们指明方向,助力增收致富,从而激发蟹农生产积极性,更好地实现"端稳端牢中国粮,做优做香湖南饭"的目标。

[设计意图]本环节以"生态蟹如何撬开市场"为子议题,结合生态蟹爆火的真实情境,让学生分析生态蟹价格水涨船高的原因;制造问题冲突,让学生撰写助农方案,从而引导学生理解市场机制及市场调节的优点,锻炼学生的知识迁移与运用能力,增强学生对市场经济体制的理解与认同,实现从知识教学向素养教学转变,符合新高考要求,有利于提升学生在新时代参与社会主义现代化建设的能力。

环节二:分析市场·明利弊

子议题2:螃蟹市场为何乱象丛生?

[教学情境]螃蟹市场乱象。

套路多:母蟹变公蟹,四两变三两;洗澡蟹横行,塘蟹在湖区洗个澡摇身一变湖蟹;网购收到的螃蟹被"五花大绑",光捆扎绳重量就超过一两,缺斤少两;螃蟹市场价格不透明,同一种蟹有多种价格;"小小一只蟹、大大一个盒",过度包装。

兑换难:蟹卡蟹券泛滥,"一券在手、一蟹难求"兑蟹难;在有效期内,不管何时兑换,都显示预约已满或者商家关店跑路;规格、产地不明;品控差、质量不高。

[学习任务]同桌交流:结合议学情境,联系生活实际,分析"纸螃蟹"行业乱象对国家、企业、消费者有何危害,暴露了市场的什么缺陷。

[知识建构]市场调节的缺陷。

表1　市场调节的缺陷

缺陷	自发性	盲目性	滞后性
原因	价值规律自发调节	生产经营者不能完全和及时掌握市场上所有信息	市场调节存在一定的时间差
侧重点	利益驱使,不择手段,唯利是图,主观故意而为之	决策盲目,跟风随大流,认识缺乏预见性	调整滞后,造成损失
解决手段	法律手段、行政手段	经济手段、法律手段	经济手段、法律手段、必要的行政手段
关键词	假冒伪劣、欺、污染环境、非法垄断	盲目、盲从、一哄而上、跟风	滞后、事后
口诀	为了挣钱,不择手段;制假售假,坑蒙拐骗	信息不灵,一哄而上;盲目跟风,没有主见	事后调节,马后炮;浪费时间和资源,农业多见

单靠市场调节的危害
- 影响资源配置效率,导致资源浪费
- 导致经济运行大起大落,社会经济不稳定
- 产生不正当竞争、垄断,损害社会公平
- 导致收入差距拉大

[引导总结]螃蟹市场乱象给消费者带来不好的消费体验,损害消费者的合法权益;有损商业信誉和企业形象,扰乱市场公平竞争;造成资源浪费,不利于绿色发展;阻碍市场经济健康运行。这暴露出市场自发性、盲目性、滞后性的弊端。所以,想要市场经济平稳健康运行,不能单靠市场调节,必须更好发挥政府作用。

[设计意图]以螃蟹市场乱象为背景,通过对乱象危害的分析,学生学会辩证看待市场经济优缺点,培养科学精神,理解单靠市场调节的不良后果,感知更好发挥政府作用的必要性,增强对社会主义市场经济体制的认同。

环节三:建设市场·谋发展

子议题3:生态蟹如何站稳市场?

[教学情境]2022年大通湖大闸蟹产业发展模拟高峰论坛。

[学习任务]小组讨论:本次模拟论坛的主题是让大通湖生态蟹在螃蟹市场站得更稳、走得更远,与会代表有政府人员、螃蟹商家、消费者。学生结合资料包,从全国螃蟹市场现存问题中吸取教训,共谋螃蟹行业发展大计。

[知识建构]

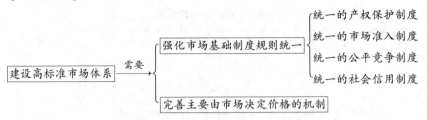

[引导总结]教师抓住关键词,引导学生的交流。

1.在学生回答中,抓关键词"打击黑心商家、保护良心商家、加大打击力度、加大执法力度"等,抛出问题"打击黑心商家、保护良心商家是为了营造什么样的社会氛围",引出学生回答——公平竞争的市场环境。公平竞争的市场环境离不开公平竞争制度完善这一高标准市场体系构建的措施。

2.在学生回答中,抓关键词"价格",抛出问题"螃蟹市场价格水深、套路多,能不能让政府直接定价",分析政府定价的弊端,引出"不能直接让政府定价,总结完善主要由市场决定价格的机制"。

3.在学生回答中,抓关键词"诚信",抛出问题"现实中,有些企业为了自身利益而欺骗消费者,我们该怎么办",分析社会信用制度的健全措施,并进一步总结。商家通过自主诚信经营,不断提高质量和水平;外部法律法规、制度体系的约束,使黑心商家不断流出,良心商家不断涌入;进出有序,实现市场的优胜劣汰,分析市场准入制度。

总结:从大家的建议和分析中不难发现,想要大通湖生态蟹站得更稳、走得更远,需要各方协同发力,打好"组合拳"。这不仅需要充分发挥市场的决定性作用,完善主要由市场决定价格的机制,还需要外部制度体系的完善,如公平竞争制度、社会征信体系的健全、市场化退出机制,形成公平开放透明的市场规则。只有这样,才能建设统一开放、竞争有序的现代市场体系,从而充分发挥市场在资源配置中的决定性作用。

[设计意图]以"生态蟹如何站稳市场"为议题,通过模拟2022年大通湖大闸蟹产业发展高峰论坛,让学生分角色从全国螃蟹市场现存问题中吸取教训,共谋螃蟹行业发展大计。学生理解构建高标准市场体系的具体措施,增进对社会主义现代化市场体系的认同,涵养科学精神。通过角色体验方式,学生的主人翁意识被激发,社会责任感得以提高,提升投身社会主义现代化建设中的自觉性与能力,提高公共参与意识。

[总结]从生态蟹撬开市场到抢占市场再到站稳市场,只有读懂市场、明晰市场机制、构建现代化市场体系,才能更好地发挥市场作用,引导更多、更优质的特色农产品走进市场,激发农民生产积极性,助推农产品丰产丰收,让中国饭碗装得更满、端得更牢、成色更足。

[板书设计]

充分发挥市场在资源配置中的决定性作用 { 认识市场懂机制　分析市场明利弊　建设市场谋发展

三、教学资源

1.新华社:用卡点的方式打开中国农民丰收节。

2.央视联播:《同庆农民丰收节 共享收获喜悦》。

3.潇湘晨报:《庆丰收 迎盛会 衡阳处处好"丰"景》。

4.人民日报评论:《挤掉水分,让"纸螃蟹"卖得更规矩》。

5.光明网:《聚焦蟹卡蟹券消费:标价"水很深",套路各不同》。

"更好发挥政府作用"教学设计

董秋楠(河南省郑州市第七高级中学)

议题:如何更好发挥政府作用,推动数字经济发展?

一、教学准备

1.教材分析

(1)本框地位:本框题是对第二课第一框内容在理论逻辑和生活逻辑上的延续。前一框"充分发挥市场在资源配置中的决定性作用"学习有助于把握市场经济的含义、市场调节的优点及局限性,为学习本框内容起了铺垫作用。这两框题共同构成社会主义市场经济体制的完整内容,与第一课一起构成我们参与经济生活最基本的背景和舞台,是中国特色的社会主义在基本经济制度方面的具体体现。

(2)主要内容:本框包括两目,一是社会主义市场经济体制的基本特征,二是我国政府的经济职能。主要内容包括:社会主义市场经济的基本特征、经济运行中市场与政府的关系、我国政府的经济职能、宏观调控的主要目标和常用手段等。

2.学情分析

学生已具备一定的整理信息和分析信息的能力,在生活中对政府经济职能有一定了解,但是理论联系实际的能力还比较欠缺,对供给侧结构性改革、宏观调控、社会总需求、社会总供给、财政政策和货币政策等专业术语理解不透彻。

学生对市场经济发展过程中存在问题认识不够深刻,因而设置前置任务,网上查找信息、搜索相关内容,在课堂上全面展示数字经济发展过程中的问题。本课涉及的经济现象与学生密切相关,能充分调动学生积极性、创造性,指导学生课前分组查阅资料、开展社会调查等,联系实际理解本地区改革开放以来取得的经济成就、近几年政府的财政政策及货币政策实践情况等,引导学生在对社会经济生活的观察、体验中理解理论观点。

为更好理解政府的经济职能创设情境,为政府履行经济职能提供现实依据。在授课过程中,要注重联系社会实际,加强学生对经济常识的理解和运用。

3.教学目标

结合市场经济相关知识,理解社会主义市场经济体制的基本特征。阐释我国政府的经济职能和作用的内容,掌握宏观调控的含义及主要目标。正确把握市场和政府的关系,结合数字经济发展,深刻体会在社会主义市场经济体制下,坚持发挥中国特色社会主义制度的优越性,发挥党和政府的积极作用。培养区分政府在不同经济形势下采取宏观调控手段的能力,坚定道路自信和制度自信。

4.教学重难点

(1)教学重点:政府的经济职能。

(2)教学难点:政府的经济职能、国家如何进行宏观调控。

5.教学方法

议题式教学法、情境教学法、启发诱导法、参与式教学。

6.教学结构

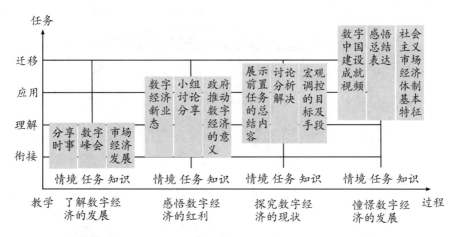

二、教学过程

(一)前置学习

1.翻阅教材完成以下内容:

(1)社会主义市场经济体制的基本特征有哪些?

(2)我国政府的经济职能有哪些?每个职能对应政府应发挥什么作用?

(3)实行宏观调控的原因有哪些?

(4)宏观调控的含义、目标和常用的经济手段有哪些?

2.查阅资料完成以下内容：

(1)我国现行的财政政策和货币政策实施的依据是什么？会带来什么结果？

(2)我国数字经济在发展过程中存在哪些问题？

(3)这些问题是否得到解决？如果没有解决,运用本节课内容,尝试找到合适的解决办法。

(二)课堂教学

导入:2021年10月21日,由河南省人民政府主办,郑州市人民政府、河南省发展和改革委员会承办的2021数字经济峰会暨新型智慧城市大会在郑州中原龙子湖智慧岛召开。本次大会以"数字河南、智慧中原"为主题,围绕数字经济发展和新型智慧城市建设,集中展示最新成果和重大突破。

环节一:感悟数字经济的红利

[教学情境]2021年10月21日,由河南省人民政府主办,郑州市人民政府、河南省发展和改革委员会承办的2021数字经济峰会暨新型智慧城市大会在郑州中原龙子湖智慧岛召开。本次大会以"数字河南、智慧中原"为主题,围绕数字经济发展和新型智慧城市建设,集中展示最新成果和重大突破。

[学习任务]1.个人分享:数字经济为我国经济发展和人民生活带来的诸多

变化在生活中是如何体现的？2.同桌交流:根据这些变化分析政府助力数字经济发展的原因。

[知识建构]政府宏观调控的目标。

宏观调控的目标

促进经济增长　　稳定物价　　增加就业　　保持国际收支平衡

政府助力数字经济给经济发展和人民生活带来的积极意义

激活消费
缓解新冠疫情对经济的影响，促进紧急增长

 赋能产业
促进传统产业优化升级，推动经济高质量发展

带动就业
新兴职业的出现和发展，解决就业问题，增加收入

跨境电商
重塑贸易新模式和新业态，促进贸易便利化，助力构建新发展格局

[设计意图]学生通过概括数字经济给生活带来的变化,充分感知数字经济对经济发展与人民生活的积极意义,特别是新冠疫情期间,数字经济对经济正增长的贡献能力。同时,学生通过探讨本议题,理性分析政府助力数字经济发展的原因,契合宏观调控的目标。

环节二:探究数字经济的现状

[教学情境]数字经济快速发展,已成为全球经济的背后引擎。新冠疫情进一步刺激"无接触经济"发展,使传统产业加快数字化转型步伐。全球主要国家和地区发展重心加速由传统技术转到数字技术,数字经济的发达程度已成为各国核心竞争力的重要体现。面对数字经济的快速兴起,我国政府果断决策,将数字经济发展提升至国家战略高度。

数字经济快速发展,也带来一系列问题。下面,请大家以小组为单位展示"数字经济发展面临的问题"所做的课前调查。

表1　数字经济发展面临的问题调查表

存在问题		
区域发展不平衡		
产业差距明显		
数字安全问题隐患		
基础设计不完善		
中小企业融资难		

[学习任务]小组讨论：针对数字经济发展中存在的问题，谈谈政府应如何更好履行经济职能，助力数字经济高质量发展。

要求：梳理整合思路，用自己的语言进行表述。（时间5分钟）

[知识建构]

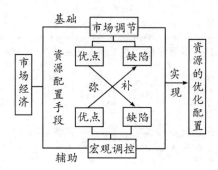

[设计意图]课前通过给学生布置社会实践调查任务，引导学生发现数字经济在发展中存在的具体问题，并思考如何运用政府经济职能和宏观调控相关知识解决问题，使学生在实践活动和思维活动过程中生成并内化知识。

环节三：憧憬数字经济的发展

[教学情境]观看视频，感受数字中国建设的成就。

[学习任务]小组讨论：数字经济的发展如何彰显社会主义市场经济体制的基本特征？

[知识建构]

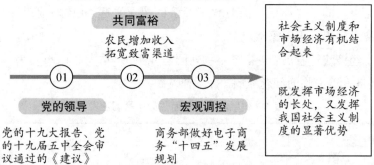

[设计意图]观看"十三五"时期数字经济发展取得的巨大成就视频，让学生感悟在党的领导下，以共同富裕为根本目标，政府的宏观调控对数字经济发展的重大意义；让学生充分认识社会主义市场经济体制既可以发挥市场在资源配置中的决定性作用，又能充分彰显社会主义市场经济体制的优越性。

[板书设计]

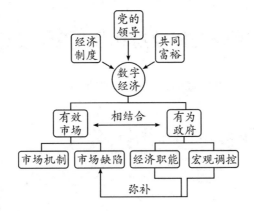

三、教学资源

1.中国新闻网:《2021年数字峰会在郑州召开》。

2.新华社新媒体:《数字经济提速! 来看这15种新业态新模式》。

3.央视网:《数字化信息服务平台,将打造全球新亮点、新高地》。

"更好发挥政府作用"教学设计

刘 畅（辽宁省本溪市第一中学）

议题：如何更好发挥政府作用？

一、教学准备

1.教材分析

（1）本框地位："更好发挥政府作用"是《经济与社会》第一单元第二课"我国的社会主义市场经济体制"第二框内容，承接第一框"充分市场在资源配置中的决定性作用"内容，着重分析更好发挥政府作用，弥补市场的缺陷，促进高质量发展，满足人民群众日益增长的美好生活需要。

（2）内容分析：本框由两目组成。第一目"社会主义市场经济体制的基本特征"主要阐述社会主义市场经济体制是中国特色社会主义的重大理论，是社会主义基本经济制度的重要组成部分，详细分析我国社会主义市场经济体制的四个基本特征，增强对党的领导的政治认同，了解社会主义市场经济离不开科学的宏观调控。第二目"我国政府的经济职能"主要阐述我国政府的经济职能和作用，着重分析宏观调控的必要性、内涵、目标和常用的经济手段，明确我国加快完善社会主义市场经济体制的要求，坚定对社会主义市场经济体制的制度自信。

2.学情分析

（1）知识基础：通过必修 1 的学习，学生已大致了解中国特色社会主义道路、理论、制度的相关内涵，在必修 2 既有学习后，已清楚我国的生产资料所有制以公有制为主体、多种所有制经济共同发展，知道市场在资源配置中发挥决定性作用，但市场调节不是万能的，且单纯市场调节有其缺陷。本课的学习将与前面知识衔接，让学生清楚社会主义市场经济体制具有的基本特征及优越性。结合本土企业发展案例，探讨、总结政府如何充分发挥经济职能，应对后疫情时代全球经济增长乏力的形势。

(2)认知能力:学生参与市场经济活动相对较少,对政府的了解和认识是有限的、感性的。但是,他们渴望参与国家经济生活,对此有强烈的求知欲望和学习兴趣。教师需要选用合适的教学方法和贴近学生生活实际的情境素材,激发学生学习兴趣,触动学生情感体验。

3.教学目标

(1)必备知识:理解社会主义市场经济体制的基本特征、知道我国政府的经济职能及其作用、掌握宏观调控的主要目标、实行宏观调控的手段。能区分财政政策和货币政策,并清楚经济总量失衡时采取怎样的财政政策和货币政策。

(2)关键能力:能够结合日常新闻中的具体案例,分析我国政府的经济职能;能结合生活事例,识别财政政策和货币政策,说明它们如何发挥调节作用,实现宏观调控目标。

(3)学科素养:自主搜集情境素材,了解我国社会主义市场经济体制内生的政府经济职能可以有效弥补市场调节的缺陷,促进经济平稳运行。体会我国社会主义市场经济体制的制度优势,认同我国社会主义市场经济体制,增强制度自信,提升政治认同和科学精神;认识企业在疫情中的逆袭过程,总结政府依法履行经济职能的内容及重要性,提升科学精神和法治意识;模拟政府官员发布相关政策,提升科学精神和公共参与意识。

(4)核心价值:了解家乡支柱产业改革开放以来的发展历程,体会社会主义市场经济体制的优越性、中国特色社会主义道路的科学性;走访本钢及大冰沟集团等企业,了解改革开放以来在党的引领下企业的飞跃式发展,明确党的初心和使命,发挥领导核心作用;论证后疫情时代政府如何助力小微企业走出困境,感悟宏观调控与市场调节有机结合,明确党是领导一切的,党的领导是中国特色社会主义制度的最大优势。

4.教学重难点

(1)教学重点:政府的经济职能和作用,宏观调控的手段和作用。

(2)教学难点:政府的经济职能和作用。

5.教学方法

议题式教学法、辨析式教学法、探究式学习法、讲授式教学法、讨论式教学法。

6.教学结构

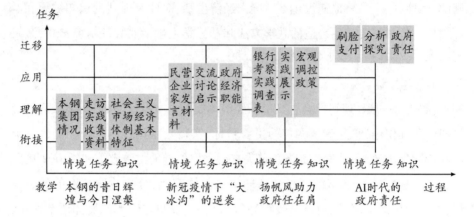

二、教学过程

(一)前置学习

[学生活动]走访调查、收集资料。

1.充分利用校园图书馆资源和影视资料,阅读本溪地方史、本钢发展史。

2.走访本钢集团,了解改革开放以来集团发展史,尤其是基层党组织、优秀党员的先进事迹,体会中国共产党在企业发展中的突出作用。

3.阅读本溪市青年座谈会代表发言稿(大冰沟集团董事长徐瑞阳发言部分),通过电话采访等形式,了解民营企业大冰沟旅游集团在新冠疫情下如何通过政府助力走出经营困境,思考政府经济职能的表现。

4.走访了解本地商业银行现行利率,了解抗疫期间相关的助企纾困政策。

(二)课堂教学

导入:新中国成立以来,辽宁在奠定工业基础方面作出巨大贡献。本溪的支柱性钢铁产业——本钢集团,自新中国成立以来,也实现了几次飞跃式发展。如何看待这一过程?与资本主义市场经济体制相比,社会主义市场经济体制有哪些鲜明特点?

环节一:本钢的昔日辉煌与今日涅槃

[教学情境1]改革开放以来本钢集团发展状况。

[学习任务]小组分享:展示实践成果,两名讲解员代表小组讲解。

表 1　改革开放以来本钢集团发展状况

发展阶段	重要发展节点	基层党组织的重要作用	先进党员模范代表
1978—1998 年	1998 年 11 月 15 日,本钢第一台从奥地利引进的板坯连铸机试拉出第一块板坯,使炼钢模铸工艺成为历史	引领企业解放思想、实事求是,由计划经济向市场经济过渡	吴玉贤(厂级优秀党员、模范女职工)
1998—2010 年	2010 年,钢产量达 964.3 万吨,跨入千万吨级钢铁企业行列;实现由"扳手柄"到"按鼠标"的转变,实现炼钢自动化	以科学发展观为统领,站在新的历史发展前沿,紧紧抓住振兴东北老工业基地的难得机遇	蒋守丽(本溪市优秀共产党员)
2010—2021 年	2018 年,具备 2000 万吨粗钢产能。同时,着力调整内部产业结构,开始从规模效益型向品种质量效益型转变	坚持以研发引领发展,以共赢激励奉献。推进产品多样化、精品化的跨越发展,普调职工工资,共享改革红利,提升职工的幸福感、获得感	罗佳全(全国劳动模范)
2021 年—今日	鞍钢集团与本钢集团实施联合重组,合并之后的鞍钢集团,粗钢产量将位居全球第三位	打造基层党组织和党员队伍建设的特色品牌,以党的政治优势提升企业加快发展优势,以党组织战斗力促进企业生产力,以党的先进性建设推动企业发展	赵雅新(2021 年度先进个人)

[教学情境 2]比较计划经济、社会主义市场经济及资本主义市场经济。

表 2　不同经济类型比较

类型	计划经济	市场经济	
		社会主义市场经济	资本主义市场经济
决定作用	计划(宏观调控)	市场	市场
生产关系	生产资料公有制	生产资料公有制为主体	生产资料私有制
特点	调控高度集中,市场优势难以发挥	市场在资源配置中起决定性作用,辅以科学的宏观调控	"大市场、小政府",面对重大危机时调控作用有限,难以缓解市场调节固有弊端
服务对象	人民	人民	资本家

[学习任务1]独立完成:结合走访实践活动成果,讲解本钢集团如何在社会主义市场经济体制框架下实现一次次飞跃式发展。

[学习任务2]同桌交流:比较分析社会主义市场经济体制的基本特征。

[知识建构]

社会主义市场经济体制的基本特征
- 1.重要特征:中国共产党的领导
- 2.显著优势:既能发挥市场经济的长处,又能发挥我国社会主义制度的显著优势
- 3.根本目标:实现全体人民共同富裕
- 4.内在要求:科学的宏观调控、有效的政府治理

[设计意图]"社会主义市场经济体制的基本特征"相关内容学习难度较低,学生可以运用既往政治知识并结合社会实践成果加以分析,提升热爱家乡、崇尚模范的情感,通过对党员模范事迹的讲解,体会"社会主义体制下人人有实现全面发展的机会""行行出状元"的事实,增强对家乡、模范人物、社会主义市场经济体制的认同。通过与资本主义市场经济体制的比较,把握社会主义市场经济体制优越性的制度根源——生产资料公有制和根本保证——中国共产党的领导,从心底认可中国特色社会主义道路、理论、制度、文化。

环节二:疫情之下,"大冰沟"的成功逆袭

[教学情境1]疫情发生后,南芬区大冰沟集团面临的经营困境。

大冰沟的美丽山水图片展示。大冰沟的奇峰、怪石、古树、冰瀑形成于1.4亿年前的侏罗纪晚期。

[教学情境2]疫情之下的经营困境。

大冰沟旅游有限公司总经理徐瑞阳在本溪市青年代表座谈会上讲话,介绍疫情之下大冰沟景区的发展困境和在政府扶持下的破局之举。

徐瑞阳发言节选:父亲从小教育我,安逸从来不是最好的选择,挣钱固然重要,但更重要的是实现自己的人生价值。大学毕业后,我放弃了别人眼中的"铁饭碗",毅然回到家乡,和父亲一起创办了大冰沟旅游有限公司。2019年8月,公司正式对外营业,当年实现营业收入350万元。2020年新冠疫情突发,我们历经万难购置防疫物资捐赠给抗疫一线,坚守对员工的报酬承诺。面对疫情压力,旅游业受到重创,但员工的工资却不能少发。我坚守着父亲传承给我的"企业家精神",背负着新冠疫情发展的不确定性和防疫政策带来的企业经营压力。原本非常重要的外市游客源因新冠疫情影响几乎断掉,企业各项税费开支使经

营更加难以为继。2022年,本溪市政府出台本溪市全域发展规划,在本溪市政府、南芬区政府扶持下,旅游行业部分行政性收费和税收得到减免,防疫优惠贷款政策出台,缓解了疫情期间员工开支的压力,千方百计稳定和扩大就业,让"绿水青山"的保护和开发并行,不断提高旅游行业环境保护和治理效能,使行业秩序更加规范。疫情静态管理期间没有游客,我们进行园区二期建设,苦练内功,待到疫情散去,将更加美丽的大冰沟呈现在游客面前,做一颗熠熠生辉的城南"明珠"!

[教学情境3]"十四五"规划中的政府职能。

表3　"十四五"规划中相关政策体现的政府职能

材　　料	我国政府的经济职能和作用
《中华人民共和国国民经济和社会发展第十四个五年规划和2035年远景目标纲要》描绘了2021—2025年我国经济社会发展的宏伟蓝图,为国民经济发展远景规定目标和方向	①
根据各地资源环境条件、社会经济基础等,我国实施主体功能区制度,通过划定优化开发区域,充分发挥区域优势,实现区域经济优势互补	②
为了增强经济发展后劲,我国大幅减税降费,实施小微企业税收优惠政策,减轻企业负担;货币政策保持稳健中性;加强对重点领域和薄弱环节的支持,小微企业贷款增速高于平均增速	③
我国推进工商注册制度便利化,减少生产经营活动审批事项,清理和废除妨碍全国统一市场和公平竞争的各种规定和做法,严禁并惩处各类违法行为	④

[学习任务1]师生对话:疫情之下大冰沟景区的经营困境来自哪些方面的压力?

[学习任务2]同桌交流:政府在帮助企业走出困境过程中履行了哪些职能? 政府还有哪些职能?

[学习任务3]小组讨论:如何辩证看待宏观调控与市场机制的作用?

[知识建构]

表4 大冰沟景区面临的困境与政府政策及职能

主要发展困境	政府相关政策扶持	政府的经济职能
疫情之下未来发展方向迷茫	出台本溪市全域发展规划	制定经济发展战略和规划
企业停摆,资金周转压力加大	旅游行业部分行政性收费和税收得到减免,防疫优惠贷款政策出台	实施宏观经济政策
对旅游业未来发展信心不足	让"绿水青山"的保护和开发并行	实施环境政策和产业政策
员工报酬等各项开支增加了企业经营压力	缓解了疫情期间员工开支压力,千方百计稳定和扩大就业	加强和优化公共服务
旅游业开发存在部分乱象	不断提高旅游行业环境保护和治理效能	实施环境政策
行业竞争不规范	行业秩序更加规范	加强市场监管,弥补市场缺陷

[设计意图]运用多媒体展示家乡山水美景,增加课堂趣味性。大多数学生游历过大冰沟森林公园,对因疫情引发的旅游业经营困境更容易理解、分析,使教学富有趣味性、启发性,激发参与兴趣,提高课堂效率。"政府的职能"是本课的重难点,从不同角度和层面展示政府为帮助相关企业走出困境所采取的一系列举措,引导学生探究政府的经济职能,体会政府科学履职为企业和劳动者带来的积极效应与重要价值,加深学生对政府经济职能的理解记忆。

环节三:扬帆风助力 政府任在肩

[教学情境1]商业银行利率情况。

表5 商业银行利率及政策

银行名称	一年期存、贷款利率	疫情后针对小微企业的优惠政策
中国银行	1.75%/4.35%	1.所有银行均根据相关规定,完善受疫情影响的社会民生领域的金融服务
中国邮政储蓄银行	1.78%/4.35%	2.对因疫情防控需要隔离观察的人员、参加疫情防控工作人员,住房按揭和信用卡还款可合理延后,减免罚息、消除预期征信记录等
光大银行	1.95%/4.35%	
浦发银行	1.95%/4.35%	3.部分银行推出针对个人创业的无息、低息分期贷款

[教学情境 2]播放视频"IMF：疫情下中国金融政策有效支持经济复苏"。

[学习任务]1.个人分享：从商业银行利率表中可以得出哪些重要信息？

2.小组讨论：填写财政政策与货币政策关系表。

表6　财政政策与货币政策对比

		财政政策	货币政策
区别	制定者不同		
	含义不同		
	表现不同		
联系			

3.小组讨论：分析视频中提到的国家相关举措？

表7　疫情之下国家相关举措

时　间	政策内容	政策类型	预期效果
2020 年 3 月 27 日	发行特别国债		保持流动性合理充裕
2020 年 4 月 3 日	定向降准 1 个百分点		释放长期资金约 4000 亿元
2021 年 3 月 20 日	减税降费，加大对重点领域和关键环节的投入力度		聚力促发展，增效保民生
2021 年 4 月 13 日	深化预算管理制度改革		增强预算约束力、加大财政透明度

[答案提示]任务 2 和任务 3 参考答案。

表8　财政政策与货币政策对比

		财政政策	货币政策
区别	制定者不同	财政部	中国人民银行
	含义不同	指政府通过调节财政收支来影响总需求，使之与总供给适应	指通过利率等调节货币的供应量、信贷量等
	表现不同	财政收支、税率、国债、补贴等	公开市场业务、存款准备金、中央银行贷款
联系		都是经济政策，都是宏观调控的重要手段，都是通过调节社会总需求实现国民经济平稳运行	

表9 疫情之下国家相关举措

时 间	政策内容	政策类型	预期效果
2020年3月27日	发行特别国债	积极的财政政策	保持流动性合理充裕
2020年4月3日	定向降准1个百分点	适度宽松的货币政策	释放长期资金约4000亿元
2021年3月20日	减税降费,加大对重点领域和关键环节的投入力度	积极的财政政策	聚力促发展,增效保民生
2021年4月13日	深化预算管理制度改革	科学优化的财政政策	增强预算约束力、加大财政透明度

[设计意图]通过对财政政策和货币政策异同的梳理,引导学生辩证地看待事物,抓住两种经济政策的关键词;同时,联系调查时了解的"定向降准"政策,加深对两类政策的理解和把握。明确宏观调控常用经济手段适用的背景及想要达到的效果,形成关于财政政策和货币政策完整、准确的认识。观看视频"IMF:疫情下中国金融政策有效支持经济复苏",分析相关政策及其效果,增强学生的政治认同,培育其科学精神和公共参与意识。

环节四:延伸设计

[教学情境]随着5G时代的到来,"互联网+"、AI智能、云计算和物联网等技术深度融合,刷脸支付开始提速增温。从最初的肯德基KPRO餐厅到如今的药店、超市、便利店等众多线下零售场景,全国超百万消费者已经率先体验了刷脸支付的便捷。同时,面对日益增长的人力成本,刷脸支付能更好地为商家开源节流。相关专家认为,刷脸支付更大的想象空间在于它的引流能力和交互营销,在支付后,商家可以无限延展,如结合消费记录和偏好向消费者推荐合适的商品。这才是刷脸支付真正的价值所在,也是未来发展方向。

也有专家提出,人脸识别技术虽然提升了金融服务的便捷性和普惠性,但也存在隐私泄露、算法漏洞等系列风险。不法分子获取生物数据库相关信息,引发"盗脸案",以及运用照片、面具等假体进行攻击,对用户资金安全造成损害。此外,算法漏洞还会造成系统性风险。

[学习任务]观点辨析:刷脸支付的风险来自市场在资源配置中的负面作用,政府在资源配置中负主要责任。

[知识建构](1)社会主义市场经济有市场经济的共性,要发挥市场在资源配置中的决定性作用。刷脸支付能开拓市场资源,为商家开源节流,同时存在隐私泄露、"盗脸案"等市场调节自发性弊病。(2)社会主义市场经济又具有自己的鲜明特征,能够实行科学的宏观调控,发挥国家集中力量办大事的优势,使国家对经济的宏观调控更科学、更有成效。(3)社会主义市场经济能够处理好政府和市场的关系,既充分发挥市场作用,又更好发挥政府作用,因而不能全盘肯定或否定任何一方的作用。

[设计意图]通过对材料的分析,巩固新知,提升分析和应用能力。

[板书设计]

社会主义市场经济体制的基本特征

政府作用————→宏观调控 ⎰目标
⎱经济手段————→财政、货币政策

三、教学资源

1.《习近平谈治国理政》。

2.马克思:《〈政治经济学批判〉导言》。

3.韩国 KBS 纪录片:《超级中国》。

"更好发挥政府作用"教学设计

李　滔(四川省成都市石室中学)

议题:如何更好发挥政府作用?

一、教学准备

1.教材分析

"更好发挥政府作用"是必修2《经济与社会》第二课"我国的社会主义市场经济体制"第二框。这一框共有两部分内容:第一部分是"社会主义市场经济体制的基本特征"。这一部分内容是整节课的理论基础,只有深入理解中国特色社会主义市场经济体制的基本特征,才能弄清政府的角色、定位及其相应职能。第二部分是"我国政府的经济职能"。这一部分内容是整节课学习的落脚点,是对市场经济体制中政府职能的科学阐释。总体来看,本框题是第一框内容的延续,二者共同构成社会主义市场经济体制的完整内容。

2.学情分析

(1)知识基础:学生通过初中阶段的学习,对我国的基本经济制度有了初步了解,对社会主义市场经济体制亦有所涉猎。同时,通过上一框的学习,学生对市场机制有了一定认知。但学生对于社会主义市场经济体制的内涵、政府的经济职能缺乏深入的认识和理解,对政府宏观调控的手段、目标等相关知识鲜有涉及,理解起来较为困难。

(2)认知能力:高一学生的思维更多的是直观的具体思维,抽象思维相对不足,对偏重理论性、政策性的内容缺乏深入学习的动力。因此,学生参与本框题内容的议题式学习具有一定难度。学生虽对社会主义市场经济和政府的经济职能具有一定的感性认识,但是对其内涵没有深入的认识和理解。这就要求教师在议题式教学过程中创设学生能够感知的情境,激发学生学习兴趣,通过身临其境的参与和体验,将知识化抽象为具体,提升学科核心素养。

3.教学目标

(1)必备知识:理解社会主义市场经济体制的基本特征;明确我国政府的经济职能及其作用;掌握宏观调控的主要目标及实行科学宏观调控的手段;全面

理解财政政策和货币政策。

（2）关键能力:能够联系生活中的具体案例理解社会主义市场经济体制的基本特征,分析我国政府的经济职能;能够结合真实的经济现象,探究财政政策和货币政策对实现宏观调控目标的作用原理。在自主探究和小组合作讨论中,培养辨识与判断、分析与综合、探究与建构、反思与评价的能力。

（3）学科素养:结合我国社会主义市场经济实践中的典型事例与成就,能够准确辨识和理解社会主义市场经济体制的基本特征,坚持中国共产党的领导,增强对社会主义经济制度的自信心与自豪感;正确认识政府与市场的关系,能够从政府的各项行为或政策中准确分析政府所履行的具体经济职能及其作用,涵养科学精神;理解政府宏观调控的主要目标、了解最常用的经济手段及作用,能够结合生活事例识别财政政策和货币政策,科学理性认识我国经济运行情况,积极为经济社会发展建言献策。

（4）核心价值:丰富学生对社会主义基本经济制度的认识,引导学生积极承担时代赋予的责任和使命,厚植家国情怀,为全面建设社会主义现代化国家贡献青春力量。

4.教学重难点

（1）教学重点:社会主义市场经济体制的基本特征;我国政府的经济职能及作用。

（2）教学难点:对政府科学宏观调控的常用经济手段进行理解辨别;在辨析政府与市场关系基础上明确"更好"的真正内涵。

5.教学方法

议题式教学法、情境教学法、合作探究法。

6.教学结构

二、教学过程

(一)前置学习

1.学生自主学习教材第 21—25 页内容,梳理教材知识体系。

2.小组合作探究,通过网络、报刊等方式,搜集我国芯片产业发展相关材料。

(二)课堂教学

导入:芯片制造究竟有多困难?芯片制造对技术、设备和人才要求极高,需要大量的研发投入和生产设备,需耗费巨额成本,前期投入资金至少 10 亿;复杂度极高,10 亿个晶体管集成到指甲大小的芯片上,相当于在一根头发几万分之一的地基上盖几十层楼;需要精密的设计方案和高度专业化的经验;对产业链依赖程度高,供应链风险较高;市场竞争压力大,研发周期长,行业研发周期平均为十年,成功概率较低。

2022 年 8 月 9 日,美国总统拜登正式签署《芯片和科学法案》,计划为美国半导体产业提供高达 527 亿美元的政府补贴。在美国白宫发布的相关说明书中,《芯片和科学法案》的目的被概括为降低成本、创造就业、加强供应链及对抗中国。2022 年 10 月 7 日,美国商务部工业和安全局发布半导体出口管制新规,意图削弱中国生产甚至购买高端芯片的能力。

[学习任务]师生对话:面对断供华为芯片、制裁中芯国际、组织"芯片四方联盟"围堵中国,我国芯片产业发展要实现突破,最关键的角色在于谁?

[答案提示]市场在资源配置中起决定性作用,能够引导资源配置,促进优胜劣汰。然而,我们能把如此复杂而重要的芯片产业完全交给市场吗?答案显而易见。我们必须在遵循市场规律基础上,重视和发挥政府的作用,尤其是在芯片发展初期和国外限制打压期。

环节一:政府如何助力国芯

[教学情境]视频:"美日芯片之争""三星的逆袭"。

韩国政府在 1973 年推出"重工业促进计划"(HCI 促进计划)以提振经济。两年后,公布扶持半导体产业的六年计划,旨在实现电子配件及半导体生产本土化。在接下来的发展中,陆续出台《半导体工业扶持计划》《超大规模集成电路共同开发计划》等政策。此外,韩国政府还牵头成立"官民一体"的 DRAM 共同开发项目小组。从 1993 年开始,三星实现逆袭,成功登顶全球半导体市场。此时,韩国企业已经称霸该领域 27 年。

1976—1979年,在政府引导下,日本开始实施具有超大规模集成电路的共同组合技术创新行动项目(VLSI)。该项目由日本通产省牵头,以日立、三菱、富士通、东芝、日本电气五大公司为骨干,联合日本通产省的电气技术实验室(EIL)、日本工业技术研究院电子综合研究所和计算机综合研究所,共投资720亿日元,用于半导体产业核心共性技术的突破。20世纪80年代,日本半导体行业在国际市场上占据绝对的优势地位。截至1990年,日本半导体企业在全球前十中占据了六位,在全球前二十中占据了十二位。

1985年,美国半导体产业协会开始向美国商务部投诉日本半导体产业不正当竞争,要求总统根据301贸易条款解决市场准入和不正当竞争问题。一方面,美国向负责谈判的通产省开出极其苛刻的条件。不久,对日本出口的3亿美元芯片征收100%惩罚性关税;否决富士通收购仙童半导体公司。另一方面,美国在媒体上大肆宣扬"日本威胁论",宣称日本企业在这一领域的全面领先将严重威胁美国国家安全,为发动芯片战争寻找理由。1989年,美国再次和日本签订《日美半导体保障协定》,开放日本半导体产业的知识产权、专利,处于浪潮之巅的日本半导体芯片产业开始逐渐走向衰落。

[学习任务1]同桌交流:结合视频信息讨论和分析韩日美政府发展芯片的做法对中国政府有何启示?

[答案提示]

表1 韩国、日本、美国发展芯片的举措及启示

	举措	启示(体现的政府职能)
韩国政府	重工业促进计划、扶持半导体的6年计划、不均衡发展战略	经济发展战略和中长期发展规划制度
	集中力量办大事,给予资金、技术支持	经济政策
日本政府	政府牵头并积极引导干预,组织产业集团	产业政策
美国政府	对日本征收惩罚性关税,否决富士通收购仙童半导体公司,签订《日美半导体保障协定》	宏观调控(经济、法律、行政手段)
	美国总统拜登正式签署《芯片和科学法案》	法律手段、产业政策支持

[知识建构]

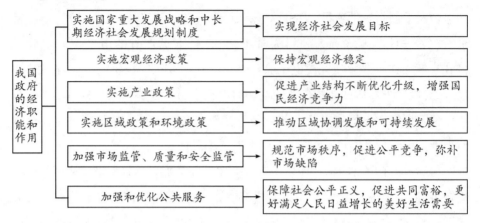

[学习任务2]小组讨论:阅读教材第22—23页"探究与分享",分析材料体现的我国政府的经济职能。

表2　材料体现的政府的经济职能

材料情境	反映的政府经济职能
《中华人民共和国国民经济和社会发展第十四个五年规划和2035年远景目标纲要》主要阐明国家战略意图,明确政府工作重点,引导规范市场主体行为	通过制定国家经济发展战略和规划,实现经济社会发展目标
我国顺应布局,分类提高,实施主体功能区制度,充分发挥区域优势,实现区域经济优势互补,分类精准施策	通过实施区域政策和环境政策,推动区域经济协调发展和可持续发展
为了增强经济发展后劲,我国大幅减税降费,实施小微企业税收优惠政策,减轻企业负担;货币政策保持稳健中性	通过实施科学的宏观调控(经济手段)稳增长
采取差别化政策,加强对重点领域和薄弱环节的支持,小微企业贷款增速高于平均增速	通过实施产业政策,促进产业结构不断优化,增强国民经济竞争力
推进工商注册制度便利化,减少生产经营活动审批事项	通过加强和优化公共服务,保障社会公平正义
清理和废除妨碍全国统一市场和公平竞争的各种规定和做法,严禁并惩处各类违法行为,通过"宽进+严管"的政策导向激发市场活力	通过加强市场监管,规范市场秩序,保障公平竞争,弥补市场缺陷

[设计意图]通过视频和文字信息展示,呈现美、日、韩政府发展芯片产业的

措施,在议学合作中培养学生探究能力与比较分析能力,引导学生概括归纳并得出启示,与教材中的政府经济职能具体内容进行对接,形成整体感知。

环节二:政府何以应对造芯狂潮

[教学情境1]6个百亿级项目坍塌,"中国芯"遭遇烂尾潮。

凤凰网2020年9月30日报道,在短短一年多时间里,分布于江苏、四川、湖北、贵州、陕西等省的6个百亿级半导体大项目先后停摆。业界担忧造芯热引发烂尾潮,造成国有资产损失,延误芯片产业发展大好机遇。半导体停摆项目内部人士反思,半导体产业投资大、周期长、风险高,且我国在该领域起步晚、基础弱,有的项目因不可控因素而停摆无可厚非。但看似个案的停摆项目背后,种种违背半导体产业发展规律的盲目冲动值得警惕。一些地方政府或缺少专业研判能力,或被扭曲的政绩观驱使,轻率介入产业、危害产业的行为值得反思。

[教学情境2]浪潮散去,国产芯片该走向何方?

据相关统计数据,随着风口退却,2022年,我国共有5746家芯片企业被注销或者吊销,相比2021年,增长了68%。近两年,累计退场芯片企业有9166家之多,甚至连千亿项目也烂尾了。2023年5月,鉴于市场和营收压力,OPPO宣布关停旗下芯片设计公司哲库科技(ZEKU)的业务。有评论指出,寄希望于资本短期内的疯狂涌入实现"中国芯"崛起,基本不可取。

[学习任务1]小组讨论:政府大力扶持国芯制造,市场一拥而上投入造芯狂潮,但由于芯片研发复杂艰巨,加之市场调节的弊端,最后引发烂尾潮。面对这种情况,政府该如何应对,结合教材第24页相关内容进行思考。

[答案提示]宏观调控。

[知识建构]1.科学的宏观调控(政府主要经济职能之一)

表3 科学的宏观调控知识

含义	国家综合运用各种手段对经济总量进行调节和控制	
主要目标	促进经济增长、增加就业、稳定物价、保持国际收支平衡	
主要任务	保持经济总量平衡(社会总供给与社会总需求基本上保持平衡)	
手段	经济计划	制定经济规划、战略方针等
	经济政策	主要为财政政策和货币政策。政府通过财政收入与财政支出政策调节和控制国民经济运行;央行通过公开市场业务、存款准备金、中央银行贷款等货币政策工具调节和控制国民经济

2.经济运行状况与财政政策、货币政策的运用

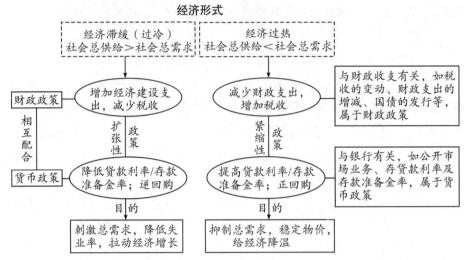

[学习任务2]小组讨论:从宏观调控角度思考政府具体应如何对待芯片产业发展难题?

[答案提示]

表4　政府应对芯片产业发展难题的手段

经济手段	财政政策	加大对芯片产业的财政资金投入;对相关企业及终端产品分类实行税收优惠或财政补贴政策
	货币政策	加大对芯片产业的中长期贷款支持力度,建立健全贷款风险补偿机制
其他手段		加快芯片立法进程,有序引导和规范芯片及集成电路产业发展秩序;对于骗取国家补贴和优惠政策的行为依法予以处理,没收非法所得;加大芯片知识产权侵权违法行为惩治力度;加强反不正当竞争执法,依法打击各类不正当竞争行为

[设计意图]通过文字材料呈现我国芯片产业发展过程中的曲折与困难,引导学生用科学的、辩证的眼光看待事物发展。在问题分析过程中认识市场调节的不足,从而引出政府宏观调控。在对政府宏观调控相关知识进行讲解阐释后,引导学生深入思考讨论宏观调控何以在芯片产业发展中有效发挥作用,明确政府科学的宏观调控及其手段在经济社会发展中的重要性。在此过程中,引导学生关注现实问题,提升学生迁移、思考和分析问题的能力。

环节三:政府为何助推国芯

[教学情境1]新一代信息技术产业是国民经济的战略性、基础性和先导性产业。2020年7月,国务院正式发布《新时期促进集成电路产业和软件产业高

质量发展若干政策》。2021 年 3 月,"十四五"规划明确聚焦高端芯片、操作系统等关键领域,加强通用处理器、云计算系统和软件核心技术一体化研发。党的二十大报告指出:"集聚力量进行原创性引领性科技攻关,坚决打赢关键核心技术攻坚战。"近年来,发改委、财政部、商务部、科技部等多部门陆续印发了规范、引导、鼓励、规划集成电路行业的发展政策,旨在通过国家层面的扶持政策加快我国科技自立自强步伐。

[教学情境2]2021 年 3 月,工业和信息化部总工程师、新闻发言人田玉龙表示,芯片产业发展既面临机遇,也面临挑战。"中国政府在国家层面上将给予大力扶持,共同营造一个市场化、法治化和国际化的营商环境和产业发展的生态环境。"谈及具体的支持措施,他指出,一方面,加大企业减税力度。对于集成电路企业,自获利年度开始减免企业所得税。这些政策对企业发展给予了很大的推动力。另一方面,在基础方面进一步加强提升。只有把基础打扎实了,芯片产业才能不断创新和发展。

[教学情境3]国家统计局发布的数据显示,2021 年,我国半导体集成电路(IC)产量累计达 3594.3 亿块,比上年累计增长 33.3%。根据国际半导体产业协会(SEMI)的数据,2022 年,中国芯片制造业的销售收入达到 1015 亿美元,同比增长了 23.8%,在全球占比达到 18.9%,位居第二,仅次于美国。中国人民大学公共管理学院教授许光建说:"中国特色社会主义制度所具有的显著优势,就是抵御风险挑战、提高国家治理效能的根本保证,就是始终坚持一切为了人民、一切依靠人民,不断促进社会公平正义。这是我们制度设计的出发点和落脚点。"

[学习任务]小组讨论:从"社会主义市场经济体制的基本特征"角度分析,说明我国芯片产业得以不断发展的原因。

[知识建构]

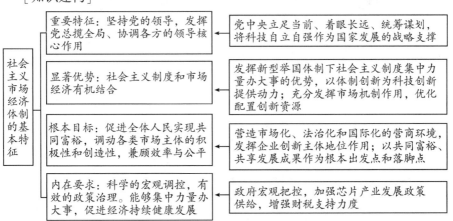

[设计意图]社会主义市场经济体制是社会主义基本经济制度的重要组成部分。通过展示我国政府推动芯片产业发展的系列举措及我国芯片产业发展现状,引导学生从社会主义市场经济体制角度深入思考和探究我国芯片产业得以不断发展的原因及我国政府为何要助力国芯发展。一方面,让学生在合作探究中归纳总结社会主义市场经济体制的基本特征;另一方面,引导学生沉浸式体悟社会主义市场经济体制优势,增强学生对社会主义制度的认同感。

[板书设计]

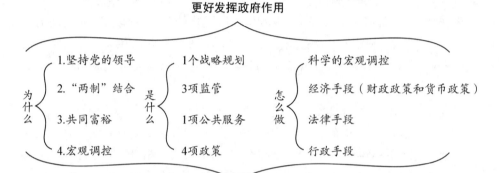

更好发挥政府作用

为什么	是什么	怎么做
1.坚持党的领导	1个战略规划	科学的宏观调控
2."两制"结合	3项监管	经济手段(财政政策和货币政策)
3.共同富裕	1项公共服务	法律手段
4.宏观调控	4项政策	行政手段

有效市场+有为政府

三、教学资源

1.视频:"美日芯片之争"。

2.视频:"三星的逆袭"。

3.中国日报网:《赵白鸽:中国芯片产业的展望与建议》。

4.新浪财经:《中国半导体产量加速赶超》。

5.经济观察报:《中国如何以"举国体制"打破芯片产业的困局》。

"更好发挥政府作用"教学设计

梁 韬(江苏省宿迁市沭阳县建陵高级中学)

议题: 政府是如何更好发挥作用的?

一、教学准备

1.教材分析

本框题是思想政治必修2第一单元第二课第二框,分为两目:第一目是"社会主义市场经济体制的基本特征",阐述了我国社会主义市场经济体制的四个基本特征。第二目是"我国政府的经济职能",阐述了我国政府的六项经济职能及其宏观调控职能等相关知识。

通过对前一框"充分发挥市场在资源配置中的决定性作用"的学习,学生已经初步理解市场在资源配置中如何发挥决定性作用及市场调节的优点与缺陷。本框题是第一框内容的延续,旨在引导学生理解为什么要更好发挥政府作用,从而明白坚持和完善社会主义市场经济体制为何能够成就中国脱贫攻坚奇迹。两框题共同构成社会主义市场经济体制的完整内容。

2.学情分析

(1)知识基础:学生在初中对社会主义市场经济体制的知识有一定了解,已经学习了第一课"我国的生产资料所有制"相关内容,具备一定的经济学素养;第一框"充分发挥市场在资源配置中的决定性作用"的学习为本框学习打下基础。本框题专业性强,部分学生不能很快地理解宏观调控中的财政政策和货币政策这一难点。

(2)认知能力:高中生的思维能力不断提高,对于理论性较强和生活联系密切的经济知识,具备一定的观察能力、分析能力。但是,大部分学生对于中国创造的脱贫攻坚奇迹的认识停留在直观感受层面,不能将其与社会主义市场经济体制优势和政府发挥的巨大作用相结合,不能科学地认识到"'两只手'优于'一只手'"。

3.教学目标

(1)必备知识:理解社会主义市场经济体制的基本特征;掌握我国政府的经济职能和作用;解析宏观调控的含义、任务、目标、意义及常用手段。

(2)关键能力:通过情境活动探究议题,形成自己的知识建构;培养学生自主学习能力、合作探究能力、理性思辨能力、读取材料能力和分析与解决问题能力等。

(3)学科素养:结合怒江脱贫攻坚的实例,概括社会主义市场经济体制的特征和优势,自觉拥护党的领导,坚定坚持中国共产党领导的信心;增强道路自信、理论自信和制度自信;运用具体问题具体分析的辩证思维方法,学会运用矛盾的观点看待问题;合理运用知识,为家乡发展出谋划策。

(4)核心价值:通过对怒江脱贫攻坚生动实践的深入学习,更加坚定"四个自信",愿做乡村振兴的参与者和贡献者,乐做社会主义建设者和接班人,争做坚定有为的新时代马克思主义者。

4.教学重难点

(1)教学重点:社会主义市场经济体制的基本特征。

(2)教学难点:财政政策和货币政策不同类型与组合。

5.教学方法

本课以议题式教学法为主贯穿始终,并在操作层面贯穿多媒体教学法、小组合作探究法、情境教学法等多样教学方法,支撑议题式教学的开展。

6.教学结构

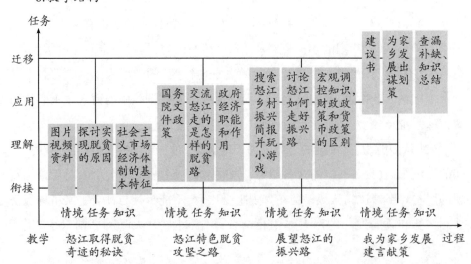

二、教学过程

(一)前置学习

[学生活动]自主查找专业术语的意思,如存款准备金率、央行基准利率等,便于更好地参与课堂游戏环节;自主搜索全国精准扶贫典型案例,以及怒江各方面资料,便于更好地开展课堂讨论。

(二)课堂教学

导入:2022年5月,网络流行的一个视频让我们知道云南怒江泸水市六库傈僳族,让我们想知道怒江傈僳族自治州更多的故事。同学们,你们知道是什么视频吗?是的,就是视频"我是云南的"。你对这个地方了解多少呢?

"你所知道的云南省怒江傈僳族自治州"(播放一段关于怒江的小视频)。

"你所不知道的云南省怒江傈僳族自治州"(展示一段材料)。

[材料]贫困与山区犹如"孪生姐妹"。地处横断山区的云南省怒江傈僳族自治州,98%以上土地为高山峡谷,全州所辖4个县(市)均为深度贫困县,贫困发生率曾高达56%,可谓"极贫之地"。在怒江,消除贫困这个曾经不可能的梦想如今变成现实。在这片地球褶皱里,中国奇迹已经发生。

环节一:怒江取得脱贫奇迹的秘诀

[教学情境1]搬不动山就搬家。

怒江州委书记纳云德说,过去怒江多数贫困群众居住在高山峻岭、峡谷缝隙,一方水土养不起一方人。决战脱贫攻坚中,搬不动大山,那就搬家。怒江州开展史上最大规模的搬迁行动,让10万贫困群众搬出大山,进城入镇集中安置,实现"一步跨千年"。从卫星图片看,易地搬迁后,一个个老村寨神奇地"消失"了,原来的寨址恢复绿色,与大山融为一体。

[教学情境2]两手抓,促脱贫。

补短板:怒江之困,困在交通。修路架桥是怒江州脱贫工作的重中之重。国家投入大量财力、物力和人力后,改写了怒江没有高速公路的历史,使怒江人走出大雪封山的窘境,完成了怒江人民"天堑变通途"的企盼。

强优势:近年来,怒江州大力发展绿色经济,因地制宜发展草果、有机茶、特色蔬菜水果、中药材、高黎贡山猪、中蜂等种植养殖业。特别是以草果为主的绿色香料产业快速发展,成为带动力最强、覆盖面最广、贡献率最大的绿色产业。

[教学情境3]怒江与上海、广东的缘分。

1996年,中央确定上海市对口帮扶云南以来,上海把云南的事情当成自己的事,坚持"中央要求、云南所需、上海所能",持续帮助包括怒江在内的云南各州市改善基本生产、生活、教育和医疗卫生条件,有力助推云南经济社会发展、贫困地区群众脱贫致富、民族团结进步和边疆繁荣稳定。

广东省珠海市与云南省怒江州的直线距离有2000多公里,相隔万水千山。在波澜壮阔的脱贫攻坚战中,珠海以"东西部扶贫协作"之名,秉持"怒江所需、珠海所能"之爱,江海相聚成海纳百川的磅礴伟力,助力怒江实现从区域性深度贫困到区域性整体脱贫的历史"蝶变"。

[教学情境4]久久为功育桃李,八方支援见真情。

2020年10月,教育部决定实施名师领航工程怒江支教行动。来自全国23个省市,由首期名师领航工程名师工作室精心挑选的60名支教教师,从祖国各地奔赴怒江。平日里常常作为受援地身份出现的地区,如新疆、西藏、宁夏、内蒙古、广西、贵州、甘肃等都派出支教老师,使民族大团结在怒江支教行动中充分呈现。

[学习任务]小组讨论:怒江实现脱贫奇迹的秘诀是什么?

[知识建构]

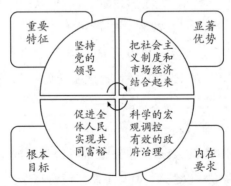

[设计意图]教师引导学生进行分组思考、讨论发言、适当补充,启发学生概括中国特色社会主义市场经济体制的基本特征,从而深入认识和准确理解社会主义市场经济的显著优势。在这一议学活动中,一方面,锻炼了学生读取材料和分析问题、解决问题的能力;另一方面,激发了学生探知热情,增强了政治认同感。

环节二:怒江特色脱贫攻坚之路

[教学情境 1]宏观政策。

2016 年,国务院印发《"十三五"脱贫攻坚规划》。

2019 年,国务院印发《关于促进乡村产业振兴的指导意见》,提出健全财政投入机制,落实涉农企业的税收优惠政策,支持乡村振兴。

2020 年,中共中央、国务院印发《关于实现巩固拓展脱贫攻坚成果同乡村振兴有效衔接的意见》,指出要加强扶贫项目资产管理和监督,坚持和完善东西部协作和对口支援、社会力量参与帮扶机制。

[教学情境 2]具体落实。

2019年底,贯通怒江大峡谷的怒江美丽公路建成通车。这条288公里长的公路将怒江大峡谷一个个城镇、安置点和景点串了起来

如今,建成百万亩全国草果核心产区,覆盖16.5万名群众稳定受益;推进特色种植业、养殖业,实现产业100%覆盖……

怒江州易地扶贫搬迁工作快速高效推进,67个安置点如期建设完工,10.2万名贫困群众搬出大山、进城入镇,开启新生活

筑路,冲破"瓶颈"

生态,推行扶贫

搬迁,最大难点成最大亮点

[学习任务]小组讨论:怒江走的这条特色脱贫道路,反映出我国政府具有哪些经济职能? 还有其他经济职能吗?

[知识建构]

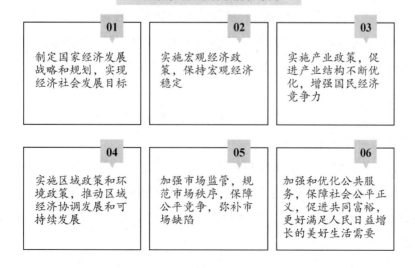

政府的六大经济职能和作用

01	02	03
制定国家经济发展战略和规划,实现经济社会发展目标	实施宏观经济政策,保持宏观经济稳定	实施产业政策,促进产业结构不断优化,增强国民经济竞争力

04	05	06
实施区域政策和环境政策,推动区域经济协调发展和可持续发展	加强市场监管,规范市场秩序,保障公平竞争,弥补市场缺陷	加强和优化公共服务,保障社会公平正义,促进共同富裕,更好满足人民日益增长的美好生活需要

[设计意图]以国务院印发的相关文件和怒江网络资讯为情境材料,从不同角度和层面展示政府为实现怒江精准脱贫所采取的一系列举措,分析其中体现的政府经济职能,并让学生在举一反三中进一步厘清政府的经济职能及其履行方式,感悟政府在脱贫攻坚中发挥着保驾护航的作用,培育学生的政治认同和公共参与等学科核心素养。

环节三:展望怒江的振兴路

[教学情境1]2022年,怒江州政府稳经济系列政策落地见效:制定出台28条稳增长措施及9个方面45条贯彻落实扎实稳住经济一揽子政策措施的实施意见,做好能源电力保供、产业链供应链稳定等工作,贯彻执行稳健的货币政策,全力为企业纾难解困,退减缓税费超5.7亿元人民币,各项贷款余额同比增长16.45%、普惠小微企业贷款同比增长29.78%,推动一系列稳住经济增长、优化营商环境、促进市场主体倍增、保就业保民生政策措施落地见效。全面落实党中央"疫情要防住、经济要稳住、发展要安全"的要求,疫情防控措施落实有力有效,稳妥有序应对调整后各类风险,有效开展医疗救治,确保平稳转段和社会秩序稳定,牢牢守住不发生规模性疫情的底线,营造安全稳定的发展环境。全州经济呈现持续恢复、稳中有进的态势。

[教学情境2]怒江仍然是后发展和欠发达地区,基础设施瓶颈制约突出、社会发展不平衡不充分问题依然存在,支撑高质量发展的基础较为薄弱,全州经济社会发展面临的环境更加复杂、风险挑战更加突出、经济下行压力更大,特别是"六稳""六保"任务更加艰巨,巩固拓展脱贫攻坚成果、衔接乡村振兴任务依然繁重,交通基础设施依然滞后、产业发展能力依然不足、公共服务水平依然薄弱、城镇化发展依然缓慢、沿边开发开放水平依然较低、创新能力依然较差等方面的短板较为突出。

[学习任务]同桌交流:为什么要对怒江经济发展进行宏观调控? 上述措施体现了宏观调控的哪些手段?

小组讨论:怒江政府该如何抓住这次机遇,走好振兴路,促进经济发展?

游戏规则:不同组两位学生主动到讲台上根据游戏提示,判断提示内容能否助力经济发展并进行选择。答错扣3分,答对加3分。根据得分高低选出最佳小组。

[知识建构]

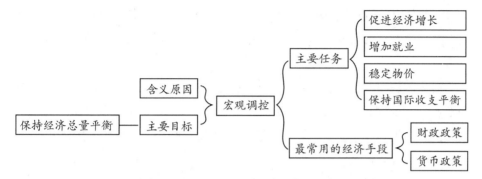

表1　宏观调控的财政政策和货币政策

	经济过热(紧缩性政策)	经济滞缓(扩张性政策)
财政政策	减少财政支出 减少国债规模 减少财政赤字率 增加税收	增加经济建设支出 增加国债发行规模 增加财政赤字率 减少税收
货币政策	回购 减少货币发行 上调基准利率 上调存款准备金率	逆回购 增加货币发行 下调基准利率 下调存款准备金率

[设计意图]本环节问题设置衔接第一框"市场调节、市场体系、市场缺陷"知识,让学生明白怒江政府宏观调控的必要性。课堂上,学生畅所欲言、各抒己见,有效培养合作探究、交流表达能力。同时,利用小游戏的方式,实现生动性与知识性有机结合,为接下来的知识学习奠定基础。同时,结合怒江宏观经济形势的变化,让学生深入理解财政政策和货币政策相关知识,并通过对文件中系列经济政策的分析,帮助学生理解宏观调控建立在尊重客观规律基础上,培育科学精神。

环节四:我为家乡发展建言献策

[教学情境]宿迁市位于江苏省北部,是长三角北翼区域性综合交通枢纽。宿迁虽然 GDP 一直不错,但城市配套比较差,难以吸引产业落地。2019 年,徐宿淮盐铁路建成通车,宿迁人民圆了高铁梦。此外,潍宿铁路、合宿铁路、淮新

高铁、连宿蚌铁路也在规划或建设中,宿迁东站预计2024年完工,宿迁的潜力无限。此外,宿迁空气质量在江苏省排名数一数二,并且拥有不少景区。除了项王故里等人文景点外,还有三台山国家森林公园、洪泽湖湿地、骆马湖湿地等自然景区。

宿迁还是"梦之蓝"白酒的产地。该品牌隶属洋河股份,是江苏人民的"家中常备",在全国也很有名。2022年是我国载人航天工程立项实施30周年,"梦之蓝"借此良机开展《航天公开课》,科普航天知识,助力中国航天事业,助力宿迁经济持续腾飞。

[学习任务]独立撰写:为更好地助推宿迁经济持续腾飞,作为新时代的宿迁青年,请为未来宿迁发展规划远景,写一份建议书,150字左右。

[知识建构]

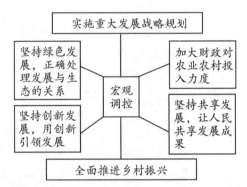

[设计意图]本课结尾让学生写一份建议书,既对本节课学习内容进行归纳和总结,又建构本节课的知识框架,为学生学习奠定基础。学生联系家乡实际写建议书,既能在思政课小课堂上掌握相关知识点,又能在社会大课堂的探究学习中增强理论联系实际的能力与社会责任感。

[板书设计]

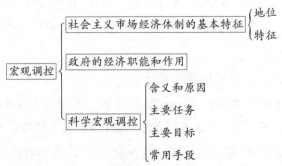

三、教学资源

1.云南省人民政府网:《关于怒江傈僳族自治州 2022 年国民经济和社会发展计划执行情况与 2023 年国民经济和社会发展计划草案的报告》。

2.新华网:《地球褶皱里的"中国奇迹"——"极贫之地"云南怒江州脱贫纪实》。

3.潇湘晨报:《山海再携手　共启新征程——上海市浦东新区结对帮扶怒江州纪实》。

4.澎湃新闻:《江入海怀聚伟力——广东珠海市对口帮扶云南怒江州综述》。

5.云南网:《记者手记——十年终圆怒江梦》。

6.环球网:《久久为功育桃李　八方支援见真情——记 2021 年"最美教师"滇西支教团队》。

7.新华网:《搬迁点里的"大管家"》。

8.怒江传媒:《怒江这十年 | 怒江州巩固脱贫攻坚成果和推进乡村振兴工作专场新闻发布会精彩问答》。

"更好发挥政府作用"教学设计

沈权芳(浙江省湖州中学)

议题:政府在实现共同富裕中如何"有为"?

一、教学准备

1.教材分析

本框为高中思想政治必修 2《经济与社会》第二课"我国的社会主义市场经济体制"第二框。其与第一框"充分发挥市场在资源配置中的决定性作用"共同架构起我国的社会主义市场经济体制,使有效市场和有为政府相结合,为我国高质量发展提供体制保障。新时代,更好发挥政府作用彰显中国特色社会主义道路自信、理论自信、制度自信。通过"社会主义市场经济的基本特征"和"我国政府的经济职能"两目内容的学习,学生将更加明白坚持和完善社会主义市场经济体制为何能够成就中国经济的奇迹,从而增强政治认同。

2.学情分析

高一学生在初中已初步学习有关社会主义市场经济体制的知识,并完成了必修 1《中国特色社会主义》有关改革开放内容的学习。学生在日常生活中会接触一些经济活动,看到一些经济现象,但是对这些活动、现象的认知和分析比较肤浅,思考问题的角度比较单一,缺乏全面、系统的认识。学生对未知事物的认知往往要从已有经验开始。运用实例和小组合作探究方式学习习近平新时代中国特色社会主义经济思想中"有为政府"内容,更符合学生的认知规律。

3.教学目标

(1)必备知识:明确社会主义市场经济体制的基本特征;知道我国政府的经济职能和作用;了解宏观调控的含义、主要目标及最常用的经济手段。

(2)关键能力:培养学生推理与论证的能力、获取与解读信息的能力、分析与综合的能力,能够为政府进一步推动经济社会发展提出意见、建议。

(3)学科素养:深刻体会社会主义市场经济体制的显著优势,坚定坚持和发展中国特色社会主义的信心,形成政治认同素养;坚持以马克思主义的科学世界观和方法论,对政府履行经济职能作出正确的价值判断,形成科学精神素养;勇于承担社会责任,通过有序参与,为政府决策献计献策,形成公共参与素养。

(4)核心价值:拥护党的领导和社会主义基本经济制度,立志为实现共同富裕和中华民族伟大复兴而奋斗。

4.教学重难点

(1)教学重点:社会主义市场经济体制的基本特征。

(2)教学难点:政府履行经济职能,尤其是宏观调控常用的经济手段。

5.教学方法

议题式教学、小组合作。

6.教学结构

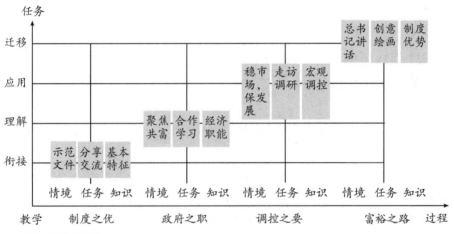

二、教学过程

(一)前置学习

学生上网查阅 2022 年以来浙江省为推进共同富裕示范区建设采取了哪些先行之举? 以 6-8 人为一个小组,走访当地一家企业,了解企业经营状况及目前的营商环境。

(二)课堂教学

导入:1992 年 1 月 18 日至 2 月 21 日,邓小平同志先后赴武昌、深圳、珠海和上海等地视察,沿途发表了一系列关于中国改革的重要谈话,史称"南方谈话"。(播放"南方谈话"相关影像资料)

2022 年是邓小平发表南方谈话 30 周年,中央和地方举行不同形式的纪念活动。邓小平围绕改革开放说过很多掷地有声的话,其中就包括"社会主义的本质,是解放生产力,发展生产力,消灭剥削,消除两极分化,最终达到共同富裕"。今天的浙江正在轰轰烈烈地开展共同富裕先行示范区建设,深刻践行邓小平南方谈话精神。

环节一:制度之优,保驾护航

[教学情境]中共中央、国务院发布的《关于支持浙江高质量发展建设共同富裕示范区的意见》(以下简称《意见》),支持鼓励浙江先行探索高质量发展建设共同富裕示范区,打造新时代全面展示中国特色社会主义制度优越性的重要窗口。《意见》指出,要坚定维护党中央权威和集中统一领导,把党的政治优势和制度优势转化为推动共同富裕示范区建设、广泛凝聚各方共识的强大动力和坚强保障;坚持发展成果由人民共享,充分发挥市场在资源配置中的决定性作用,更好发挥政府作用,体现效率、促进公平,坚决防止两极分化,在发展中补齐民生短板,让发展成果更多更公平惠及人民群众;立足当前、着眼长远,统筹考虑需要和可能,按照经济社会发展规律循序渐进、脚踏实地、久久为功。

[学习任务]1.小组展示:分享一项浙江省推进共同富裕示范区建设的先行之举。

2.小组讨论:分析浙江省建设共同富裕先行示范区的制度优势。

[知识建构]

社会主义市场经济体制 —— 重要特征——坚持党的领导,发挥党总揽全局、协调各方的领导核心作用
显著优势——社会主义制度和市场经济有机结合
根本目标——促进全体人民实现共同富裕
内在要求——科学的宏观调控、有效的政府治理

[设计意图]选取《意见》相关内容,让学生查找浙江省已经采取的做法,对先行示范区建设有初步了解,形成对共同富裕生活的向往,深刻理解中国特色社会主义制度的优越性,帮助学生坚定制度自信。

环节二:政府之职,助力扬帆

[教学情境]浙江省某市召开共富领导小组第一次会议,聚焦绿色发展、城乡均衡两大比较优势,明确"加快建设共同富裕绿色样本"目标定位。市政府加大财政投入,对全域内的道路、管网、绿化进行升级改造;通过金融扶持,鼓励有条件的村集体发展乡村旅游业;组织市场监督管理局等部门向民宿、农家乐经营者宣传食品质量安全等知识,常态化开展服务规范检查;利用乡镇成校资源免费向村民提供旅游服务岗位培训,使村民实现家门口就业,提升收入水平。

[学习任务]小组讨论:浙江省某市政府在推动经济高质量发展,实现共同富裕过程中履行哪些经济职能? 发挥什么作用? 根据题目自主完成下表,组内互评。

表1　政府举措、经济职能及作用

政府举措	经济职能	作用
加快建设共同富裕绿色样本		
	实施宏观经济政策	
大力发展乡村旅游业		
聚焦绿色发展、城乡均衡两大比较优势		
		规范市场秩序,保障公平竞争,弥补市场缺陷
	加强和优化公共服务	

[知识建构]

表2　我国政府的经济职能

措施	作用
实施国家重大发展战略和中长期经济社会发展规划制度	实现经济社会发展目标
实施宏观经济政策	保持宏观经济稳定
实施产业政策	促进产业结构不断优化升级,增强国民经济竞争力
实施区域政策和环境政策	推动区域经济协调发展和可持续发展
市场监管、质量监管、安全监管	规范市场秩序,保障公平竞争,弥补市场缺陷
加强和优化公共服务	保障社会公平正义,促进共同富裕,更好满足人民日益增长的美好生活需要

[设计意图]选取鲜活的情境素材,从不同角度和层面展示政府为促进经济发展采取的举措,引导学生探究政府的经济职能,在自主思考和互学互教过程中掌握政府的经济职能和作用,真正实现学为中心。

环节三:调控之要,行稳致远

[教学情境]浙江省某市把以市场主体的"稳"保发展大局的"进"作为当前工作的重中之重,瞄准当地企业发展中融资、市场和服务等痛点,通过一系列

"组合拳",帮企业渡难关。该市政府支持区域内商业银行在利率浮动区间下浮贷款利率;专门设立 2500 万元专项资金重点培育服务企业;2022 年,通过税费减免、资金奖励等措施为企业减负 174.5 亿元;面向全市发放 1 亿元消费券等,实实在在地展现该市助企纾困、稳住经济的决心和力度。

[学习任务]小组合作:根据课前走访本地服务型企业后整理的第一手资料,梳理企业面临的困难和现有帮扶政策,评估现有政策实施效果并提出新对策,为当地政府进一步帮助企业渡过难关提供参考。(参照下表对各小组及其成员的表现进行评价)

表 3　学生表现评价表

评价维度	等级(A、B、C)
积极搜集企业受困资料和政府帮扶政策	
展现较强的整理、分析资料能力	
运用所学知识,能提出针对性建议	
有较强的文字组织能力,逻辑合理、语言流畅	

[知识建构]

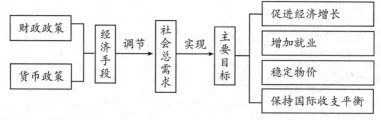

[设计意图]学科内容教学与社会实践活动相结合,是活动型学科课程的显著特点。实地走访企业为课堂教学提供更广阔的空间、更丰富的资源、更真实的情境,能够丰富教学内容,加深学生对社会的认识和理解,培育公共参与意识。

环节四:富裕之路,你我同行

[教学情境]习近平总书记指出:"邓小平同志的南方谈话,从理论上深刻回答了长期困扰和束缚人们思想的许多重大问题,推动改革开放和社会主义现代化建设进入新阶段。正是在邓小平同志倡导和支持下,改革大潮汇聚成时代洪流,使中国人民的面貌、社会主义中国的面貌、中国共产党的面貌发生了历史性变化。"

[学习任务]小组合作:到 2049 年,即中华人民共和国成立 100 周年时,中国的面貌、你的家乡面貌、你的家庭面貌会有哪些新的历史性变化? 以小组为单位完成绘画作品,师生共同选出优秀作品在班级宣传栏展示。

[设计意图]通过让学生绘制创意图画,畅想全国基本实现共同富裕时的生活图景,引导学生更加积极主动地投身中国特色社会主义伟大实践,增强历史使命感和政治认同感。

[板书设计]

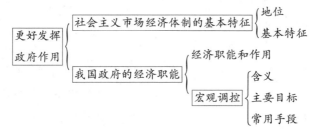

三、教学资源

1. 光明网:《南方谈话:把改革开放和现代化建设推向新阶段》。

2.《中共中央、国务院关于支持浙江高质量发展建设共同富裕示范区的意见》。

"更好发挥政府作用"教学设计

曾凌峰(贵州省六盘水市第一实验中学)

议题:政府如何更好发挥作用?

一、教学准备

1.教材分析

(1)本框地位:本框内容是《经济与社会》第二课"我国的社会主义市场经济体制"第二框"更好发挥政府作用"。社会主义市场经济体制是我国社会主义基本经济制度的重要内容。第二课由"充分发挥市场在资源配置中的决定性作用"和"更好发挥政府作用"两个框题组成。从逻辑看,第一框侧重讲市场这只"看不见的手"在资源配置中的作用,第二框侧重讲政府这只"看得见的手"在资源配置中的作用。本课时从政府作用层面对社会主义市场经济体制作出具体阐释。学习"更好发挥政府作用",有利于学生理解我国政府的经济职能,增强对社会主义经济制度的自信,从而坚定中国特色社会主义道路自信。

(2)内容分析:本框包括两目。第一目"社会主义市场经济体制的基本特征",阐述社会主义市场经济体制的基本特征,揭示社会主义市场经济体制的优势。第二目"我国政府的经济职能",阐述我国政府的经济职能和作用,说明宏观调控的必要性、内涵、目标和常用经济手段。

2.学情分析

(1)知识基础:学生在八年级下学期道德与法治课上已经初步学习"基本经济制度"内容,了解我国基本经济制度的组成部分。初中教材主要介绍"是什么",即社会主义市场经济体制包括市场机制和政府作用两个方面;高中阶段教材侧重讲"为什么"和"怎么做",辨析经济运行中政府与市场的关系等。相较义务教育阶段体验性学习的特征,高中阶段课程更凸显理论性学习特征。通过高中阶段系统、深入学习,学生对相关问题的理解将得到质的提升。

(2)认知能力:高一学生对我国减贫事业所取得的巨大成就有一定了解,但是对社会主义市场经济体制的优势缺乏真正、切身的理解和认同。教材的政治性和学理性较强,很多问题抽象、理解难度大,与高中生生活有一定距离。因此,需要依托真实生活设计适切的结构化情境,注重贴近学生、贴近生活、贴近实际,让学生在调研、访谈、分析、讨论、辨析中学习和理解知识点。

3.教学目标

(1)必备知识:理解社会主义市场经济体制的基本特征,体会社会主义市场经济体制的优越性;掌握政府的经济职能及其作用;识别宏观调控最常用的经济手段。

(2)关键能力:培养学生交流、合作、实践、批判等能力;培养学生辨识与判断、获取和解读信息、分析与综合、推理与论证、探究与建构、反思与评价等能力。

(3)学科素养:以我国减贫事业为切入口培育学生政治认同、公共参与素养。

(4)核心价值:提升学生对社会主义市场经济体制的认同,增强学生的中国特色社会主义道路自信、制度自信。

4.教学重难点

(1)教学重点:结合党和政府在减贫事业中取得的成就,分析社会主义市场经济体制的基本特征;结合贵州政府在脱贫攻坚中的作为,分析政府的经济职能及其作用。

(2)教学难点:结合脱贫攻坚具体举措,分析宏观调控的经济手段,识别财政政策和货币政策。

5.教学方法

议题式教学、活动型教学、社会实践教学。

6.教学结构

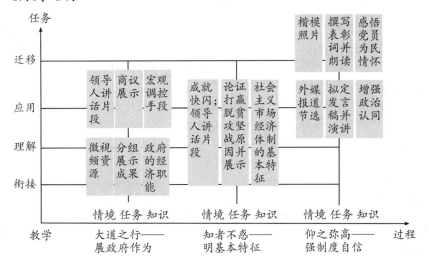

二、教学过程

(一)前置学习

[学生活动]

1.以基础设施大跨越、易地搬迁走新路、产业扶贫大突破、聚焦民生提福祉、生态扶贫大屏障为主题,分成五个小组查阅搜集贵州脱贫攻坚素材,分别填写"新时代贵州脱贫攻坚中××方面的成就调查表",并制作课件。

2.访谈优秀脱贫攻坚干部,了解他们的先进事迹,撰写表彰词。

3.利用网络观看全国脱贫攻坚总结表彰大会视频。

(二)课堂教学

导入:同学们,通过上节课的学习,我们知道资源配置离不开市场这只"看不见的手",要充分发挥市场在资源配置中的决定性作用。然而,市场调节不是万能的,有自身局限性。因此,资源配置也离不开政府这只"看得见的手"。我们对贵州脱贫攻坚取得的成就有目共睹,对群众生活改善有切身体会。

环节一:大道之行——展政府作为

[教学情境1]视频:"脱贫攻坚中的'贵州篇章'"。

[学习任务1]小组分享:各小组代表展示课前研究性学习成果,依次展示贵州政府在脱贫攻坚中的作为及体现的经济职能。

[知识建构]

表1　我国政府的经济职能和作用

职能	作用	举例
实施重大发展战略和中长期经济社会发展规划制度	实现经济社会发展目标	乡村振兴战略、"十四五"规划、《中国制造2035》
实施宏观经济政策	保持宏观经济稳定	货币政策、财政政策
实施产业政策	促进产业结构不断优化升级,增强国民经济竞争力	加快壮大新一代信息技术、生物技术、新能源战略性新兴产业
实施区域政策和环境政策	推动区域经济协调发展和可持续发展	西部大开发 绿水青山就是金山银山
加强市场监管、质量监管、安全监管	规范市场秩序,保障公平竞争,弥补市场缺陷	约谈蚂蚁集团 《中华人民共和国反不正当竞争法》

加强和优化公共服务	保障社会公平正义,促进共同富裕,更好满足人民日益增长的美好生活需要	教育、医疗、社保、公安、就业

[设计意图]通过资料搜集、合作走访等方式,挖掘本地资源,了解新时代贵州脱贫攻坚取得的成就。五份脱贫攻坚成就调查表的制作和展示具有两方面作用:一方面,促使学生梳理我国政府的经济职能和作用知识,在活动中感受减贫事业给人民带来的获得感、幸福感,体会制度优越性;另一方面,提升学生的信息提取能力、信息整合能力及归纳思考能力。从贵州脱贫攻坚角度切入,有利于将政府经济职能知识具体化、生活化,提高学生政治认同和公共参与素养。

(过渡)同学们的课前社会实践活动开展得很扎实,课堂分享很精彩,既展示了新时代贵州脱贫攻坚中各个领域取得的标志性成就,又分析了其中体现的政府经济职能。科学的宏观调控是政府的主要经济职能之一。下面,我们以习近平总书记关于脱贫攻坚的重要论述为情境,学习这部分知识。

[教学情境 2]习近平《在全国脱贫攻坚总结表彰大会上的讲话》(2021 年 2月 25 日)摘选:

我们发挥政府投入的主体和主导作用,宁肯少上几个大项目,也优先保障脱贫攻坚资金投入。8 年来,中央、省、市县财政专项扶贫资金累计投入近 1.6万亿元,其中中央财政累计投入 6601 亿元。打响脱贫攻坚战以来,土地增减挂指标跨省域调剂和省域内流转资金 4400 多亿元,扶贫小额信贷累计发放 7100多亿元,扶贫再贷款累计发放 6688 亿元,金融精准扶贫贷款发放 9.2 万亿元,东部 9 省市共向扶贫协作地区投入财政援助和社会帮扶资金 1005 亿多元,东部地区企业赴扶贫协作地区累计投资 1 万多亿元,等等。我们统筹整合使用财政涉农资金,强化扶贫资金监管,确保把钱用到刀刃上。真金白银的投入,为打赢脱贫攻坚战提供了强大资金保障。

[学习任务 2]小组讨论:梳理材料体现的政府宏观调控手段。

[知识建构]

宏观调控
├ 地位:科学的宏观调控是政府的主要经济职能之一
├ 含义:国家综合运用各种手段对经济总量进行控制和调节
├ 目标:促进经济增长、增加就业、稳定物价、保持国际收支平衡
├ 主要任务:保持经济总量平衡
└ 手段:财政政策、货币政策

[设计意图]用材料分析题形式突破对宏观调控经济手段知识的理解,既在新授课中做到讲练结合,又通过对习近平总书记讲话的解读,感受有为政府的作用,体会"'两只手'优于'一只手'"的道理。

环节二:知者不惑——明基本特征

(过渡)脱贫攻坚是八方襄助的合唱,是齐心协力的行动。贵州脱贫攻坚实现了贵州大地的"千年之变",书写了中国减贫奇迹的精彩篇章。下面,通过一则快闪来了解我国脱贫攻坚的辉煌成就。

[教学情境1]我国脱贫攻坚成就快闪视频。

[教学情境2]习近平《在全国脱贫攻坚总结表彰大会上的讲话》(2021年2月25日)摘选:

——坚持党的领导,为脱贫攻坚提供坚强政治和组织保证。我们坚持党中央对脱贫攻坚的集中统一领导,把脱贫攻坚纳入"五位一体"总体布局、"四个全面"战略布局,统筹谋划,强力推进。我们强化中央统筹、省负总责、市县抓落实的工作机制,构建五级书记抓扶贫、全党动员促攻坚的局面……我们抓好以村党组织为核心的村级组织配套建设,把基层党组织建设成为带领群众脱贫致富的坚强战斗堡垒……事实充分证明,中国共产党具有无比坚强的领导力、组织力、执行力,是团结带领人民攻坚克难、开拓前进最可靠的领导力量。

——坚持以人民为中心的发展思想,坚定不移走共同富裕道路。"治国之道,富民为始。"我们始终坚定人民立场,强调消除贫困、改善民生、实现共同富裕是社会主义的本质要求,是我们党坚持全心全意为人民服务根本宗旨的重要体现,是党和政府的重大责任。我们把群众满意度作为衡量脱贫成效的重要尺度,集中力量解决贫困群众基本民生需求。

——坚持发挥我国社会主义制度能够集中力量办大事的政治优势,形成脱贫攻坚的共同意志、共同行动。我们广泛动员全党全国各族人民及社会各方面力量共同向贫困宣战,举国同心,合力攻坚,党政军民学劲往一处使,东西南北中拧成一股绳……各行各业发挥专业优势,开展产业扶贫、科技扶贫、教育扶贫、文化扶贫、健康扶贫、消费扶贫。民营企业、社会组织和公民个人热情参与,"万企帮万村"行动蓬勃开展……千千万万的扶贫善举彰显了社会大爱,汇聚起排山倒海的磅礴力量。

[学习任务]小组讨论:分析党和政府为什么能打赢脱贫攻坚战。

[知识建构]

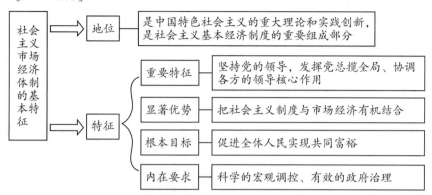

[设计意图]特征指一事物异于其他事物的特点。社会主义市场经济体制的基本特征是教材中的重要内容。打赢脱贫攻坚战的生动实践能让学生更加深刻地体悟社会主义市场经济体制的优势,增强对社会主义市场经济体制的认同及自信。

(过渡)在脱贫攻坚战中,社会主义市场经济体制的力量得以充分彰显。"社会主义"四个字画龙点睛,点出市场经济体制的社会性质。在这场声势浩大的脱贫攻坚人民战争中,社会主义市场经济体制为脱贫攻坚提供了有利制度条件。然而,即使这样的善行善举,国外却传来质疑和诋毁的声音。

环节三:仰之弥高——强制度自信

[教学情境1]当地时间2020年12月31日,《纽约时报》记者布拉德舍发表了一篇题为《工作、房子和牛:中国为消除极端贫困付出高昂代价》的文章。虽然文章一开始介绍了中国政府给贫困村民免费提供母牛、帮忙修路、造新房和向雇佣贫困人口的私人企业提供补贴等扶贫措施,但这篇文章的主旨却是质疑中国的脱贫工作,认为代价太高不能持续下去。布拉德舍在文中称,在没有政府监督的情况下,他走访了甘肃的村庄,探访过程中发现"中国为扶贫付出了高昂的成本"。布拉德舍还强调,过去五年,中国为扶贫投入近7000亿美元的贷款和补贴,大约占了中国每年经济产出的1%,而这一数据还不包括国家电网等国有企业的大额捐款。

[学习任务1]个人撰写:如果你是外交部新闻发言人,请就"驳斥西方某些记者对我国脱贫攻坚的抹黑"拟定发言稿,有理有力有节地发出中国声音。

[设计意图]借助课堂演讲方式,增强学生对国家政策的理解,引导学生明确我国党和政府在减贫事业中的贡献,提高学生思辨能力,增强政治认同。

[答案提示]经过全党全国各族人民共同努力,在中国共产党成立一百周年的重要时刻,我国脱贫攻坚战取得了全面胜利。现行标准下,9899万名农村贫困人口全部脱贫,832个贫困县全部摘帽,12.8万个贫困村全部出列,区域性整体贫困得到解决,完成了消除绝对贫困的艰巨任务,创造了又一个彪炳史册的人间奇迹!这是中国人民的伟大光荣,是中国共产党的伟大光荣,是中华民族的伟大光荣!纵览古今、环顾全球,没有哪一个国家能在这么短的时间内实现几亿人脱贫。这个成绩属于中国,也属于世界,为推动构建人类命运共同体贡献了中国力量!

单纯依靠市场的力量,社会贫富差距将会拉大,导致垄断,损害社会公平。中国共产党和政府站稳人民立场,关心群众疾苦,毅然决然做出了"上下同心、尽锐出战"的脱贫攻坚决策,出台了一系列超常规政策举措,构建了一整套行之有效的政策体系、工作体系、制度体系,走出了一条中国特色减贫道路。即使在脱贫攻坚中付出了很大代价,但这是中国党和政府愿意付出的代价,得到了广大人民群众的衷心拥护。脱贫攻坚事业传承了中华民族守望相助、和衷共济、扶贫济困的传统美德。

西方某些记者拿中国脱贫攻坚说事,这种做法不讲道德、不负责任,罔顾贫困群众生产改善、生活水平提高的事实。我们绝不接受。

美国国内贫困民众举步维艰、生活成本高昂、幸福指数低迷,他们从哪里来的底气和颜面指责中国的正义事业、批评中国的减贫做法。我们希望部分美方记者尊重事实和真相,尊重中国人民的呼声和愿望,停止借脱贫事业搞政治操弄,停止对中方搞污名化。

[教学情境2]展示部分全国脱贫攻坚楷模照片。

[学习任务2]个人分享:朗读课前为身边优秀脱贫攻坚干部撰写的表彰词。

[成果示例]他是×××,脱贫攻坚的优秀代表。带着单位的殷切嘱托走进××乡××村,一干就是三年。他用实际行动诠释了"第一书记"称号的深刻含义;用责任担当实现了共产党员的为民初心。顶烈日、冒酷暑、走泥泞、披风霜,他在扶贫路上的每一个坚实脚印都深深印在人民群众的心上。

[设计意图]以撰写并朗读表彰词的方式,了解身边优秀脱贫攻坚干部付出的努力、作出的贡献,明确脱贫攻坚伟业离不开政府的作用、离不开千千万万扶贫干部的辛劳,感悟党员干部的为民情怀和责任担当。

（结语）党的十九届五中全会提出推动有效市场和有为政府更好结合，为我们处理好政府和市场关系、完善社会主义市场经济体制指明方向、提供遵循。改革开放以来，社会主义市场经济体制经历了从摸索、确立、发展到完善的历程。这一经济体制极大地激发了人民群众的积极性、主动性和创造性，极大地解放了社会生产力，极大地提升了国民经济的活力。征途漫漫，唯有奋斗。在中国特色社会主义新时代，我们要坚定信心、勇毅前行，沿着正确道路走向中华民族伟大复兴！

［板书设计］

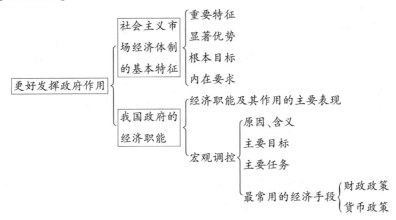

三、教学资源

1.《中共中央国务院关于新时代加快完善社会主义市场经济体制的意见》。

2.习近平：《在全国脱贫攻坚总结表彰大会上的讲话》。

3.张维迎：《市场的逻辑》。

"更好发挥政府作用"教学设计

张松玲(浙江省杭州外国语学校)

议题:中国经济的底色、底气和潜力何在?

一、教学准备

1.教材分析

(1)本框内容:"更好发挥政府作用"是必修2《经济与社会》第一单元"生产资料所有制与经济体制"第二课"我国的社会主义市场经济体制"第二框内容。本框共安排两目内容:第一目"社会主义市场经济体制的基本特征",第二目"我国政府的经济职能"。

(2)本框地位:本框内容是对第一框内容在逻辑和生活上的延续。前一框"充分发挥市场在资源配置中的决定性作用"的学习,使学生把握市场经济的含义、市场调节的优点及局限性,为学习本节内容起了铺垫作用。这两框共同构成社会主义市场经济体制的完整内容。它们和第一课"我国的生产资料所有制"一起构成我们每个人参与经济生活最基本的背景和舞台,是中国特色社会主义在经济制度和经济体制方面的具体体现,为第三课"我国的经济发展"提供体制保障,起承上启下的作用。

2.学情分析

(1)知识基础:学生已经完成必修1《中国特色社会主义》的学习,对中国特色社会主义的发展历史有一定了解,特别是学习《经济与社会》后,具备一定的经济学素养。第一框为本框学习打下基础。学生对耳熟能详的"国家宏观调控"概念缺乏深入的理性认识,理论联系实际能力较差。

(2)认知能力:高一学生具备一定的观察能力和逻辑思维能力,能够在分析经济现象过程中进一步提升能力和素养。对新的经济领域有一定探究兴趣,但对理论性较强的内容,思考、感知时会存在一定障碍。需要通过围绕生活议题的议学活动,保持学习热情。

3.教学目标

(1)必备知识:理解社会主义市场经济体制的基本特征;知道我国政府的经济职能及其作用;能区分财政政策和货币政策,并清楚经济总量失衡时采取的财政政策和货币政策;辨析经济运行中政府与市场的关系,解析宏观调控的目标与手段。

(2)关键能力:在讨论和议题学习中提高学生获取信息、理解、应用、迁移的能力。分析我国经济取得成就的原因时,能够运用综合思维方法;讨论我国经济发展提措施时,既要从政府的经济职能和宏观调控方面思考,又要从发挥市场机制作用方面建议,运用辩证思维方法。

(3)学科素养:通过我国经济取得的成就认同中国特色社会主义市场经济体制,增强社会主义市场经济理论自信;关注我国社会主义市场经济发展,为经济发展提建议,提高公共参与意识。

(4)核心价值:形成责任意识,成为有担当的社会主义建设者。

4.教学重难点

(1)教学重点:政府的经济职能。

(2)教学难点:财政政策和货币政策。

5.教学方法

议题式教学法、情境探究法、启发式教学法、自主探究法、合作探究法。

6.教学结构

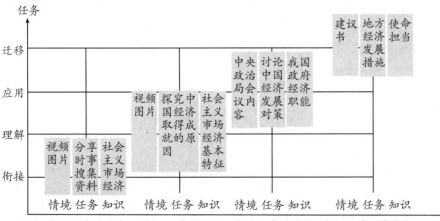

二、教学过程

(一)前置学习

[教师活动]提供官方网站的网址和主流报纸(环球时报、人民日报、经济日报等)。

[学生活动]通过网络、报刊等,搜集2022年上半年我国经济形势有关资料。

(二)课堂教学

导入:播放"我国上半年经济合理增长,稳经济大盘初见成效"视频。

[设计意图]以我国上半年经济合理增长为切入点,注重从学生生活的真实情境出发,激发学生探究欲望,导入新课。

环节一:中国经济的底色

[教学情境]2022年上半年经济运行可以分为三个区间:1—3月上中旬,各方面经济指标稳步增长,经济恢复整体上好于预期。3月下旬到5月中旬,生产经营活动明显受阻,居民消费疲弱,经济下行压力骤然加大。5月下旬到6月,主要经济指标止住下滑态势,开始触底反弹、边际改善,步入企稳回升轨道。

[学习任务]自由发言:哪个区间可以代表中国经济40多年来的发展态势?

[知识建构]

```
                    ┌─ 中国特色社会主义的重大理论和实践创新
社会主义市场经济体制 ┤
                    └─ 社会主义基本经济制度的重要组成部分
```

[设计意图]通过2022年上半年经济运行分为三个区间这一真实情境,引导学生独立思考:怎么看今年上半年经济形势?学会透过现象(3个区间的经济状况)看本质(我国经济的基本面和大趋势),评估学生的辩证思维能力。

环节二:中国经济的底气

[教学情境]同上。

[学习任务]小组讨论:从历史、文化、国情和经济角度探讨中国经济的底气何在。第5小组对4个小组的表现进行评价。

[学生分享]小组1:在谋生存、求发展的5000多年历史长河中,铸就了中国人民特别吃苦耐劳、特别坚韧不拔的精神品质和文化基因,也铸就了中国人民顽强的生命力和超强的创造能力。这是中国经济韧性和潜力所在(独特的历史)。

小组2:中国人民对美好生活的向往和追求,有着不竭的动力和源泉。这种不竭动力和源泉代代相传、生生不息,系植根中华民族血脉深处的独有特质、独有禀赋和独特价值体系,深刻影响当代中国的发展进步,深刻影响当代中国人的精神世界(独特的文化)。

小组3:我国拥有1.6亿多户市场主体,囊括所有经济体,覆盖参与GDP创造的所有经济单元及国民经济的"主动脉"和"毛细血管"。这些市场主体深谙市场规律,已经成为支撑中国经济发展的根基和推动经济社会发展的重要力量(独特的国情)。我国创造性地走出了一条中国式现代化道路,既遵循现代化普遍规律,又立足国情进行独立自主的探索,具有鲜明的中国特色(独特的国情)。

小组4:最重要的是,我们有强大的政治优势和制度优势。坚持党的领导和社会主义制度,能够最大限度地整合资源、凝聚民心,通过科学的宏观调控、有效的政府治理集中力量办大事,具有无可比拟的显著优势。在推动发展上,能够把社会主义制度和市场经济很好地结合起来,使政府和市场的作用得到有效发挥;在应对挑战上,能够把全国人民的力量都团结起来,齐心协力、共克时艰,形成战胜一切风险困难的强大合力。

小组5:小组评价维度如下表(等级分为A、B、C、D)。

表1 小组评价表

维度	小组评价
勇于表达自己的观点	
善于倾听、尊重他人的观点	
准确地表达自己的观点,有足够依据	
表达明确,认识深刻	
通过独立思考,作出正确价值判断	

[知识建构]我国社会主义市场经济体制的四个基本特征。

社会主义市场经济体制的基本特征：党的领导是最本质特征；社会主义制度和市场经济结合；共同富裕是根本目标；科学宏观调控、有效政府治理是内在要求

[设计意图]通过对中国经济长期稳定向好原因的探究,培养学生综合分析问题的能力。从经济层面而言,其归因于中国特色社会主义市场经济体制的基本特征,从而明晰社会主义市场经济体制的优势所在,增强政治认同。学生对各个小组观点进行有理有据的评价,体现"教—学—评"一致性。

环节三:中国经济的潜力

[教学情境]2022 年 7 月 28 日,中央政治局会议在部署下半年经济工作时提出"疫情要防住、经济要稳住、发展要安全"的要求。在经济增长目标上,提出"力争实现最好结果"和"经济大省要勇挑大梁"。在宏观政策上,提出重点是扩大需求,财政政策和货币政策要有效弥补社会需求的不足,主要抓手是地方专项债券带动基建投资,引导金融机构加大对实体经济特别是小微企业、科技创新、绿色发展的支持。在产业政策方面,要保证关键领域产业链和供应链稳定。稳定房地产市场,规范平台经济健康持续发展,推出"绿灯"投资案例,稳预期、促就业。

[学习任务]小组讨论:探究政府应如何提高中国经济的潜力。

[答案提示](1)宏观政策要发力。①发挥政策效益:作为积极财政政策的重要工具,地方专项债券带动基建投资;综合运用多种货币政策工具,引导金融机构加大对实体经济特别是小微企业、科技创新、绿色发展的支持。②强化协调配合:疫情要防住、经济要稳住、发展要安全。(2)统筹疫情防控与经济增长。①最大限度减少疫情影响,"疫情要防住、经济要稳住、发展要安全"是党中央的明确要求。②挖掘经济增长新动能。(3)提振国内需求,发挥消费和投资作用,带动基建投资。(4)恢复市场主体信心,营造稳定的发展环境。如稳定房地产市场,规范平台经济健康持续发展,推出"绿灯"投资案例。

[知识建构]我国政府的经济职能和作用。

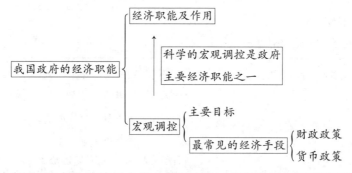

[设计意图]以中央政治局会议为情境材料,在事实层面明确我国政府的经济职能基础上,从概念层面理解我国政府经济职能的作用,在技术和过程层面明晰我国政府的宏观调控。辨析经济运行中政府和市场的关系,解析宏观调控的目标和任务。

环节四:中国经济的青年担当

[教师总结]怎么看2022年上半年经济形势? 2022年下半年及未来一段时期经济工作该怎么干? 我们不但要从认识论上,而且要从方法论上,特别要从理论和实践结合上说清楚、讲明白。底色决定底气,底气源于底色,底色、底气又意味着潜力。可以概括为:中国经济发展长期稳定向好的基本面和大趋势不但没有变,而且变不了。对此,我们应当抱有充分的信心。请为当地地方经济发展拟一份建议书。(提示:不同市场主体的不同作为)

[学习任务]独立撰写:为当地经济发展拟一份建议书。

[设计意图]回顾学习过程,培养学生归纳提升能力,坚定对社会主义市场经济体制的自信,引导学生投身经济建设浪潮,做社会主义现代化建设事业的接班人。

[板书设计]

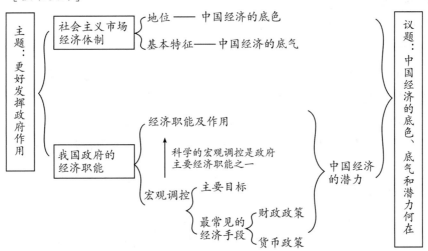

三、教学资源

视频:"我国上半年经济合理增长,稳经济大盘初见成效"。

"更好发挥政府作用"教学设计

张　煜(广东省东莞市光明中学)

议题:社会主义市场经济体制的优势何在?

一、教学准备

1.教材分析

(1)内容分析:"更好发挥政府作用"是统编高中思想政治必修2《经济与社会》第二课第二框的内容,由两目组成。第一目"社会主义市场经济体制的基本特征",主要阐述社会主义市场经济的地位及其基本特征。第二目"我国政府的经济职能",阐释我国政府的经济职能和作用,以及政府宏观调控的含义、目标和手段等。

(2)地位分析:从本课地位看,上一框题"充分发挥市场在资源配置中的决定性作用"中最后一目讲到市场缺陷,因为市场调节存在缺陷,所以需要更好发挥政府作用,弥补市场调节的缺陷。同时,只有更好发挥政府作用,正确处理好政府与市场的关系,才能为高质量发展提供体制保障。本课在整本教材中起到承上启下的作用。

2.学情分析

(1)知识基础:学生在初中阶段已经了解社会主义市场经济体制是我国基本经济制度的重要内容,但是对社会主义市场经济体制的基本特征和政府的经济职能缺乏基本的认识和了解,对政府如何对经济进行宏观调控知之甚少。

(2)认知能力:高一学生具备一定的经验积累和理性分析能力,对中国交通发展取得的巨大成就有着切身感受和真实体验,对我国交通强国建设巨大成就背后的社会主义市场经济体制的制度优势和政府巨大作用的认识更多停留在直观经验层面,缺乏更全面、深入的理性分析,对市场与政府关系的认识不够深入。

3.教学目标

(1)理解社会主义市场经济体制的基本特征;培养学生交流合作意识与分析综合能力,认同党对社会主义市场经济的领导,增强政治认同,自觉树立对社会主义市场经济体制的制度自信;引导学生做中国特色社会主义的建设者和接班人。

(2)能够准确理解和辨别政府的各项经济职能和作用,为国家经济建设提出建议;培养学生对知识的应用迁移能力和实践创新能力,增强学生公共参与素养,引导学生做强国建设的参与者和实践者。

(3)能够理解政府实施宏观调控的必要性、目标和主要手段,准确区分财政政策与货币政策,培养学生的综合分析和理性思辨能力,提高科学精神;帮助学生成为富有思辨精神和担当意识的新时代中国青年。

4.教学重难点

(1)教学重点:社会主义市场经济体制的基本特征;政府宏观调控。

(2)教学难点:宏观调控的主要手段。

5.教学方法

(1)议题式教学法。本课教学设计总体上围绕教学目标科学设计总议题,并以议题为引领,构建真实教学情境,组织高效的探究活动。

(2)情境探究法。在教学过程中,创设真实、具体的情境,引导学生在情境中发现问题、生成问题,并让学生在理性分析基础上生成知识和解决问题,在情感真实表达基础上表达观点、增进认同、实现获得。

(3)合作探究法。学生每四人组成一个学习小组,围绕教学目标设置具有挑战性的学习任务,提供开放的学习环境和必要的学习资源,让学生开展真实的合作探究。在合作探究中分析问题、交流观点、提高认知、达成共识,最终完成任务。

6.教学结构

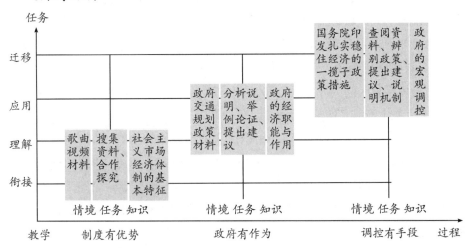

二、教学过程

（一）前置学习

［学生活动］小组合作收集相关资料，了解我国交通强国建设取得的巨大成就及政府进行宏观调控的主要手段。

（二）课堂教学

导入：同学们，你们听过最近网络上流行的歌曲《2035 去台湾》吗？我们在上课之前先欣赏这首歌曲。

歌曲韵律欢快和谐，歌词通俗易懂，表达出亿万民众对祖国统一的期盼，也从侧面展现出人民对我国高铁建设成就的自豪感和自信心。截至 2020 年底，我国高速铁路运营里程达 3.79 万公里，稳居世界第一。中国建设了世界上规模最大、现代化水平最高的高速铁路网。国家铁路集团发布的《新时代交通强国铁路先行规划纲要》提到，2035 年，全国铁路网达到 20 万公里左右，其中高铁 7 万公里左右。这些成就表明，我国正在由交通大国向交通强国稳步迈进，而这些成就的取得与我国社会主义市场经济体制的巨大优势有直接关系。这节课，我们一起从中国交通强国建设了解社会主义市场经济体制的优势，共同探究社会主义市场经济的基本特征及政府的经济职能与作用。

环节一：制度有优势

［教学情境 1］视频"探访美国唯一一条高铁"。

［教学情境 2］美国为何建不成高铁？政客争吵把项目拖成"烂尾"。

美国加州高铁项目始于 2008 年，是美国第一条高铁规划项目。2008 年，时任州长施瓦辛格在任时期正式提出加州高铁项目。高铁由洛杉矶到旧金山，将美国西部两个最大城市连接起来，将原来乘坐火车需要至少 9 个小时的时间缩减到两个半小时。然而，10 多年来，围绕这条高铁建设，美国两党一直争议不断，很多政客更是把这一工程作为争取选票或打击对手的工具，无休止的争吵导致项目预算和时间大大超标。2008 年估算建设成本只有 330 亿，但拖到 2018 年，成本已经上涨到 733 亿美元。

除了两党的争吵，许多政客和组织还企图向高铁计划塞"私货"，如民主党人要求"100%使用可再生能源"，共和党人特朗普上台后又要求"美国优先"，称高铁应使用美国的技术和设备，抬高了成本。一些石油、汽车、公路工业和航空工业在内的金钱利益集团通过广告、智库和买通政客的方式，联合起来反对高铁建设。

另外,加州高铁还因为土地问题处处碰壁,如加州中部几个农民将加州高铁局告上州法院。一个名叫罗恩·霍格德的农民表示:"我们都是农村人,只想安安静静过日子。"因此,他不希望高铁"把我们这里的一切都弄乱套"。因为土地问题,这项预算超过770亿美元的大工程又搁置了很长时间。

加州高铁之所以"难产",除了土地私有征地难之外,资金也是老大难问题。2019年,一位美国教授在接受美国电视台采访时,被问及"为什么美国没有高铁",其坦言:"我们没有投入建造这些系统所需的资金,事情就这么简单。"原计划于2020年通车的加州高铁被拖成名副其实的"烂尾工程"。

——摘自新华网2019年02月21日报道

[教学情境3]中国高铁发展的"密码"。

在高铁发展实践中,从中央到地方,从路内到路外,从科研创新、生产组织到产业化应用,从规划设计、工程建设、装备制造到运营管理整个创新链产业链,既坚持按市场经济规律办事,又坚持局部利益服从整体利益、国家利益兼顾地方利益,团结协作、密切配合,汇聚了推动高铁发展的强大合力。尤其是在高铁发展中,国家有关部门在规划建设、产业布局、项目科研、环保水保、投融资改革等方面给予强有力支持;地方党委和政府在建设用地、市政配套、站城融合发展等方面发挥主导作用,解决了重大项目建设中困难复杂的征地拆迁和移民安置等难题,保证了高铁建设科学有序、安全优质地大规模推进。

统筹整合高铁科研、勘察设计、工程施工、装备制造、建设运营管理等各方资源,实现产学研用有机结合,推进协同创新、集成创新,把铁路行业的各种力量集合在一起,形成推动高铁创新的组合优势。

——《求是》2021年第15期,《打造中国高铁亮丽名片》

[学习任务]小组讨论:中美两国高铁项目建设成效差别巨大的原因有哪些?

[知识建构]

[设计意图]通过视频和文字材料形式呈现中美高铁项目建设成效的巨大

差别,构建贴近学生实际生活、引发学生学习兴趣、符合时代特色的典型而真实的教学情境,使学生在教师的引导下,在民主开放的学习氛围中,通过小组合作形式,探究中美两国在高铁项目建设成效上差别巨大的原因,从而深刻理解社会主义市场经济体制的独特优势,概括总结社会主义市场经济体制的基本特征。在这个过程中,提高学生的合作探究意识,锻炼学生获取和解读信息、分析与综合的能力。同时,自觉建立对社会主义市场经济体制的制度自信,实现对党的领导的政治认同。

环节二:政府有作为

[教学情境1]2022年1月18日,国务院印发《"十四五"现代综合交通运输体系发展规划》(简称《规划》)。《规划》明确了构建高质量综合立体交通网,勾勒好美丽中国的"交通工笔画"等九个方面的主要任务,为未来几年交通运输发展指明了具体方向。

《规划》提出,要推动绿色交通发展主要从两个方面着手:一是大力发展绿色交通运输方式,二是优化交通运输方式结构。《规划》提出,要制定交通运输领域碳达峰实施方案。加大清洁能源和新能源在运输装备中的应用,推动氢能源公交、氢能源轨道交通和电动汽车、LNG动力船舶发展,加快LNG动力船舶应用及内河LNG加注站布局建设。

[教学情境2]据广东省发改委《广东省2022年重点建设项目计划》数据,广东省将精准扩大有效投资,安排省重点项目年度投资计划9000亿元,适度超前开展基础设施投资,涉及基础设施工程、产业工程、民生保障工程三大领域的1570个项目。基础设施工程领域细分为新型基础设施工程、公路工程、铁路工程、机场工程、港航工程、能源工程、水利工程、城市建设工程和环保工程9大类别。这些基础设施建设投资项目不仅发挥扩内需、稳增长、增就业的引擎与压舱石的重要作用,还持续优化全省产业结构,为经济实现稳中有进积蓄更多后劲。另外,广东省政府将继续出台和落实促进消费的政策措施,建设粤港澳大湾区国际消费枢纽,培育建设国际消费中心城市等,加大新能源汽车推广、使用,完善充电桩、换电站等配套基础设施,推进全省高速公路服务区充电设施全覆盖,提升公共服务质量,更好满足人民美好出行需要。

[学习任务1]师生对话:上述三则材料反映了政府的哪些经济职能? 政府的这些经济职能各自发挥什么作用?

[学习任务2]自由发言:政府除上述经济职能外,还有哪些经济职能,分别

发挥什么作用？

[学习任务3]小组讨论:请选择其中一项感兴趣的经济职能,举例说明本地政府如何履行这项职能? 为更好发挥这项经济职能的作用,你还有哪些建议?

[知识建构]

表1 我国政府的经济职能及作用

我国政府的经济职能	作用
实施国家重大发展战略和中长期经济社会发展规划制度	实现经济社会发展目标
实施宏观经济政策	保持宏观经济稳定
实施产业政策	促进产业结构不断优化升级,增强国民经济竞争力
实施区域政策和环境政策	推动区域经济协调发展和可持续发展
市场监管、质量监管、安全监管	规范市场秩序,保障公平竞争,弥补市场缺陷
加强和优化公共服务	保障社会公平正义,促进共同富裕,满足人民日益增长的美好生活需要

[设计意图]学生虽然对政府的经济职能有一定的直观感受,但是仍然缺乏全面了解和较为深入的理性分析,学习起来有一定难度。本环节选择广东省推进交通强省建设的地方性素材构建教学情境,能够使学生较好地融入教学情境,通过查阅相关资料和小组讨论形式,深入理解并准确辨别政府的经济职能和作用。在此基础上,引导学生运用政府经济职能的知识分析、解决社会问题,提升知识应用迁移能力和公共参与素养。

环节三:调控有手段

[教学情境1]央视新闻联播视频(2022年5月31日):国务院印发《扎实稳住经济的一揽子政策措施》。

[教学情境2]《扎实稳住经济的一揽子政策措施》提出,要加快地方政府专项债券发行使用并扩大支持范围。抓紧完成当年专项债券发行使用任务,加快已下达的3.45万亿元专项债券发行使用进度,6月底前基本发行完毕,力争8月底前基本使用完毕。在前期确定的主要包括交通基础设施工程在内的9大领域基础上,适当扩大专项债券支持领域。

《扎实稳住经济的一揽子政策措施》提出,要继续推动实际贷款利率稳中有降。在用好前期降准资金、扩大信贷投放基础上,充分发挥市场利率定价自律机制作用,持续释放贷款市场报价利率(LPR)形成机制改革效能,发挥存款利率市场化调节机制作用,引导金融机构将存款利率下降效果传导至贷款端,继续推动实际贷款利率稳中有降。引导商业银行进一步增加贷款投放、延长贷款期限;加大银行等金融机构对水利、水运、公路、物流等基础设施建设和重大项目的资金支持力度。

[学习任务1]师生对话:国务院出台的稳住经济的一揽子政策措施主要有哪几个方面的政策?

[学习任务2]自由发言:上述两则材料分别属于宏观调控的哪种经济手段?

[学习任务3]小组讨论:政府应采取怎样的经济手段应对当下的经济形势?

[知识建构]

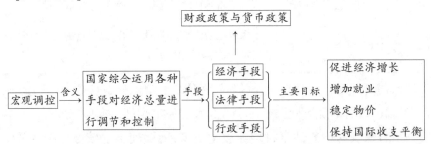

[设计意图]通过时政视频认识和把握国家经济形势及政府采取的一系列经济政策,引导学生进行理论分析,理解宏观调控的含义与主要目标。学生通过分析交通基础设施建设的资金保障,进一步了解财政政策与货币政策的区别与联系,理解两种政策的实施机制,并在此基础上,学会运用财政政策与货币政策分析解决现实经济问题,提高分析、推理及应用知识的迁移能力,培养科学精神。

[板书设计]

三、教学资源

1.歌曲：《2035 去台湾》。

2.央视视频："探访美国唯一一条高铁"。

3.新华网：《美国为何建不成高铁？外媒：政客争吵把项目拖成了"烂尾"》。

4.求是网：《打造中国高铁亮丽名片》。

"构建高水平社会主义市场经济体制"教学设计

黄必向(安徽省芜湖市第二中学)

议题:如何构建高水平社会主义市场经济体制?

一、教学准备

1.教材分析

第一单元主要讲述现阶段生产资料所有制与社会主义市场经济体制,为第二单元学习奠定坚实的理论基础,为参与经济生活、认识经济现象提供有效的理论武器。我国现阶段的生产资料所有制是中国特色社会主义制度的重要支柱,体现了中国特色社会主义制度的优越性,是我国经济发展和社会进步的制度背景。现阶段,生产资料所有制从根本上影响着经济体制的性质、基本框架和运行方式,公有制为主体是宏观调控的制度基础,是实现共同富裕的基本前提。社会主义市场经济体制是新时代经济与社会充满活力的体制保证。综合探究是对单元内容的补充和拓展,通过探究活动将市场主体活力与现阶段生产资料所有制、社会主义市场经济体制结合,感受社会主义制度的优越性。

2.学情分析

(1)知识基础:学生在初中学习了生产资料所有制、社会主义市场经济内容,还可以利用历史课程学习过程中积累的知识。

(2)认知能力:高一学生处于身心发育活跃期,好奇、活泼的性格有利于探究活动的开展,但逻辑推理能力略显不足,观点提炼、结论总结仍需教师帮助。

3.教学目标

(1)必备知识:理解市场机制运行机理,分析新时代宏观调控的必要性与重要性。

(2)关键能力:围绕问题设计微型调查活动方案,能运用学科知识对调查数据进行分析,发现隐含的规律,在参与微型辩论中提升批判思维与辩证思维能力。

(3)学科素养:增强法治观念、诚信意识、公平竞争意识;认同社会主义市场经济体制,坚定持续推进社会主义市场经济体制改革的信念。

(4)核心价值:增强中国特色社会主义道路自信、理论自信、制度自信、文化自信。

4.教学重难点

(1)教学重点:社会主义市场经济的独特性与优越性。

(2)教学难点:持续推进社会主义市场经济体制改革的重要意义。

5.教学方法

议题式教学法、探究教学法。

6.教学结构

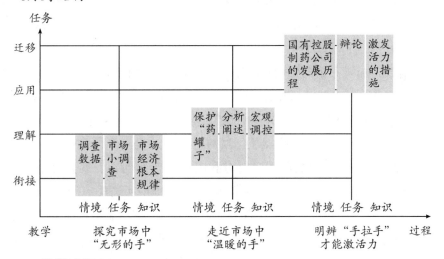

二、教学过程

(一)前置学习

微调查:线上平台推送调查任务,要求学生利用周末时间调查家门口菜市场人流量及6种菜品价格变动情况。

[学习任务]同桌交流:绘制价格曲线和人流量曲线,并分析价格变动的原因。

[实施建议]选取早中晚各一个时间点观察每分钟进出菜市场的人数;选取6种菜品时注意品质的比较,如肉类可以选取猪肉和牛肉进行对比。

(二)课堂教学

导入:组织学生建构整个单元知识框架后展开本次综合探究活动,尤其要重视引导学生弄清我国生产资料所有制与社会主义市场经济的关系。

环节一:探究市场中"无形的手"

[教学情境]教师选取具有代表性的市场调查结果及原因分析进行分享。

[学习任务]师生对话:分析商品价格变动的原因。

[知识建构]

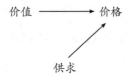

[设计意图]引导学生从身边具体的生活情境出发,由具体到抽象,由感性到理性,自主探究与同伴互助相结合,实现理性的飞跃。

环节二:走近市场中"温暖的手"

[教师活动]利用线上平台推送情境材料和问题,供学生思考。

[教学情境]针对新药创制过程中面临的审评与审批时限过长以及市场准入机制不健全的突出问题,我国持续深化改革,营造鼓励创新的政策环境,推进医药产业创新驱动发展。中共中央办公厅、国务院办公厅印发了《关于深化审评审批制度改革鼓励药品医疗器械创新的意见》,这是一个深化药品医疗器械审评与审批制度改革的纲领性文件,对我国医药产业创新发展具有里程碑意义。新修订的《中华人民共和国药品管理法》在总则中明确规定,国家鼓励研究和创制新药,增加和完善多项制度举措。这为鼓励创新、加快新药上市释放了一系列制度红利。通过实施《医药工业发展规划指南》《"十四五"医药工业发展规划》等,引导企业加强研发治疗罕见病的特效药物。将罕见病药物纳入小品种药、短缺药管理,开展集中生产基地建设和生产供应监测,推动罕见病药物供应保障能力得到持续提升。

[学习任务]自由发言:"药罐子"这类商品的生产能否完全由市场调节?

[知识建构]

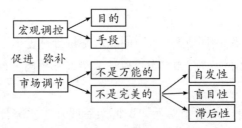

[设计意图]医疗服务是重大民生问题,紧密结合我国政府在新药尤其是罕

见病用药研发创制方面实施的一系列鼓励激发举措,帮助学生理解宏观调控的目的与各种手段的特点,感受党和政府坚持"生命至上"理念。

环节三:明辨"手拉手"才能激活力

[教师活动]线上平台推送情境材料和辩题,供学生准备。

[教学情境]某国有药厂受原先管理机制和分配机制影响,人浮于事、产品单一且缺乏市场竞争力。后来,狠抓管理与科技创新,变革分配机制以调动员工积极性,提升产品和服务质量,树立良好品牌形象。该企业迅速成为国内知名的国有控股制药公司。

[学习任务]小组辩论:市场主体活力的激发在于内部变革创新,还是外部社会主义市场机制完善?

(辩论规则:每次发言时间1分钟,交替进行,总时长控制在8分钟。最后,请1-2位学生对正反两队自由辩论观点进行总结归纳)

[知识建构]

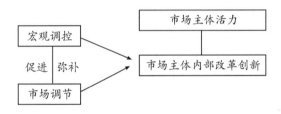

[设计意图]利用微观市场主体的华丽蜕变情境,引导学生阐述市场主体内部改革创新与外部社会主义市场经济体制完善的关系,进而明确完善社会主义市场经济体制,既要发挥市场调节的决定性作用,又要发挥宏观调控的作用,坚定深化社会主义市场经济体制改革的信念。

[板书设计]

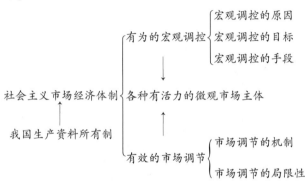

[作业设计]

（1）必做题：选择一个熟悉的具有代表性的企业，探寻其成功的秘诀。

（2）选做题：运用必修 2《经济与社会》有关知识，分析为激发市场主体活力，如何进一步完善社会主义市场经济体制。

三、教学资源

1.人民日报海外版：《鼓励新药研发，动态调整目录，降低用药价格——罕见病防治创出中国模式》。

2.财经头条：《国家药监局：加速罕见病用药研发 加快罕见病药品审评审批》。

3.人民网：《"樟帮"涅槃——樟树药交会的华丽蜕变》。

第二单元　经济发展与社会进步

"我国的经济发展"教学设计

赵　晋(清华大学附属中学朝阳学校)

一、教学准备

1.教材分析

第二单元"经济发展与社会进步"集中讲述习近平新时代中国特色社会主义思想中关于经济发展与社会进步的主要内容。本单元包括两个主题:一是讲述以人民为中心的发展思想、新发展理念与推动高质量发展,二是讲述个人收入分配和社会保障体系。经济建设与社会建设的内容很难分开,二者经常交织在一起。因此,本单元在阐述经济发展相关内容时,反映其与社会建设、社会进步的关系,凸显经济发展是实现社会进步、人民幸福的发展。

本课内容针对经济发展,侧重介绍如何在以人民为中心的发展思想和新发展理念引领下实现高质量发展。这为学生科学认识我国经济发展与社会进步提供了理论指导,帮助学生增强社会责任感,更好地参与社会实践。

本课共两框内容。第一框"贯彻新发展理念",讲述以人民为中心的发展思想、新发展理念等基础理论,侧重发展思想、发展理念。第二框"推动高质量发展",阐明如何以新发展理念为指导,推动高质量发展。两框的逻辑关系是:理论(指导思想)—实践(现实载体)。以人民为中心的发展思想和新发展理念是建设现代化经济体系的行动指南,建设现代化经济体系是贯彻新发展理念的现实载体和表现,二者密不可分、相互印证。

2.学情分析

(1)知识基础:学生学习了消费升级、社会再生产的环节、企业与劳动者、分配制度和社会主义市场经济体制等知识。在假期作业、时事述评和小组合作过程中,了解了有关新发展理念和现代化经济体系的报道。这为学习本课内容奠定知识基础。

(2)认知能力:学生具有一定的搜集材料、分析和归纳素材信息的能力,可以将政策信息加以整合,但对于原因缺乏深入思考。学生对新发展理念和推动高质量发展有所了解,但理解不够全面,使命感和责任感不够强。

3.教学目标

(1)必备知识:理解新发展理念,明确高质量发展的内涵。

(2)关键能力:培养学生搜集资料、合作交流、独立思考的能力。

(3)学科素养:认同我国的区域发展战略,在参与经济活动中树立法治意识,培育公共参与素养。

(4)核心价值:增强道路自信、制度自信,做合格的社会主义接班人。

4.教学重难点

京津冀协同发展如何推动高质量发展。

5.教学方法

案例研究法、小组合作法、讲授法。

6.教学结构

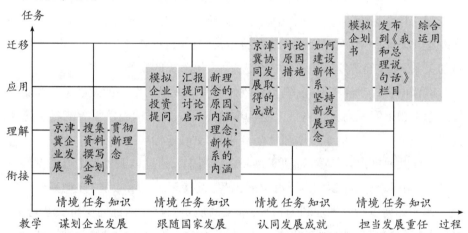

二、教学过程

(一)前置学习

真调研:谋划企业发展。

[教师活动]组织学生课前准备、实地调研、写企划书。

[学生活动]分组关注网络信息,浏览政府网站,查找、提炼内容,撰写报告并制作PPT。

[设计意图]引导学生结合新发展理念查找国家最新的政策信息,学习相关文件,合作学习新发展理念和实体经济、虚拟经济相关知识,形成课堂展示成果,提升搜集资料和整合资源的能力。

(二)课堂教学

导入:京津冀发展战略。

环节一:模拟产品企划会

[教学情境]产品企划筹资会。

1.企划会

企业1—CXT有限公司。

企业2—BTC网络技术有限公司扶贫计划。

企业3—CRASH公司介绍。

企业4—中国天津电子农业有限责任公司。

(注:每个企业汇报之后穿插投资人提问环节)

2.投资人讨论

假设现在有一笔资金,你会投给哪个企业?

3.投资人交流

每组发言人阐述观点,教师进行归纳。

[学习任务](1)个人分享:汇报产品企划,说明产品的政策背景和核心技术;(2)小组讨论:选择适合京津冀发展的企业。(每组发言人阐述观点,归纳、明确新发展理念和现代化经济体系)

[设计意图]通过模拟企业和模拟投资活动,调动学生探究兴趣,注重思维过程,感受创新给企业乃至产业和国家带来的积极影响;培养学生表达能力和独立思考能力,聚焦科学精神、法治意识和公共参与。引导学生分析、讨论政府角色的转变,感受推动经济高质量发展是对内、对外经济体制改革,提高学生分析、判断和归纳能力,聚焦学生政治认同素养。

环节二:如何推动高质量发展

[教学情境1]区域协调发展的图片。

[学习任务1]师生对话:说明区域协调发展的例子。

[教师总结]实施区域协调发展战略是建设现代化经济体系的重要一环。除此之外,大力发展实体经济也是筑牢现代化经济体系的坚实基础。

[设计意图]以京津冀协同发展为基础辐射全国,引导学生认识区域协调发展是建设现代化经济体系、构建新发展格局的一个方面。

[教学情境2]京津冀协同发展成绩。

材料一:京津冀协同发展战略实施以来,京津冀三地均获得了长足的发展,三地的经济实力得到不同程度的提升。2011年到2021年,京津冀地区生产总值由 4.4 万亿元增加至 9.6 万亿元,增加了 5.2 万亿元。北京由 1.4 万亿元增加到 4.0 万亿元,增加了 2.6 万亿元;天津由 0.9 万亿元增加到 1.6 万亿元,增加了 0.7 万亿元;河北由 2.0 万亿元增加到 4.0 万亿元,增加了 2.0 万亿元。

近年来,三地尽力弥补公共服务的发展差距。2021 年,京津冀区域共享发展指数为 127.6,较上年提高 1.8。从基本公共服务看,区域每千常住人口拥有卫生技术人员 9 人,较上年增长 9.6%;区域城乡基本养老保险参保人数达 8211 万人,较上年增加 48 万人,区域公共服务不断发展。区域协同发展中富含的人本理念让百姓更有获得感。

京津冀三地发展不平衡、不充分的状况有所缓解,但经济差距并未缩小,与均衡共富的要求还相差较远。三地公共服务差距不平衡的状况依然存在。报告提出,当前,京津冀协同发展已进入全新阶段,产业、创新、环保、基础设施、公共服务建设发展中深层次问题的解决和协同发展新空间的创造,都亟待通过体制机制创新来进行突破,提供制度保障。

2014—2022年京津冀区域发展指数

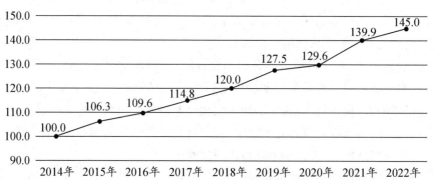

材料二:当前,京津冀三地创新能力存在较大差异。2014 年至 2020 年,京津冀三地新增授权发明专利数分别由 1.69 万件、0.21 万件和 0.15 万件增长至 4.94 万件、0.28 万件和 1.47 万件。2020 年,北京市新增授权发明专利数在区域内占比为 86.82%,而津冀两地占比仅为 4.92% 和 8.26%,河北增长势头强劲,但北京创新产出优势仍在强化。

从发达国家经验来看,中低技术创新也蕴含着巨大潜力。仅就中低技术水平的传统产业而言,通过工艺创新、产品创新、组织创新和品牌塑造,完全能够成为现代化经济体系中的重要组成部分,也完全能够具备国际竞争力。目前,德国许多产业仍然是制造业甚至是传统制造业,却有着世界一流的产业竞争力,就是不断创新的结果。

[学习任务 2]阅读材料,小组讨论。

[总结提升]经济发展与民生福祉的关系——以人民为中心的发展思想。

环节三:勇做时代的弄潮儿

[学习任务]小组讨论:作为劳动者,如何应对当下的形势?

[教师总结]各位同学,我国正处在转变发展方式、优化经济结构、转换增长动力的攻关期,推动经济高质量发展关系我们每一个人。青年兴则国家兴,青年强则国家强。你们要坚定理想、志存高远、脚踏实地,勇做时代的弄潮儿,在实现中国梦的生动实践中放飞青春梦想!

[设计意图]总结推动经济高质量发展的措施,引导学生将个人成长与国际国内大背景结合,激发学生社会责任感,聚焦公共参与素养。

[课后作业]完善模拟企划书,发布到国务院网站《我和总理说句话》栏目中。

[板书设计]

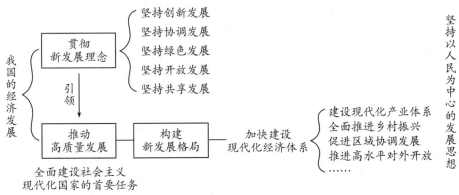

三、教学资源

1.人民网:《习近平:用顶层设计指导引领推动京津冀发展合作》。

2.胡乐明:《如何建设现代化经济体系》。

3.侯永志:《高质量发展要求下的长江经济带发展》。

4.王雍君:《"现代化经济体系"的大视角解读》。

5.姚洋:《准确把握现代化经济体系的内涵》。

6.经济参考报:《未来增长的关键是提高全要素生产率》。

7.人民日报:《建设现代化经济体系》。

"我国的经济发展"教学设计

施继源(云南省昆明市西山区实验中学)

议题:新时代如何推动高质量发展?

一、教学准备

1.教材分析

必修2《经济与社会》第二单元共两课和一个综合探究。第三课主要讲"我国的经济发展",即"把蛋糕做大",对应社会再生产过程的生产环节;第四课主要讲"我国的个人收入与社会保障",即共享经济发展成果,"把蛋糕分好",对应社会再生产过程的分配环节;综合探究主要讲各个主体如何践行"生产"和"分配"领域的社会责任。第三课"我国的经济发展"是物质前提。本课从宏观层面出发,引导学生构建整体知识体系,理解单元知识之间的逻辑联系,有助于学生理解和认同我国以人民为中心的新发展理念,增强作为劳动者的参与意识和责任意识,积极投身现代化经济建设,助力我国经济高质量发展。

2.学情分析

(1)知识基础:高三学生在高一、高二的学习中对新时代我国经济发展取得的成就和理论探索成果已有初步了解,具备一定分析经济现象的思维和能力。但高一、高二思政课教学主要依据教材章节依次进行,学生重点关注课题内容,对知识之间的逻辑联系及知识点、目、框、单元之间的联系较少关注。

(2)认知能力:我国高质量发展涵盖社会生活的各个方面,特别是我国的基本经济制度、分配制度、发展理念、现代化经济体系、供给侧结构性改革等作为宏观经济政策,较为宏大、抽象,与日常生活的联系较为间接,所以学生对该模块的学习兴趣、积极性和参与性不高。

3.教学目标

(1)必备知识:建构第二单元整体知识体系,理解以人民为中心的新发展理念指导发展实践的必要性,探讨建设现代化经济体系的举措,体悟我国构建新发展格局、推动高质量发展有助于推进中国式现代化发展。

（2）关键能力:在事实描述中观察和分析社会经济现象,在开放的、有冲突的思辨性情境中分析、批驳、论证,提高探究与构建能力、获取信息、理解、应用、迁移能力。

（3）学科素养:树立大局意识、全局观念,在知识应用中进一步认同我国的经济发展理念、我国制度优势,提高公共参与意识和能力,形成劳动意识、责任意识。

（4）核心价值:增强对我国经济发展理念的自信,坚定道路自信、理论自信、制度自信。

4.教学重难点

（1）教学重点:以人民为中心的新发展理念指导发展实践。

（2）教学难点:构建新发展格局,推动高质量发展。

5.教学方法

议题式教学法、深度教学法、合作探究法、讲授法等。

6.教学结构

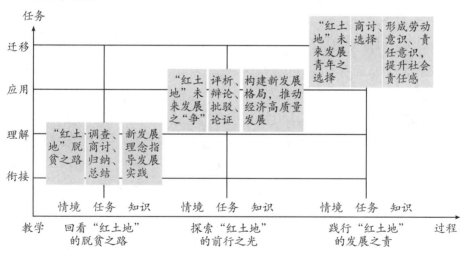

二、教学过程

（一）前置学习

［学生活动］

1.自主梳理第二单元知识体系思维导图。

2.各学习小组搜集、查阅、整理云南省昆明市东川区的发展历史、发展状况、脱贫情况等资料。

[教师活动]引导学生建构第二单元知识体系。

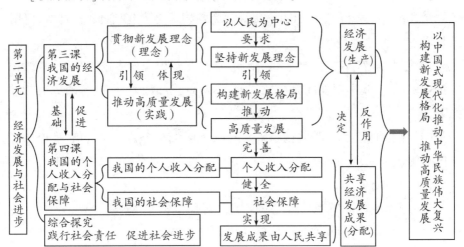

[设计意图]引导学生建构本单元知识体系,明确本单元知识逻辑,从整体出发,注重把握知识点、目、框、课之间的逻辑联系,明确"我国的经济发展"在本单元中的地位。

(二)课堂教学

环节一:回看"红土地"的脱贫之路

[教学情境]云南省昆明市东川区"红土地"因赤色土地得名,该地因矿而兴,因矿而衰。2009年,东川区被列为全国第二批资源枯竭型城市转型试点城市,逐步探索"绿水青山就是金山银山"的转型之路。

党的十八大以来,针对贫困现状,东川区因地制宜创新出台一系列扶贫政策,并取得了显著成效。东川坚持政府投入和社会化造林"双轮"驱动,以"森林覆盖率每年增长一个百分点"的目标向绿而行。针对干旱缺水,独特的"漏斗底鱼鳞坑整地技术"应运而生。矿渣上"开出"鲜艳的花、"结出"增收的果,是东川发展生态旅游的底气。东川热谷农业蓬勃发展,在1000多亩现代农业示范基地的智能温室大棚里,每天有10多吨瓜果销往世界各地。东川区不断招商引资,2022年4月1日,由东川区政府、昆明产投公司和泰国正大集团合作的300万只蛋鸡全产业链养殖项目正式投产,带动种植、畜牧、物流、旅游等上下游产业实现多方共赢,是集规模化、信息化、智能化、自动化于一体的现代化示范项目。目前,每天约有5吨鲜鸡蛋投放市场,销往世界各地,成为亚洲的"蛋王",还带动当地300多户农户增收、就业,助力乡村振兴。东西部扶贫协作、国家级科技特派团驻扎东川,手把手指导帮扶,推动东川经济跨越式发展。

"幸福是奋斗出来的。"脱贫致富终究要靠贫困群众的内生动力,用自己的辛勤劳动来实现。"我要脱贫"的东川人用自己的辛勤劳动不断谱写脱贫新篇章。

[学习任务]小组讨论:运用《经济与社会》知识,分析东川区如何成功实现经济转型。

[知识建构]

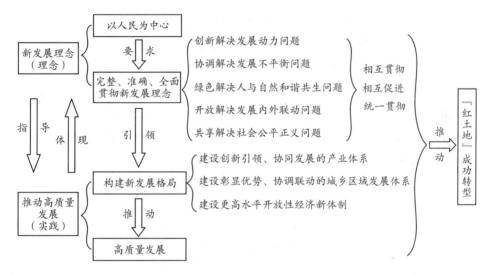

[设计意图]学生通过议学情境提取相关信息,在群策群力中分析、商讨、总结昆明东川区成功实现经济转型之路,进一步理解我国在坚持以人民为中心的新发展理念指导下建设现代化经济体系、推动经济高质量发展的重要举措,在知识迁移和应用中提升关键能力,提升对我国经济发展的认同感和自信心。

环节二:探索"红土地"的前行之光

[教学情境]"红土地"未来发展之"争"。

有些村民认为,应该乘势而上,加快发展的速度。

有些国内外人士认为,以国内大循环为主体,就意味着中国要在对外开放上大幅度收缩,甚至自给自足。我们村也应该稳扎稳打,缩小开放的幅度。

党的二十大报告指出:"必须完整、准确、全面贯彻新发展理念,坚持社会主义市场经济改革方向,坚持高水平对外开放,加快构建以国内大循环为主体、国内国际双循环相互促进的新发展格局。"

[学习任务1]师生对话:批驳上述观点,并说明理由。

批驳加快发展速度的理由:	批驳缩小开放幅度的理由:

[学习任务2]自由发言:如何理解完整、准确、全面贯彻新发展理念?

[学习任务3]同桌交流:如何理解以国内大循环为主体、国内国际双循环相互促进的新发展格局?

[答案提示]以国内大循环为主体——着力打通国内生产、分配、流通、消费的各个环节,发挥中国超大规模市场优势,以满足国内需求作为经济发展的出发点和落脚点;国内国际双循环相互促进——强调以国内经济循环为主,通过发挥内需潜力,使国内市场和国际市场更好地联通、促进,充分利用国际国内两个市场、两种资源。

[知识建构]

构建新发展格局　推动高质量发展

[设计意图]学生对新时代要推动经济高质量发展有一定认识,但并不深刻。通过创设思辨性情境,学生在开放的、有冲突的议题探究中得出结论,不仅有利于深刻理解学科知识,还有利于锻炼思维、发挥批判性精神解决真实问题,提高学科能力和核心素养。

环节三:践行"红土地"的发展之责

[教学情境]畅想未来。

2027年6月,家住昆明东川区李子沟村的李某某大学毕业了,学有所成的他一心想为家乡发展贡献自己的力量。在选择工作时,他有如下选项:

岗位一:昆明市东川区人力资源社会保障局公开招聘某某局办事员(政府工作人员)

岗位二:昆明市东川区李子沟村招聘工作人员(基层工作者)

岗位三:泰国正大集团昆明东川分公司招聘区域代理(企业就业者)

岗位四:昆明市东川区政府鼓励大学生自主创业,支持无息贷款二十万元(创业者)

[学习任务]自由发言:选择一个岗位,并说说你会如何承担责任。

[设计意图]学生在不久的将来会走上工作岗位,引导学生尽早进行职业规划,彰显了思想政治课育人价值。通过"未来发展青年之选择"体验活动,渗透正确的价值导向,帮助学生树立劳动意识、培养社会责任感,积极、主动地参与到社会实践中。

[板书设计]

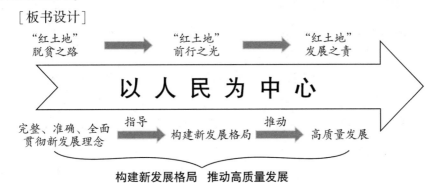

构建新发展格局　推动高质量发展

三、教学资源

1.习近平:《习近平谈治国理政》。

2.《习近平在中国共产党第二十次全国代表大会上的报告》。

3.《习近平在庆祝中国共产党成立100周年大会上的讲话》。

4.金建萍:《坚持以人民为中心的发展思想研究》。

"贯彻新发展理念"教学设计

冯　猛(广东省惠州市惠阳区第一中学高中部)

议题:如何贯彻新发展理念?

一、教学准备

1.教材分析

(1)本课地位:从内容设计看,本框内容是对基本经济制度和市场经济体制的深化与拓展;从学习意义看,学习本框内容有利于学生理解以人民为中心的发展思想,认同创新、协调、绿色、开放、共享的新发展理念,增强关心国家发展、践行新发展理念的热情。

(2)本框内容:"贯彻新发展理念"是《经济与社会》第三课"我国的经济发展"第一框的内容,下设两目。

第一目"坚持以人民为中心的发展思想"。教材通过探究经济发展与民生福祉关系,从发展的根本目的、动力和趋向等角度对坚持以人民为中心的发展思想进行科学回答。"探究与分享"中通过小凡一家人对美好生活的讨论,指出进入新时代,我国要着力解决发展不平衡不充分的问题,以更好地满足人民日益增长的美好生活需要。

第二目"坚持创新、协调、绿色、开放、共享发展"是对"坚持以人民为中心的发展思想"的深化。首先,教材通过三个"探究与分享"从先总后分的逻辑顺序介绍我国的新发展理念内容并重点探究创新和绿色两个内容。然后,教材通过"名词点击""相关链接"等深化新发展理念其他内容和拓展一些新概念。总的来说,教材内容图文并茂,内容翔实具有可操作性,让学生能够在探究中逐一分析创新、协调、绿色、开放、共享等发展理念的地位、作用,以及在建设中国特色社会主义中如何得到贯彻落实。

2.学情分析

(1)知识基础:一方面,学生已经学习了基本经济制度和市场经济体制,对新发展理念有一定知识基础。另一方面,本框以"坚持以人民为中心的发展思想"和"坚持创新、协调、绿色、开放、共享发展"为框架,内容大部分涉及宏观的国家发展和生活变迁,学生作为国家改革发展的亲历者具有继续深入学习的可能性。

（2）认知能力:本课的教学对象是高一学生,其思维已经发展到一定程度,具有一定的逻辑思维能力。本框题采用议题式教学,有利于激发学生学习兴趣,提高学生思辨能力,增强学生的理解能力,培育综合性和创新性人才。

3.教学目标

了解以人民为中心的发展思想,理解坚持创新、协调、绿色、开放、共享五大发展理念的做法及意义;培养学生获取和解读信息能力、辨识与判断能力,应用和迁移"黄河未来发展的创想"情境问题;培育延伸黄河精神,感悟黄河之魂,增强学生的政治认同和公共参与素养。

4.教学重难点

（1）教学重点:以人民为中心的发展思想和新发展理念。

（2）教学难点:从原因和做法两个方面解析坚持以人民为中心的发展思想和新发展理念的关联性。

5.教学方法

议题式教学、情境化教学、活动型教学。

6.教学结构

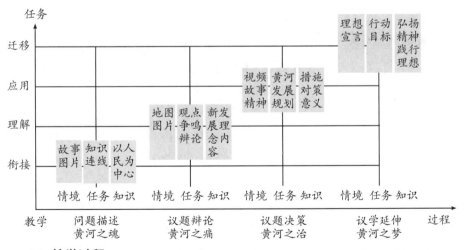

二、教学过程

导入:浩浩荡荡的黄河水从青藏高原奔腾而下,东流入海,浇灌出华夏五千年文明,滋养着一代又一代中华儿女。但是黄河并非"长流无已",曾多次出现断流。后经过治理,沿岸生态得以恢复,河滩形成绿洲,水鸟飞翔。下面,我们一起欣赏视频"听! 黄河对中华儿女的告白",感受黄河五千多年的历史变迁。

环节一:黄河之魂

[教学情境]"黄河医生,妙手仁心"——刘国彬,中科院教育部水土保持与生态环境研究中心研究员,与黄河打交道 40 年,专门研究黄河流域的水土保持,被称作"黄河的医生"。他从农民纳鞋底中得到启发,通过人工钢丝针穿针引线,模拟植物的根,固定土壤,为水土保持、植被保护作出巨大贡献。

[学习任务]师生对话:治理黄河情境片段与以人民为中心的发展思想相关知识进行连线。

1 发展为了人民	他从村民纳鞋底中获得灵感,做成"模拟根系"实验
2 发展依靠人民	他白发苍苍不放弃,黄土高坡绿植被,黄河变成"幸福河"
3 发展成果由人民共享	他一生驻扎在黄河流域,喊出"黄河不清,我死不瞑目"

[答案提示]从发展的根本目的、动力、趋向三个维度分析在黄河治理中必须坚持以人民为中心发展思想,要做到:为了人民,满足人民美好生活的需要——一生不离黄河边,死也要见到黄河清;依靠人民,从群众中寻找方法和智慧——从纳鞋底受启发,研发针穿沙治疗法;发展成果由人民共享——黄水河变幸福河,人民生活富裕。

[知识建构]

以人民为中心的发展思想 {
  内涵:发展为了人民、发展依靠人民、发展成果由人民共享
  要求 {
    从人民群众的根本利益出发谋发展、促发展
    把人民作为发展的力量源泉
    发展成果惠及全体人民
}}

[设计意图]通过知识与情境的关联,理解以人民为中心的发展思想,实现生活逻辑与学科逻辑的统一,让学生从刘国彬身上感受几代人努力治理黄河,从而延伸黄河精神,感悟黄河之魂,增强学生的政治认同感。

环节二:黄河之痛

[教学情境]黄河流域又被称为"能源流域",煤炭、石油、天然气和有色金属资源丰富,煤炭储量占全国一半以上,是我国重要的能源、化工、原材料和基础工业基地。正因为如此,黄河流域分布较多的煤炭和石油开采、煤化工及金属冶炼等产业,高耗水、重污染和依托能源资源的产业结构特点显著,流域产业偏重,并且企业的生产技术与资源利用水平偏低、规模偏小、污染治理能力总体

偏低。煤化工产业正在黄河流域集聚,不仅取水指向黄河,工业废水污染还威胁着黄河。随着西部开发进程加快,一些东部企业纷纷涌入西部,旧的高污染项目没有得到彻底治理,新的高污染项目又在启动。

[学习任务]小组辩论:产业迁移还是产业升级?

[答案提示]"建议迁移产业"的理由:第一,以人民为中心发展必须坚持绿色发展,注重人与自然和谐共生,治理黄河是还人民青山绿水的伟大工程。第二,发展必须坚持以人民为中心是社会主义的本质特征,要从根源上解决黄河水污染的问题。第三,必须坚持创新发展,注重发展的动力问题,将创新摆在发展全局的核心位置。创新是发展的基点,新事物必须遵循发展规律,产业升级可能减少污染,但对生态规律、河水的影响是否降低有待商榷,是否造成别的生态问题也有待考证。第四,坚持以人民为中心发展必须坚持共享发展,解决社会公平正义问题,迁移产业有利于提升人们的幸福感和获得感,还人们洁净的环境。

"建议产业升级"的理由:第一,坚持创新发展,注重发展的动力问题,将创新摆在发展全局的核心位置。充分依靠科技的力量,加强科技创新,促进产业优化升级,增加产品的科技含量和附加值。同时,提高企业污染治理水平,防范环境风险,如推动煤化工行业废水处理等技术攻关,使工业企业发展不影响环境。第二,迁移产业耗资巨大,以人民为中心发展必须坚持共享发展,解决社会公平正义问题,针对下岗工人,社会保障、再就业均需统筹安排。第三,发展必须以人民为中心,坚持协调发展。进行产业升级,前景远大,对提高区域内人民生活水平、缩小与发达地区的差距、实现共同富裕具有重要作用。第四,迁移产业治标不治本,黄河流域问题要抓住根本,解决主要矛盾,不能进行"一刀切"。

[知识建构]

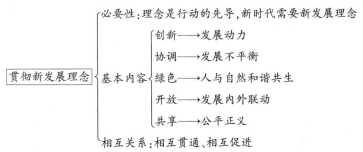

[设计意图]大多数学生对黄河治理工程有一定认识,但不深刻。通过"独

立思考—讨论合作—组际辩论—组际互换辩论"四个环节促使学习深入,凸显课堂思辨氛围。

环节三:黄河之治

[教学情境]视频"大河之变——聚焦黄河治理三大新变化"讲述新中国成立70年来,党领导人民治理黄河、保护黄河、开发利用黄河,从而使黄河流畅、两岸变绿、流域内人民安居乐业的奋斗故事。

[学习任务]个人撰写:黄河未来发展创想的提纲。

[答案提示]第一,在遵循规律的基础上科学治水、技术治水;黄河处于我国内陆不发达地区,借此发展机遇,逐步推进黄河地区工业化、信息化、城镇化、农业现代化发展,缩小区域差距;以"一带一路"绿色发展国际联盟为载体,更好推进绿色发展;通过"一带一路"建设实现内外联动发展,在共商共建共享原则的基础上共同发展;黄河治水工程能够保障和改善人居环境,使中国人民甚至世界人民在共建共享中享有更多获得感和幸福感,构建人类命运共同体。第二,发展必须以人民为中心,在新发展理念指导下保障和改善民生。黄河治理后人民生活改善,是社会主义发展的本质要求。第三,五大新发展理念是具有内在联系的集合体。在黄河未来治理中必须将五大理念相互贯通,缺一不可。

[设计意图]让学生在群策群力中拟订创想提纲,在情境中提炼有效信息,在讨论、合作中应用和迁移以人民为中心的发展思想与新发展理念相关知识。

环节四:黄河之梦

[教学情境]我的未来,我的梦想。你将来想成为怎样的人? 一代人有一代人的使命,一代人有一代人的担当。新时代给予青年更多新平台、新机会,也对青年提出新要求、新任务。通过几代黄河守护者接续奋斗的故事,弘扬黄河精神,鼓励青年不惧艰难,不畏风霜,扎根人民,奉献国家,让青年的奋斗更显分量。青年一代只有坚定理想信念,牢记"爱国、励志、求真、力行",才能把好人生的"方向盘",像每一代黄河守护人一样,在逐梦的路途上脚踏实地、行稳致远。

[学习任务]个人撰写:规划未来,列出行动计划。

[答案提示]第一,坚持以人民为中心,树立远大志向和理想;第二,履践行远,学习本领,落实五大发展理念,报效祖国;第三,立青衿之志,做时代新人。

[设计意图]对于当代高中生来说,"你将来想成为怎样的人"是人生规划和行动素养问题,彰显思想政治学科特有的育人价值。坚持素养立意,并回归本课议题,将素养立意与议题主线有效结合。

[板书设计]

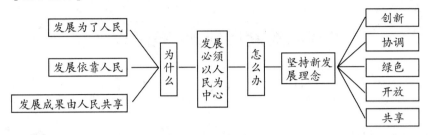

三、教学资源

1.新华网:《大河之变——聚焦黄河治理三大新变化》。

2.河南黄河河务局:《大河安澜:河南黄河治理开发七十年》。

"贯彻新发展理念"教学设计

郭惠丽(浙江省嘉兴市海盐高级中学)

议题:新发展理念如何推动高质量发展?

一、教学准备

1.教材分析

本单元讲述在社会主义基本经济制度和市场经济体制背景下,我国经济发展与社会进步必须回答、解决的最基本问题。本节课先从"发展为了人民、发展依靠人民、发展成果由人民共享"三个方面介绍以人民为中心的发展思想,又突出介绍贯彻创新、协调、绿色、开放、共享的新发展理念,为下一框学习"推动经济高质量发展必须建设好现代化经济体系"作理念准备和思想引领。

2.学情分析

(1)知识基础:高一学生对近些年社会变化有一定了解,需要学习我国改革开放的背景和进程,需要认同贯彻五大发展理念的必要性,深刻领会新发展理念的巨大意义。本节课主要由生活话题入手,引导学生树立道路自信、理论自信、制度自信。

(2)认知能力:随着社会交往增加,高一学生思想意识日趋活跃、思维能力明显提高,其思想活动和品德形成具有独立性、选择性和可塑性的特点。自国家实行异地高考政策后,本地新居民子女数量增多,为本课活动开展提供了条件。

3.教学目标

(1)必备知识:理解坚持以人民为中心的发展思想和新发展理念的重要性,能全面认识我国新发展理念新在何处,了解我国经济发展为何要坚持以人民为中心。

(2)关键能力:通过开展议学活动,提高团队协作能力,提高灵活运用所学知识的能力与献计策的能力。

(3)学科素养:增强对人民的重视及我国社会主义本质的认同。通过角色体验等活动,尝试对运用新发展理念提出建议,增强参与意识与责任担当。

(4)核心价值:通过本课学习,理解并认同我国发展理念,坚定中国特色社会主义道路自信、理论自信、制度自信、文化自信,通过"中国高铁"这一国家名片树立民族自豪感。

4.教学重难点

(1)教学重点:以人民为中心的发展思想、新发展理念的内容和要求。

(2)教学难点:新发展理念的内容、要求及其运用。

5.教学方法

议题式教学、合作讨论、角色体验。

6.教学结构

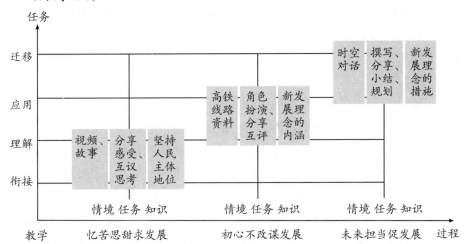

二、教学过程

(一)前置学习

[学生活动]学习了解我国铁路发展史、完成议学单。

(二)课堂教学

导入:教师展示一张动车票和中国高铁线路图,设计活动"回乡之路"。疫情结束后,你想回家吗?你想去哪里?请与大家分享。

[学习任务]自由分享:绘制回家或旅游路线,点亮家乡名片。

[设计意图]通过话题讨论,提高学生学习兴趣与思考积极性,同时也能激发学生对中国成就的自豪感;通过活动感受高铁带来的生活便利,同时在点亮家乡名片、介绍家乡的过程中感受责任与担当,增进政治认同,提高公共参与。

环节一:忆苦思甜求发展——中国高铁如何领跑世界?

[教学情境1]视频"邓小平访日本坐新干线"。

1978年10月22日至29日,邓小平作为中国国家领导人,二战后首次正式访问日本。乘坐新干线从东京去关西时,记者问他有何感想。他说:"快,真快!就像后边有鞭子赶着似的!这就是现在我们需要的速度。""我们现在很需要跑。"他还说,"这次访日,我明白什么叫现代化了。"随后几十年,在这位古稀老人羡慕又期待的目光中,中国人奋起直追,经过几代铁路人接续奋斗,实现了从无到有、从追赶到并跑再到领跑的历史性变化。随即展示图片《今日高铁的八横八纵》。

[学习任务1]自由发言:观看视频后的感受。

[教学情境2]展示中国铁路路徽图片。1950年1月22日,《人民日报》发布铁路路徽图案,上半部以"人"字象形代表人民,下半部以钢轨横断面代表铁路,寓意"人民铁路为人民"的使命。万里铁道线,百年发展史,锻造了以人民铁路为人民为核心的铁路精神。

[学习任务2]

1.师生对话:中国铁路路徽的设计寓意。

2.同桌交流:中国铁路建设为了谁? 依靠谁?

[情境延伸]公益慢火车重现繁忙,拉出深山里的致富梦。介绍贵州遵义至重庆的5630次列车人物故事:菜农李文容、列车长张建平。"如果没有这趟慢火车,我们可能连衣服都穿不上。"对于李文容而言,慢火车真正"拉"出了她的致富梦。"卖完菜不要在街上乱窜,特殊时期,注意点儿!不要错过回去的车!"列车长张建平总是要反复嘱咐,"每次她们返回车站坐车回家,看到她们的箩筐空了,我们也高兴。"

[知识建构]坚持人民主体地位。

表1 "坚持人民主体地位"知识

内涵		把实现人民幸福作为发展的目的和归宿,做到发展为了人民、发展依靠人民、发展成果由人民共享
要求	发展为了人民	就是要从人民群众的根本利益出发谋发展、促发展,不断满足人民对美好生活的需要,努力促进人的全面发展
	发展依靠人民	就是要把人民作为发展的力量源泉,充分尊重人民主体地位和人民群众的首创精神,不断从人民群众中汲取智慧和力量,依靠人民创造历史伟业
	发展成果由人民共享	就是要使发展成果惠及全体人民,不断保障和改善民生、增进人民福祉,走共同富裕道路,彰显制度优势

[设计意图]通过对比 40 多年前后中国铁路的巨变,感受改革开放带来的成就,从学生的认知规律和现状出发提升体悟的有效性,同时增强政治认同。通过观看视频和了解"公益慢火车"故事,让学生深切理解坚持以人民为中心的发展思想,并总结其内涵要求和重要性。

环节二:初心不改谋发展——中国高铁如何造福人民?

[教学情境]展示四条高铁线路相关资料:京张高铁、上海至张家界高铁、张吉怀高铁、中欧班列。

线路一:京张高铁。100 多年前,这条中国人自己设计、施工、管理运营的京张铁路,让国人扬眉吐气。100 多年后,由中国人智能建造、智能装备、智能运营的京张高铁,再次聚焦世界目光。同一个起点和终点,历史总是惊人的相似,但绝不是简单的重复:一个演绎中国铁路从无到有的历史飞跃,一个开启智能高铁引领潮流的历史篇章;一个用血汗和智慧洗刷了耻辱,一个用技术和创新引领民族复兴;一个见证中国铁路的百年风雨,一个承载着中国人民百年梦想。(创新发展理念)

线路二:上海至张家界高铁 G1369 次列车于 2021 年 9 月 21 日发售运行,背上背包行囊,乘上高铁专列,在青山绿水中追逐诗和远方。奏响"红""绿"交响曲,打造文旅融合新高地。高铁列车带来的不仅仅是客流量,更多的是营造一个天更蓝、水更清、地更绿的生态环境。打好绿色生态、红色旅游两张牌,围绕区位特点和资源特色做文章,走生态保护优先的绿色崛起之路,让绿色最绿、红色最红。(绿色发展理念)

线路三:张吉怀高铁。沈从文曾写道:"每一桨下去,我皆希望它去得远一点,每一篙撑去,我皆希望它走得快一点。"张吉怀高铁开通后,沈从文的回家之路从半个月缩短到了 7 个半小时。"火车一响,黄金万两。"张吉怀高铁在设计建线之初,便将精准扶贫目标作为重中之重。开通后,交通条件的巨变让沿线乡村振兴驶入快车道,形成产业互补、人员互通的铁路经济带,一批批相关产业带逐渐成形、高铁新城建设如火如荼,湘西百姓走在致富路上,日子越过越甜。(协调、共享发展理念)

线路四:中欧班列。随着一声响亮的汽笛声,一列满载外贸"新三样"电动载人汽车的中欧班列缓缓驶出国门,奔赴欧洲。中欧班列开行 10 多年来,开行累计突破 4 万列,打通 73 条运行线路,通达欧洲 22 个国家的 160 多个城市。它开创亚欧陆路运输新篇章,铸就沿线国家互利共赢的桥梁纽带。2021 年全年开行1.5万列、发送货物146万标箱,同比分别增长22%和29%。"走出去"不仅是一张名片,也是中国高铁建设人员对海外高铁建设的高度责任感。(开放发展理念)

[学习任务]

1.角色体验:了解中国高铁的发展历程,领略祖国的大好河山。

2.小组讨论:完成下列表格。

表2　四条高铁线路解读

	注重解决的问题及重要性	该方面问题的具体表现	对策	主体及具体实践列举
创新发展 (　　)线				
协调发展 (　　)线				
绿色发展 (　　)线				
开放发展 (　　)线				
共享发展 (　　)线				

[知识建构]新发展理念的内涵。

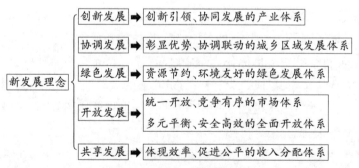

[设计意图]环节二旨在深化学生对中国高铁发展模式和发展思想的了解,从中联想并理解国家发展运用的思想理念即新发展理念的内涵,培养学生参与公共事务的使命感和责任感。通过小组合作探究和分享,提升学生团队合作能

力和表达能力,在突破教学重难点的同时,实现自我育人、自主学习,落实科学精神和政治认同素养。

环节三:未来担当促发展——新发展理念如何促进家乡振兴?

[教学情境]时空对话:展示邓小平乘坐新干线时的图片和2018年普京乘坐中国高铁时的图片,组织活动"邓爷爷,我想对你说……"

[学习任务]

1.独立撰写:给邓小平写信介绍盛世中国。

2.回顾导入环节的高铁票,为家乡发展出谋划策,课后完成议学任务。

①知识整理:绘制本节知识点思维导图,同学之间互相分享。

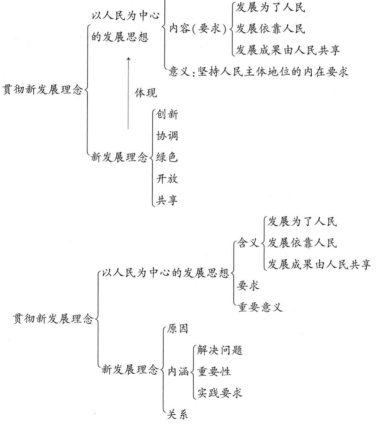

②忆苦思甜:查找资料并介绍改革开放后家乡的巨变。

③展望未来:你对家乡建设有何畅想和谋划?形成书面方案并展示分享。

[设计意图]本环节根据学生的认知规律和建构主义学习观,继续发挥学生

主体地位,通过绘制思维导图,提高学生对必备知识的概括能力和建构能力;通过收集资料,介绍家乡巨变,感受新发展理念在家乡的实践;引导学生综合运用所学知识,提出家乡振兴的具体措施,延伸育人课堂,提高学生的公共参与和责任担当。

(结语)我们欣喜地看到铁路延伸而去,沿线焕然一新。这就是我国经济不断腾飞的秘诀所在。为了人民,以人民为中心,贯彻创新发展理念,一起从过去走来,向未来走去,走向一路好风景,走出强国好路径!

[板书设计]

"贯彻新发展理念"教学设计

胡添锦(广东省深圳实验学校卓越高中)

议题:如何完整、准确、全面贯彻新发展理念?

一、教学准备

1.教材分析

本课是统编版高中思想政治必修2《经济与社会》第二单元第三课第一框题的内容。在第一单元中,学生已经学习了我国的生产资料所有制和经济体制,为了让学生清晰地了解我国经济社会建设的新思想、新理念和建设中有关分配公平、共同富裕、社会保障的基本问题,本单元进行系统阐述。第三课的主题是贯彻新发展理念、推动高质量发展。本框作为本单元的开篇,起到承上启下的作用,既承接我国的经济背景,又为推动高质量发展等内容作铺垫。

本框内容分为"坚持以人民为中心的发展思想"和"坚持创新、协调、绿色、开放、共享发展"两目。第一目阐述以人民为中心的发展思想的核心要义、基本内涵和重要意义,第二目则是对新发展理念注重解决的问题、重要性和实践要求的阐述,前者是后者的理论前提,后者是前者的理论延伸。

2.学情分析

(1)知识基础:通过对第一单元的学习,学生已经具备一定的经济常识,初步了解经济发展的相关情况。通过对经济生活的观察与感悟能够形成一定的规律性知识。

(2)认知能力:学生具备一定的辩证分析能力及逻辑思维能力,但理性分析能力较弱,看问题往往浅层化、碎片化。

3.教学目标

(1)领会以人民为中心的发展思想是中国实行社会主义制度的内在要求,坚定中国特色社会主义道路自信和理论自信,增强政治认同感。

(2)能够理解我国贯彻新发展理念的具体措施,阐述贯彻新发展理念的原因和重要性,牢固树立并切实贯彻新发展理念。

(3)能够阐述发展理念与发展实践的关系,根据实际情况运用新发展理念对经济社会发展提出合理化的建议,勇于承担社会责任,乐于为人民服务。

4.教学重难点

(1)教学重点:以人民为中心的发展思想的内涵、意义及要求。

(2)教学难点:新发展理念要解决的问题、重要性和实践要求。

5.教学方法

议题式教学法、活动教学法。

6.教学结构

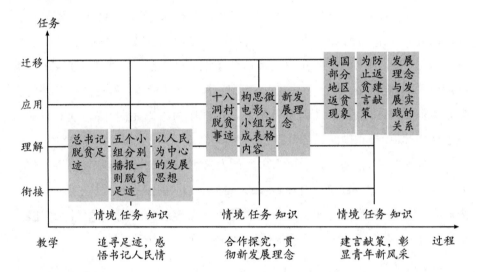

二、教学过程

导入:同学们,读万卷书不如行万里路,今天就让我们一起跟随习近平总书记的足迹,来一场说走就走的研学旅行。我们的足迹将遍布祖国大江南北,一同探究我国是如何打赢脱贫攻坚战的?

[设计意图]打造一场说走就走的研学旅行,有利于吸引学生注意力,引发学生对议题的思考。同时,以脱贫足迹导入,有利于学生了解国之大事、时代走向。

[情境过渡]为了学生学习更加充分有效,我将全班分为五个小组,每组都有一次担当领队的机会。

环节一:追寻足迹,感悟书记人民情

[教学情境]习近平总书记的脱贫足迹。

[学习任务1]小组商议:每组选取一个脱贫足迹,从为了谁、依靠谁、谁受益等角度进行梳理,讲述当地的脱贫情况。

[学习任务2]师生对话:习近平总书记脱贫足迹体现了什么样的思想?

[知识建构]

以人民为中心的发展思想 {
　发展为了人民
　发展依靠人民
　发展成果由人民共享
}

[设计意图]通过活动呈现使教学理论内容情境化,营造课堂参与的积极氛围。学生在活动中了解新发展理念的目的(为了人民)、动力(依靠人民)、趋势(人民共享),明确以人民为中心的发展思想的内涵,突出教学重点。帮助学生树立正确的人民观,增强对中国特色社会主义的政治认同,尊重人民主体地位。

[情境过渡]五个领队的任务都完成得不错。旅行不停步,我们继续往前走。下一站,老师做领队,前往老师家乡的精准扶贫所在地——十八洞村。

环节二:合作探究,贯彻新发展理念

[教学情境]播放视频:"中国3分钟|湘西苗寨十八洞村:中国的精准扶贫从这里起航"。

[学习任务1]小组商议:为献礼党的二十大,宣传十八洞村的发展经验,以"创新、协调、绿色、开放、共享"为主题,构思如何拍摄5分钟的微电影。

[学习任务2]小组合作:中国共产党为何提出五大发展理念? 完成表格。

表1　五大发展理念解读

理念	发展难题	注重解决问题	要求
创新			
协调			
绿色			
开放			
共享			

[知识建构]

表2　五大发展理念知识建构

理念	发展难题	注重解决问题	要求
创新	发展模式单一,关键核心技术短板	发展动力	坚持创新在我国现代化建设全局中的核心地位
协调	城乡区域发展不平衡	发展不平衡	促进区域、城乡协调发展
绿色	生态环境治理任务重	人与自然和谐共生	保护环境
开放	贸易保护主义	发展内外联动	高水平对外开放、构建人类命运共同体
共享	教育医疗等民生问题还有不满意的地方	社会公平正义	共同富裕

[设计意图]开展微电影构思活动,使课程内容活动化、抽象内容具体化、活动形式生动化,调动学生的积极性与主动性,增强对新发展理念的认同,培养团队合作精神,提升分析和解决问题的能力,实现教学知识目标,提升学生综合能力,突破教学难点。通过归类分析,完成表格内容,清晰界定知识概念,提升学生辨别能力,实现零散知识结构化。

[情境过渡]正是在五大发展理念的指导下,十八洞村实现了腾飞。然而,我国一些地方在脱贫之后又出现了返贫的现象。

环节三:建言献策,彰显青年新风采

[教学情境]2020年我国已打赢脱贫攻坚战,全面建成小康社会。然而,一些地区脱贫后,一些群众存在返贫的可能。比如,某村驻村书记通过多次走访发现,村里一部分家庭虽然脱了贫,但家底薄,收入不稳定,一有"风吹草动",就可能返贫;脱贫后,个别村民因"天价彩礼"导致返贫;个别村民懒贫、赖贫现象严重……

[学习任务1]小组讨论:脱贫不返贫才是真脱贫。结合所学知识和生活实际,为我国巩固脱贫攻坚成果建言献策。

[学习任务2]全班微项目:将建议汇集成"100"字样,制作黑板报,祝福中国共青团成立100周年,表明青年立场。

[设计意图]结合中国共青团成立100周年背景,问题具有开放性,营造民

主的学习氛围,激发学生创新思维,享受学以致用的快乐,加强公共参与,强化教学内容,达到知识性与价值性相统一,实现思政小课堂与社会大课堂有效衔接。

(结语)2022 年是中国共青团成立 100 周年。习近平总书记曾寄语青年:青年是国家的希望、民族的未来。希望你们能紧紧追随祖国发展的足迹,脚踏实地,始终保持艰苦奋斗的前进姿态,走好新时代的长征路!

[板书设计]

[设计解读]板书设计以"足迹"为外形,有三层寓意。其一,寓意习近平总书记的脱贫足迹;其二,体现本堂课以一场说走就走的研学旅行为主线;其三,"足迹"代表着学生接过时代的接力棒,脚踏实地,在新发展理念的指导下走好新时代的长征路。将"以人民为中心"放在脚掌中央,既凸显了以人民为中心的重要性,又体现了以人民为中心的发展思想在本节课中的重要地位。将"创新""协调""绿色""开放""共享"绘制于五个脚指头处,体现了五大新发展理念共同发展,贯彻五大发展理念最终是为了人民、服务人民。

三、教学资源

学习强国:"中国 3 分钟|湘西苗寨十八洞村:中国的精准扶贫从这里起航"视频。

"贯彻新发展理念"教学设计

刘丽君(江西省吉安市第三中学)

议题:新发展理念新在哪里?

一、教学准备

1.教材分析

(1)本框地位:本节课内容是思想政治必修2《经济与社会》第三课的第一框,本框题包含"坚持以人民为中心的发展思想"和"坚持创新、协调、绿色、开放、共享发展"两目内容。教材第一课和第二课主要对我国经济社会建设的基本制度进行介绍,本框内容对基本经济制度深化,并为后一框"推动高质量发展"的实践提供基础理论。因此,本框在全书中起着承上启下作用。通过本框题的学习,引导学生理解以人民为中心的发展思想,认同创新、协调、绿色、开放、共享发展理念,增强关心国家发展、践行新发展理念的热情,推动经济高质量发展。

(2)本框内容:本框主要阐述以人民为中心的发展思想、新发展理念等基本理论,下设两目:第一目"坚持以人民为中心的发展思想",阐述以人民为中心的发展思想的内涵、意义和要求,主要从发展的出发点、动力点、落脚点方面讲为什么发展、为谁发展、靠谁发展、由谁享有发展成果,能够让学生从中感受到人民至上的价值取向。第二目"坚持创新、协调、绿色、开放、共享发展",阐述新发展理念的重要意义、内涵和要求,主要从发展的理念、原则、过程、方法等方面讲如何发展、怎样发展,能够让学生明确贯彻新发展理念是以人民为中心的发展思想的集中体现,从而坚定中国特色社会主义道路自信、理论自信、制度自信、文化自信。

2.学情分析

(1)有利方面:高一学生初步具备分析具体现象的心智和能力,能够形成对社会经济现象的理解和评价。同时,学生已经学习必修1中有关人类社会基本矛盾等相关知识,有助于迁移运用所学知识理解本课问题。

(2)不利方面:高一学生对理论性较强的经济政策缺乏深入的理解力和思维力,本框内容侧重从理论层面讲发展思想和发展理念,有一定深度,需要教师结合具体经济现象由浅入深进行分析。

3.教学目标

正确认识发展理念与发展实践的关系,理解新发展理念的基本内涵、必要性和贯彻要求,体悟以人民为中心的发展思想;认清社会发展规律和阶段性特征,学会用发展的观点看问题,树立尊重规律、勇于创新的科学精神;认同新发展理念和以人民为中心的发展思想;提升参与中国特色社会主义建设的使命感和责任感。

4.教学重难点

(1)教学重点:坚持以人民为中心的发展思想;贯彻创新、协调、绿色、开放、共享的发展理念。

(2)教学难点:如何从整体上把握新发展理念;科学解读以人民为中心的发展思想和新发展理念的关联性。

5.教学方法

议题式教学法、活动教学法、自主合作探究法、活动探究法。

6.教学结构

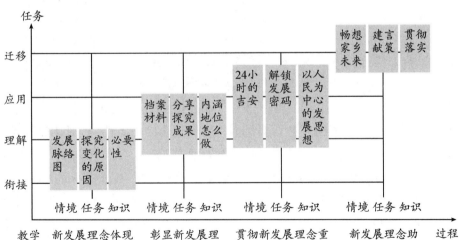

二、教学过程

导入:党的十八大以来,我们党对经济形势进行科学判断,对经济社会发展提出许多重大理论和理念,对发展理念和思路作出及时调整,新发展理念引导我国经济发展取得历史性成就、发生了历史性变革。党的十八大以来,在新发展理念指引下,我国经济发展取得了哪些伟大成就?为什么能够取得这些成就?新发展阶段为什么要贯彻新发展理念?如何贯彻新发展理念?我们带着这些问题学习"坚持新发展理念",解读新发展理念新在哪里?

环节一:新发展理念体现新变化新要求

[子议题1]新发展理念立足什么样的时代之基?

[教学情境]回顾人类社会基本矛盾运动图,并展示改革开放以来我国发展理念的发展脉络:改革开放40多年来,我们党根据形势和任务的变化,适时提出相应的发展理念和战略,引领和指导发展实践。从"以经济建设为中心""发展是硬道理"到"发展是党执政兴国的第一要务""坚持科学发展观、全面协调可持续发展"、坚持"五位一体"总体布局,再到新发展理念,每一次发展理念、发展思路的创新和完善,都推动实现了发展的新跨越。

[学习任务]同桌交流:了解我国改革开放以来发展理念的发展脉络,运用所学知识分析不同时期发展理念的变化,新发展理念如何应时而生。

[知识建构]

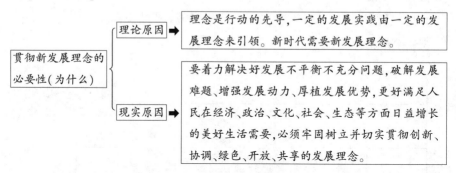

[设计意图]"牢固树立并切实贯彻新发展理念的必要性"相对比较抽象,该环节以展示和解读改革开放以来我国发展理念发展脉络的方式,引导学生运用必修1《中国特色社会主义》中人类社会基本矛盾的知识,分析不同时期发展理念的变化,明确发展理念与发展实践的关系,正确理解新发展理念与不同时期发展观之间的关系;同时,结合我国发展新的历史方位,引导学生分析新发展理念不是凭空得来的,为着力解决我国发展中的突出矛盾和问题,必须牢固树立并切实贯彻新发展理念。这样设计,有利于学生利用已学知识,搭建思考问题的空间,降低问题思考难度;引导学生学以致用,梳理不同模块之间知识的关系,增强分析问题与解决问题的能力。

环节二:彰显新发展理念的真理力量

[子议题2]新发展理念怎样回答时代之问?

[教学情境1]"奋进新征程 建功新时代·非凡十年之吉安答卷"的档案材料。

[学习任务1]小组讨论:各小组代表领取一份"吉安发展档案",认真阅读档案中的吉安故事和数据信息,结合教材内容,思考吉安发展体现了怎样的发展理念? 此发展理念对吉安发展产生怎样的影响?

[知识建构]

[设计意图]全面、深入地理解新发展理念的科学内涵及其内在关系,对于学生而言有一定难度。通过"讲好吉安故事、总结发展智慧"形式,向学生直观呈现家乡十年来发展的非凡成就,用相对熟悉的社会发展现状引发学生共鸣共振,使学生在合作探究、观点分享中切实感受新发展理念带来的影响和变化,深化对新发展理念的理解,提升学生理论联系实际的能力,增强学生对新发展理念、国家政策和城市建设的认同。

[教学情境2]彰显重大成就,总结历史经验。吉安非凡十年的成就离不开以问题导向贯彻新发展理念,以重点突破带动整体推进、在整体推进中实现重点突破。另外,其中还有哪些值得我们汲取的奋进力量呢?

[学习任务2]小组讨论:分析和论证践行五大发展理念有怎样的共同价值追求?

[知识建构]

[设计意图]通过引导学生分析和论证践行五大发展理念的共同价值追求,

使学生明确坚持新发展理念集中体现了以人民为中心的发展思想,进一步深化学生对五大发展理念的理解,增强学生解释与论证的能力,并为"以人民为中心的发展思想"内容教学做铺垫。

环节三:贯彻新发展理念重在以人民为中心

[子议题3]如何在贯彻新发展理念中创造美好生活?

[教学情境]播放视频"24小时的吉安"。

[学习任务]小组合作:结合视频和吉安的发展变化,以"吉安的发展,离不开×××"为主题,解锁吉安的发展密码。

[知识建构]

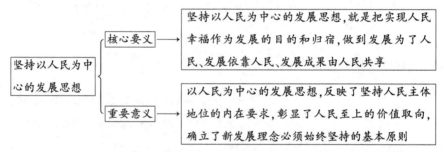

[设计意图]通过视频呈现和议学任务,让学生切实感悟吉安的发展变化在人民获得感方面的作用,明确经济发展与民生福祉之间的关系,提升学生分析与综合等思维能力,增强学生对以人民为中心的发展思想的理解与认同。

环节四:新发展理念助推高质量发展

[教学情境]以高质量发展的优异成绩庆祝党的二十大胜利召开,畅想家乡未来。

[学习任务]个人撰写:对于吉安的发展,我希望_____;但目前还存在_____;为解决该问题,应该_____;参与解决这一问题,我可以_____。

[知识建构]

贯彻新发展理念 ←集中体现/实现途径→ 坚持以人民为中心的发展思想

[设计意图]以重大成就和历史经验远观未来,通过问题导向的课后议学任务单,凸显本课教学的综合性、活动性,使学生在实地调研中强化对"坚持以人民为中心的发展思想"和"贯彻新发展理念"的理解与认同,增强学生理论联系实际、分析和解决问题的能力,引导学生将个人奋斗与家乡进步、国家发展紧密

结合,提升参与中国特色社会主义建设的使命感和责任感。

[板书设计]

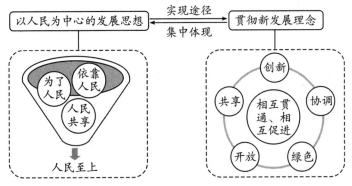

坚持新发展理念

三、教学资源

1.《党的二十大报告》及解读。

2.井冈山报:《奋进新征程　建功新时代——非凡十年》。

"贯彻新发展理念"教学设计

刘芝澄(无锡高等师范学校)

议题：为什么发展必须以人民为中心?

一、教学准备

1.教材分析

(1)本框地位："贯彻新发展理念"属于高中思想政治必修2《经济与社会》第二单元"经济发展与社会进步"第三课"我国的经济发展"第一框题,为本单元开篇之作。一方面,在第一单元经济制度基础上阐明经济思想和理念;另一方面,为第二框题"推动高质量发展"做好铺垫。

(2)本框内容："贯彻新发展理念"包括两目,分别是"坚持以人民为中心的发展思想"和"坚持创新、协调、绿色、开放、共享发展"。第一目通过探究新时代十年人民生活全方位改善,引出"坚持以人民为中心的发展思想"的内涵和要求;通过探究分享小凡一家人畅享美好生活,揭示"坚持以人民为中心的发展思想"的意义和措施。第二目通过探究分享党的十八大以来我国经济建设取得的重大成就和面临的困难挑战,引出为什么要贯彻新发展理念;通过探究与分享、相关链接或名词点击,介绍五大发展理念的内涵、各自地位作用和如何贯彻落实,突出新发展理念"新"在何处,最后阐述新发展理念的地位及五大发展理念间的关系。

2.学情分析

(1)知识基础：本框内容的教学对象是高一学生,对经济现象充满好奇,求知欲较强,思维方式和能力进一步提高。因教材内容精练且辅有探究与分享,又与社会生活密切联系,学生一般能够理解基础知识,但缺乏系统性和全面性。因此,通过生活化议学活动激发学生学习兴趣,帮助学生掌握理论并指导实践。

(2)认知能力：学生九年级时已经学习创新相关知识,通过新闻、班会等方式,对"创新、协调、绿色、开放、共享"等词汇并不陌生。通过第一单元的学习,学生掌握我国的基本经济制度,为深入理解与运用新发展理念奠定基础,本框的探究与分享也帮助学生认知新发展理念。但本框内容理论性和实践性较强,而学生储备的经济知识较少、生活阅历有限,对深层次问题如"我国为什么要以坚持人民为中心、新发展理念怎样产生、新在哪里、为什么要坚持、五大发展理念之间的关系"等理解起来有一定难度。

3.教学目标

(1)必备知识:掌握新发展理念的知识体系,以及坚持以人民为中心的发展思想的基本内涵、原因和要求;理解坚持以人民为中心的发展思想是新发展理念必须始终坚持的基本原则。

(2)关键能力:在议题理解、应用和迁移过程中培养学生获取与解读信息、分析、论证和应用能力。

(3)学科素养:引领学生认同新发展理念和坚持以人民为中心的发展思想。

(4)核心价值:引导学生积极参与中国特色社会主义经济建设。

4.教学重难点

(1)教学重点:新发展理念。

(2)教学难点:坚持以人民为中心的发展思想是新发展理念必须始终坚持的基本原则。

5.教学方法

议题式教学、情境式教学。

6.教学结构

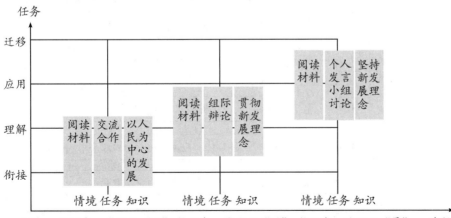

二、教学过程

(一)前置学习

学生搜集和调查长三角一体化发展资料。

(二)课堂教学

导入:播放视频"'蝶变'长三角"。

长三角一体化发展是习近平总书记亲自谋划、亲自部署、亲自推动的重大国家战略。自 2018 年 11 月长三角一体化发展上升为国家战略以来,沪苏浙皖三省一市在党中央、国务院坚强领导下,紧扣"一体化"和"高质量",充分发挥上海龙头带动作用,苏浙皖各扬所长,有效推进《长江三角洲区域一体化发展规划纲要》各项任务落地实施,在经济发展、科技创新、基础设施、生态环境等重点领域持续深化合作,结出累累硕果。

环节一:长三角一体化之"心"

[教学情境]长三角一体化中的"人民至上"思想。

《新民晚报》2022 年 9 月 27 日报道《"样板间"里的跨域日常 长三角一体化发展"民生大礼包"实惠满满》。

[学习任务]同桌交流:长三角一体化发展中有哪些新理念?为什么要补民生短板?

小组合作:连线情境中的五大发展理念。

[知识建构]

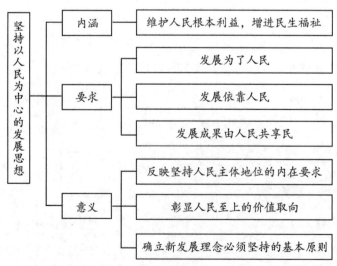

[设计意图]选取长三角一体化发展"民生大礼包"报道,贴近学生生活实际、社会实际,让学生有感而发。报道聚焦"跨域路更顺畅、跨域惠一卡享、跨域事门口办",学生极易产生代入感。报道的内容契合问题设计与学科目标实现,因而具有适切性。议学活动先让学生结合生活独立思考,然后同桌交流合作,汇报分享讨论成果,做到独立思考和合作讨论的统一、独立表达和民主协商的统一。长三角一体化是在中国共产党坚强领导下的行动,有助于培育学生的政治认同素养,锻炼学生从报道中提取分析信息能力,并且与坚持以人民为中心的发展思想进行有机联系,提高学生运用学科语言表达自己思想的能力。此环节贯通学科逻辑与生活逻辑,做到在社会生活中讲好"大思政课"。

通过五大发展理念知识与问题情境的线性关联,帮助学生理解新发展理念的科学内涵,并且能够分辨和比较复杂的社会现象。因为素材贴近学生生活实际,所以能够激起学生共鸣,培养学生分析与综合的思维方法。依托具体情境讲授新发展理念,既有归纳推理,又有演绎推理,学生的回应也能帮助教师及时获得反馈,一定程度上检验了课堂学习效果。

环节二:长三角一体化之"因"

[教学情境]长三角一体化进程中的两种声音。

阅读材料:新华报业网 2022 年 8 月 14 日报道《长三角高质量一体化发展这一年④丨四手联弹,奏响生态绿色协奏曲》

[学习任务]组际辩论:长三角一体化中经济发展优先 VS 生态保护优先?

[知识建构]

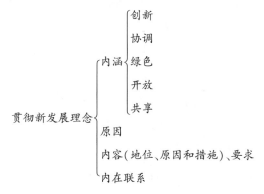

[设计意图]学生对长三角一体化发展的不易了解不多,通过报道了解到:

面对疫情影响、供给冲击、预期转弱等不确定因素,合力守护"一片云",敢为人先破解跨界水体治理难,制度创新让长三角底色更绿。议学活动由独立阅读、思考到交流讨论、分享合作再到互换角色的辩论对决,一系列环节帮助学生培养换位思考、全面认识经济发展与生态保护内在联系的能力,从认知冲突到认知平衡的过程中,自主构建知识体系,达成学科素养目标和核心价值目标。另外,辩论赛有助于活跃课堂气氛、调动学生参与课堂教学的主动性和积极性、锻炼学生的理性思维和表达能力。让学生深刻理解经济发展与生态保护的辩证统一,理解习近平生态文明思想,理解坚持以人民为中心的发展思想是新发展理念必须始终坚持的基本原则,坚持政治性和学理性相统一。

环节三:长三角一体化之"景"

[教学情境1]新华网2022年8月18日报道《长三角一体化开创新格局》。

[教学情境2]2022年无锡市政府工作报告。展示2022年无锡市政府工作报告中无锡发展的成绩与问题。

长三角一体化有上海市、江苏省、浙江省、安徽省等多个省级行政单位。江苏省包括南京、无锡、常州、苏州、南通、盐城、扬州、镇江、泰州等城市;浙江省包括杭州、宁波、嘉兴、湖州、绍兴、金华、舟山、台州等城市;安徽省包括合肥、芜湖、马鞍山、铜陵、安庆、滁州、池州、宣城等城市。

2021年第三届长三角一体化发展高层论坛在江苏无锡开幕。长江三角洲区域高质量一体化,对无锡而言意味着什么?以GDP为例,2017年,无锡成为全国第14座GDP超万亿的城市,GDP增长率达14.01%,增速已超过上海、苏州、南京等城市。2018年,无锡实现地区生产总值11 438.62亿元,按可比价格计算,同比增长7.4%,与2017年持平,连续三年保持在7.5%左右的中高速增长区间。长三角高质量一体化发展产生巨大的产业投资溢出效应,在此背景下,无锡凭借得天独厚的区位优势、开放互补的产业优势,传统与新兴产业吸引更多长三角企业及人才入驻,全面推进各领域国际化发展,无锡已成为长三角一体化格局中的一块重要拼图。未来无锡如何在互联互通、共建共享中推进长三角一体化?

[教学情境3]长三角一体化中四个城市的相关资料。

A市:2019年GDP迈进4万亿,第三产业增加值占GDP比重70%以上,新产业、新技术、新业态等新经济增加值占 GDP 的比重接近三分之一。现代服务业为主体、战略性新兴产业为引领、先进制造业为支撑的现代产业体系已经初步形成。但是,A 市国际金融、贸易和航运中心功能建设相对滞后,"大城市病"也较为突出。(大城市病指大城市里出现的人口膨胀、交通拥挤、住房困难、环境恶化、资源紧张、物价过高等症状)

B 市:南临 A 市,发展主要依靠第二、三产业。拥有的港口位列全球百强集装箱港口第 30 位,开辟各类航线 209 条,是绝佳的天然良港。环境质量综合指数常年保持在 96% 以上,获评国家生资企业 300 多家,是集聚德资企业最多的县级市。

C 市:农业大市,拥有丰富的农业资源,粮食产量稳居全省首位。但农业专业化水平不高,特别是林果、蔬菜等特色生产基地规模小,对产业链延伸构成较大制约。第二产业基础薄弱,没有形成健全的产业体系。C 市是全省人口最多的城市,是劳务输出大市。但人均收入不高,城乡差距大,城镇化程度远低于该省平均水平。

D 市:中小企业众多,拥有众多中国驰名商标、国家级生产基地,但自主创新能力不足,缺乏核心技术。D 市是全省旅游资源最丰富的城市,现拥有 72 个 A 级旅游景区。在国内外经济环境不利因素影响下,外贸出口形势相当严峻。该市虽然民间资本充裕,但引进外资部分相对不足,因而丧失引进跨国企业进驻的机会。

[学习任务]个人发言:个人向在座的市政府领导、企业代表介绍本市的优势。

小组讨论:小组根据优势互补、区域协调的原则,讨论后选择无锡的合作伙伴是(　　)市,理由是(　　　　　　)。

[知识建构]

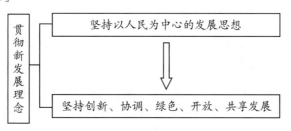

[设计意图]学生结合城市材料,思考问题情境中无锡发展的成绩与问题,并且通过城市结对活动,让无锡发展更好、更快、更稳,坚持理论性和实践性相统一。从长三角一体化发展的不同方面感悟新发展理念的实践,初步检验学生对新发展理念的理解与认同;运用五大发展理念知识,针对无锡发展中的成绩与问题,尝试通过选择无锡的合作伙伴,为无锡发展提供路径,目的在于让学生将学到的新发展理念知识迁移运用于真实生活中,实现学科知识内化于心、外化于行。关注经济生活,思考经济现象背后的社会发展问题,激发学生担当意识,增强学生发现问题、认识问题、分析问题、解决问题的能力。

(结语)本节课通过长三角一体化情境学习以人民为中心的发展思想,以及学习新发展理念新在哪里,即五大发展理念及其作用,五大发展理念是相互贯通相互促进的一个体系,既是发展目标又是发展手段,我们要用新发展理念构建新发展格局。本节课学习的第三课第一框题是第二框题的价值引领,推动下节课高质量学习。

思考题:志愿服务是现代社会文明进步的重要标志,是加强精神文明建设、培育和践行社会主义核心价值观的重要内容。为大力弘扬"奉献、友爱、互助、进步"的志愿精神,进一步加强长三角生态绿色一体化示范区文明实践志愿服务交流,分享志愿服务经验,探讨志愿服务新思路和新方法,推动示范区志愿服务团队专业化提升和志愿服务项目品牌化打造,以志愿服务力量助力一体化示范区建设,请你策划一份长三角生态命运共同体志愿活动方案。

要求:紧扣新时代文明实践,重点围绕学习实践科学理论、宣传宣讲党的政策、培育践行主流价值、丰富活跃文化生活、倡导文明生活方式等内容,参考以下六个类别。

1.理论宣讲类:包括理论宣讲、政策宣讲、思想政治教育等志愿服务。

2.教育服务类:开展文明礼仪传播、兴趣培养、支教助学、免费学习辅导、公共安全知识普及、法律知识普及等各类教育志愿服务。

3.文化服务类:农家书屋、文化文艺、非遗传承、文明旅游等志愿服务。

4.科技科普类:科普宣传等志愿服务。

5.文明健康类:文明倡导、环保公益、体育健身等志愿服务。

6.其他类志愿服务:未包含在上述类别中,包括邻里守望、关爱妇女儿童、爱心助残、应急救援、赛事赛会等志愿服务。

[板书设计]

三、教学资源

1.视频:"'蝶变'长三角"。

2.《新民晚报》:《"样板间"里的跨域日常 长三角一体化发展"民生大礼包"实惠满满》。

3.新华报业网:《长三角高质量一体化发展这一年④丨四手联弹,奏响生态绿色协奏曲》。

4.新华网:《长三角一体化开创新格局》。

"贯彻新发展理念"教学设计

浦明磊(江苏省扬州市江都区育才中学)

议题:如何贯彻新发展理念,推动高质量发展?

一、教学准备

1.教材分析

教学内容为高中思想政治必修 2《经济与社会》第三课第一框。本框主要讲述了新发展理念和发展思想,包括"坚持以人民为中心的发展思想"和"坚持创新、协调、绿色、开放、共享发展"两目内容,引导学生对新发展理念和发展思想的内在逻辑关系深入思考。教材还辅以相关链接,丰富拓展了教学内容。

2.学情分析

(1)知识基础:学生在初中阶段初步学习新发展理念,对于国家坚持以人民为中心的发展思想和贯彻新发展理念有一定认识,但未形成更深刻的认识。这节课采用议题式教学方法,调动学生参与积极性,激发学生兴趣,理论联系实际,引导学生全面深刻地理解和掌握新发展理念。

(2)认知能力:高中生具备一定的抽象思维及理性分析能力,了解相关分析方法,具备一定的逻辑思维能力,看待问题角度新颖,具有较强的参与意识。

3.教学目标

(1)理解以人民为中心的发展思想的内涵,明确新发展理念带来的民生福祉,认同以人民为中心是新时代坚持和发展中国特色社会主义的根本立场,增强学生对中国特色社会主义的认同感。

(2)明确新贯彻新发展理念的重要性和要求,了解经济高质量发展需要正确理论的指导,深化对习近平经济思想的认识。

(3)树立创新、思辨意识,将新发展理念运用到生活实践中,增强社会责任感,自觉践行新发展理念和以人民为中心的发展思想。

4.教学重难点

(1)教学重点:坚持以人民为中心的发展思想、新发展理念。

（2）教学难点：以人民为中心的发展思想与新发展理念的内在逻辑。

5.教学方法

议题式教学法、情境教学法、合作探究法。

6.教学结构

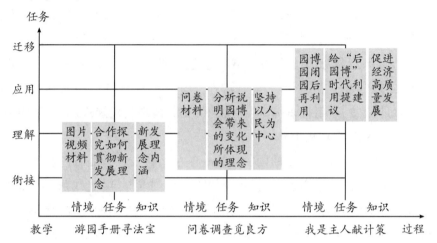

二、教学过程

（一）前置学习

[学生活动]小组合作收集和查阅相关资料，了解枣林湾的变化及其原因，了解仪征市政府做了哪些事。

（二）课堂教学

导入：大家认识图片中的标识吗？琼花造型的标识是扬州园艺博览会公布的志愿者标识。下面，我们通过一个短片再次回顾这场盛会。时光的表盘总有一些耀眼时刻，新时代需要新的发展理念。今天，让我们一起走近扬州世界园艺博览会，探讨新发展理念。

环节一：游园手册寻法宝

[学习活动]以小组为单位开启云游园，阅读游览手册。每组负责一个景点，结合材料和自己的游览经历，派一位成员以导游身份介绍景点，并且解答相应问题。

[教学情境1]本次园博会对身高1.4米以下儿童、70周岁以上的老年人等实行免票政策。为方便游客前往游玩，开设专线公交、园区循环公交，加密公交线路，游客可免费乘坐。设计公益研学团，安排专业引导师，接待周边地区的少

儿研学,使园博会成为全民共享的盛会。

[学习任务1]小组代表分享:这些便民项目所蕴含的发展理念,并说明仪征市政府是如何关注民生的。

[教学情境2]20世纪开山采砂热在枣林湾留下了废矿、废坑、废滩。近十多年,园区关停并转让了所有矿石开采点,坚持"生态留白",将采矿区全部纳入生态修复范围。如今,枣林湾已成为扬州市最大的生态中心核心区,低丘、水系、田园、村落、森林等,兼容江苏省域所有地貌,都市大"绿心"的魅力在此得到强劲释放。

[学习任务2]小组代表分享:枣林湾的变化体现的发展理念,并说明为什么"绿水青山就是金山银山"。

[教学情境3]江豚造型的国际馆是一座凝结科技智慧的时尚场馆。场馆外围主要采用"软玻璃"膜材料,具有独特的柔性、曲面效果,光线射入可呈现多样色彩。国际竹藤馆为了达到纵横交错的视觉冲击效果,使用了防蛀、防腐、防开裂等一系列专利技术,一枝一叶间注入了"黑科技"的独门绝招。

[学习任务3]小组代表分享:国际馆黑科技背后的发展理念,并阐述科技创新如何推动经济发展。

[教学情境4]在国际馆里5分钟可以"游"遍五大洲,参展的国家、城市与扬州多因"一带一路"结缘。扬州对外交往广泛,目前已与11个国家的19座城市结为友好城市,与163个国家存在贸易往来。扬州从古至今开放友好的气度,成为此次博览会成功吸引全球城市参展的重要因素。

[学习任务4]小组代表分享:扬州园博会能吸引全球城市参展体现的发展理念,并结合教材知识谈谈"在国外疫情严重、经济低迷情况下,对外开放对我国经济发展意义不大"这一观点的看法。

[教学情境5]扬州乡村休闲旅游农业发展,把文化转变为产业,把资源转变为市场,把生态转变为效益。为促进城乡消费、增加农民收入、助力乡村振兴,打造了"新引擎",激发了"新活力"。因为园博会的落户,仪征抓住长三角一体化、宁镇扬同城化大机遇,加速跨江融合发展新步伐,极大提升了知名度和美誉度。

[学习任务5]小组代表分享:扬州乡村休闲旅游农业发展所蕴含的发展理念,并谈谈对"仪征跨江融合发展最终目的是消除发展差别"这一观点的认知。

[知识建构]

贯彻新发展理念
- 创新解决发展动力问题
- 协调解决发展不平衡问题
- 绿色解决人与自然和谐共生问题　（相互贯通,相互促进)
- 开放解决发展内外联动问题
- 共享解决社会公平正义问题

[设计意图]将学生分为 5 组,小组讨论学习,让学生学习主动性和积极性增强、参与度提高,使不愿意动脑思考的学生在小组学习氛围中不得不思考并提出自己的意见,使学生不正确的思考结果及时得以纠正,从而提高学习效果。学生通过思考、讨论找出问题答案,从而激发兴趣,由"要我学"转变为"我要学""我乐学"。

[教学点拨]此处,教师注意结合教材内容引导学生得出结论,并将知识点总结成顺口溜:

创新(全局核心"四创新",贯穿一切蔚成风);

协调(重大关系"双协调",整体发展"新四化");

绿色(国策持续"三生"路,美丽中国"四方"和);

开放(顺势战略共原则,高层开放同命运);

共享(有效制度四"共享",共富方向有"三感")。

通过各位"导游"的讲解,学生认识到五大发展理念是一个相互贯通、相互促进、内在联系的集合体。

(过渡)扬州园博会虽然已经落下帷幕,但精彩并未结束。下面,通过问卷调查,继续探究园博会对仪征发展的影响。

环节二:问卷调查觅良方

[教学情境]扬州世界园艺博览会对仪征当地居民影响的调查问卷。

1.你是本地居民吗?

A.是　　　　　　B.否

2.你对本次园博会满意吗?

A.非常满意　　　　B.比较满意　　　　C.不满意　　　　D.没关注

3.你认为园博会的举办给仪征带来哪些经济方面的影响?

A.增加本地居民就业

B.提高居民收入水平

C.加快仪征经济发展速度,促进仪征旅游业发展

D.带动长三角及周边地区经济发展

E.物价上涨,仪征本地居民生活成本增加

4.你认为园博会的举办给仪征带来哪些文化方面的影响?

A.提高仪征城市的品位与形象

B.增强仪征城市的国际知名度、关注度

C.增加本地居民的自豪感

D.丰富本地居民的文化活动

E.提高本地居民的文化素养

F.激发本地居民学习外语和外国文化的兴趣

G.干扰本地居民平静的生活

5.你认为园博会的举办给仪征带来哪些环境方面的影响?

A.城市绿化得到提升

B.公共基础设施得到改善

C.本地居民的环保意识增强

D.给本地的自然资源带来一定破坏

E.噪声增多

F.造成扰民等问题

G.带来交通拥堵

6.您希望仪征以后举办更多的全球性节事活动吗?

A.支持 　　　　B.反对 　　　　C.无所谓

7.如果有机会,你愿意成为一名志愿者吗?

A.愿意 　　　　B.不愿意

[学习任务]小组合作完成。

1.完成问卷调查1—5题。请具体说说园博会给我们生活带来什么变化?这些变化体现了什么样的发展理念和发展思想?

2.完成问卷调查6—7题。想一想:世界园艺博览会得以成功举办的因素有哪些?

[知识建构]

$$贯彻新发展理念 \xleftarrow[\text{贯彻}]{\text{基本原则}} 坚持以人民为中心$$

[设计意图]学生如数家珍般道出一桩桩民生事,可见扬州政府坚持创新、

协调、绿色、开放、共享的发展理念和以人民为中心的发展思想。结合材料,引导学生分析得出结论:扬州市政府从百姓的根本利益出发,满足人民对美好生活的需要,使诸多民生工程受益者是人民,使发展成果由人民共享。园博会的成功举办不仅离不开工作人员、中国共产党的正确领导、全体扬州人民的共同努力和支持。这再次印证了不论是园博会的举办还是新扬州的建设,都得依靠每一位扬州人民。

环节三:我是主人献计策

[教学情境]园博会遵循"开园期间有精彩,闭园之后能利用"的原则,签约3300亿世界级"狂野主题公园",打造集主题旅游、休闲度假、旅游购物和生态保护等于一体的超大型国际旅游度假区。

[学习任务]小组商议:请就如何利用园博会场馆设施提出两条合理建议。

[知识建构]

$$促进经济高质量发展\begin{cases}贯彻新发展理念\\坚持以人民为中心的发展思想\end{cases}$$

[设计意图]通过献计策环节,加深学生对于新发展理念的理解,提高学生作为小主人翁的参与度,提升公共参与、政治认同。同时,厚植爱家乡的情怀。

[教师寄语]时代的发展为我们提供了出彩的机会。我们受益于时代,也要回馈时代,肩负时代赋予的使命,建设富强、民主、文明、和谐、美丽的国家,建设创新、协调、绿色、开放、共享的扬州,让"琼花"开满扬州大地。

[板书设计]

$$坚持以人民为中心的发展思想\xLeftrightarrow[基本原则]{贯彻}新发展理念\begin{cases}创新\\协调\\绿色\\开放\\共享\end{cases}\quad(相互贯通,相互促进)$$

三、教学资源

1.人民网江苏:《江苏仪征——生态留白迎蝶变　"世园"花开枣林湾》。

2.大运河传媒:《眼前一亮! 世园会万花渐欲迷人眼》。

3.扬子晚报:《江苏休闲旅游农业精品展在扬州世园会国际馆开幕》。

4.海外网:《扬州世园会"闭幕不落幕""后园博"时代已然开启》。

"贯彻新发展理念"教学设计

苏　烨(福建省福州第二中学)

议题:如何贯彻新发展理念?

一、教学准备

1.教材分析

(1)本框地位:"贯彻新发展理念"是高中思想政治必修2《经济与社会》第二单元第三课"我国的经济发展"第一框内容。在大单元教学视角下,本单元"经济发展与社会进步"是对第一单元"生产资料所有制和经济体制"的承接,阐述我国经济发展和成果分享。本节课作为单元起始,起着重要的指引作用,既承接我国的经济背景,又为推动高质量发展等内容作铺垫。二者都是为了推动经济高质量发展提出的解决措施,起到承上启下的作用。

(2)内容分析:本框内容共安排两目。第一目"坚持以人民为中心的发展思想",从发展的根本目的、动力、趋向等角度,阐述发展为了人民、发展依靠人民、发展成果由人民共享这一内涵;第二目中,教材在每个理念之前都设置探究与分享、相关链接或名词点击,逐一分析创新、协调、绿色、开放、共享发展理念所解决的不同发展问题,说明各自地位、作用和如何贯彻落实。最后,阐述新发展理念的地位和五大发展理念的关系。

2.学情分析

(1)知识基础:在大中小学思政课一体化视角下,可以发现学生对于发展理念并不陌生,在九年级学习了创新、开放、共享发展的内涵和重要性,了解党和政府始终坚持以人民为中心的发展思想,为本节课学习奠定基础。但是,对于新发展理念的理解容易停留在教材中,对于更深层次的问题如"为什么要坚持新发展理念""新发展理念之间的联系""以人民为中心的发展思想与新发展理念的关系"等理解程度还较为浅显,容易受思维限制,导致思考具有片面性。因此,可以通过议题描述、论证、追问、延伸,深刻地理解新发展理念,认同以人民为中心的发展思想。

（2）认知能力：高一学生对经济生活有较为浓厚的兴趣，有一定的思维能力和较强的探究与表达愿望，为开展议题式教学和课堂展示提供了有利条件。但是，高一学生经济生活方面的实际经验有限，难以透过现象看本质。这就要求教师从学生认知范围中的感性材料出发，创设议学情境，引导学生通过一系列具体的社会现象、经济现象看到背后的经济学原理。

3.教学目标

（1）必备知识：了解以人民为中心的发展思想和创新、协调、绿色、开放、共享的新发展理念；理解贯彻新发展理念的具体措施，以及新发展理念是具有内在联系的集合体；分析发展原因，积极参与经济发展实践，实现知识的应用与迁移。

（2）关键能力：培养学生交流与合作能力、探究与建构能力、分析与综合能力和知识迁移能力。

（3）学科素养：认同要实现高质量发展，必须坚持新发展理念，坚定走中国特色社会主义道路的信念，培养政治认同、涵养科学精神；在知识的应用迁移中进一步落实公共参与素养。

（4）核心价值：坚持以人民为中心的发展思想，自觉投身经济社会发展实践，助力生活更加幸福美好。

4.教学重难点

（1）教学重点：新发展理念的内涵、重要性和要求，以人民为中心的发展思想。

（2）教学难点：五大发展理念的内涵、区分及联系，以人民为中心的发展思想与新发展理念的关系。

5.教学方法

（1）议题式教学法：本框以探究习近平在福建工作时的足迹为切入口，以"如何贯彻新发展理念"为议题，设置四个子议题推进教学，引导学生在具体情境中探究福建发展的奥秘，将坚持新发展理念的理论知识和实际应用相结合，达成学科核心素养培育目标。

（2）合作探究法：在教师指导下，学生以小组为单位，合作完成具有挑战性的学习任务，在探究中相互启发、形成观点，主动建构知识。

（3）角色体验法：组织站点考察，学生扮演考察员的角色，在角色体验中主动发现问题、思考问题、分析问题、解决问题。

6.教学结构

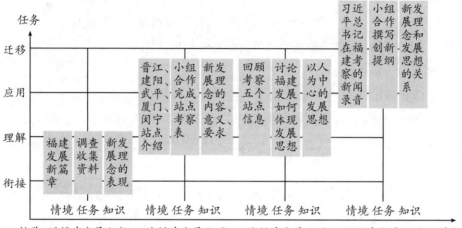

二、教学过程

（一）前置学习

教师确定以福建站点考察为主题的活动情境，根据学生实际情况将全班分为五组。学生通过小组合作进行课前调查，查找、整理体现福建发展新篇章的资料。

（二）课堂教学

导入：1985 年 6 月至 2002 年 10 月，习近平在福建工作了 17 年多，怀抱一颗赤子初心，走遍了八闽的山山水水，亲身经历了我们脚下这片土地上波澜壮阔、日新月异的改革开放和现代化建设进程，提出一系列极具思想性、战略性的创新理念，开展了许多极具前瞻性、引领性的创新实践。今天，老师邀请同学们乘坐"发展号"列车，成为小小考察员，寻习近平的福建足迹，探究新发展理念，感受闽山闽水物华新。

环节一：说福建发展之新

[教学情境]正如列车在八闽大地上驰骋，福建敢拼、敢干、敢创新，全省 GDP 总量从 1978 年全国第 23 位上升至 2021 年全国第 8 位，是中国经济发展最快、进步名次最多的省份。福建正在抢抓机遇谋发展，奋力谱写新篇章。

[学习任务]通过前置学习,派小组代表展示体现福建发展新篇章的资料。

[知识建构]根据学生小组合作收集的答案,补充展示下表。

表1　福建省9个城市发展成就

序号	城市	发展成就
1	南平市	全国首个获批"自然资源领域生态产品价值实现机制试点"的地级市
2	三明市	沙县小吃从走出山门到走向世界,医改经验在全国推广
3	龙岩市	"长汀水土流失综合治理与生态修复实践"治理经验入选COP15生态修复典型案例
4	漳州市	蝉联"全国文明城市"荣誉称号
5	宁德市	下党乡摆脱贫困,成为向世界展示减贫事业中国智慧、中国方案的一个重要窗口
6	福州市	全国首座公铁两用跨海大桥——平潭海峡公铁大桥
7	莆田市	从"水患之河"到"幸福之河",木兰溪实现绿色之变
8	泉州市	晋江诞生安踏、鸿星尔克、361度、匹克、七匹狼、盼盼等优秀品牌
9	厦门市	国家综合配套改革试验区、自由贸易试验区、国家海洋经济发展示范区等

[设计意图]思政课作为活动型学科课程,社会调查是进行课外活动的重要方式之一。围绕"福建发展"这一问题开展社会实践,在收集资料过程中,能够让学生更直观地体会到福建发展的新篇章,衔接已有知识基础。

环节二:探福建发展之因

[教学情境]闽山闽水物华新。今天,让我们跟随"发展号"列车的前进方向,追寻习近平的足迹,前往五个站点进行考察,探究福建发展的原因。请各位小小考察员做好相关信息的记录。

◎欢迎来到本次考察的第一站:创新晋江站

晋江市地处福建东南沿海,改革开放后从组织闲房、闲资、闲散劳动力创业起步,走出一条"以市场经济为主、外向型经济为主、股份合作制为主,多种经济成分共同发展"的经济发展道路,实现了从落后贫困县到"全国十强县(市)"的历史跨越。习近平在福建工作期间,6年"七下晋江"调研,总结提出"晋江经验"。创新是引领发展的第一动力,"晋江经验"的重要一条就是科技创新。

冠军龙服、"冰上鲨鱼皮"、龙纹战袍……奥运会上的服装品牌主角是位于晋江市的企业安踏。安踏始终践行"晋江经验",建立运动科学实验室,以国际水准的产品科技创新,在北京冬奥会的 15 大赛项中,为 12 支中国运动队打造专业比赛装备。

◎"晋江经验"历久弥新、山海协作、联动发展,欢迎考察员们来到第二站:协调建阳站

1986 年,时任厦门市委常委、副市长的习近平到建阳签署《厦门市建阳地区开展横向经济联合协议书》。福州、莆田、三明、宁德、建阳五个地市领导在闽北山城建阳确立"五地市横向经济联合机制"。1990 年,"闽东北五地市协作区"应运而生。1994 年,厦门、漳州、泉州、龙岩、三明五市自愿结成"闽西南五市协作区",进行城市间深度融合,推动地市、企业、城乡之间经济协调发展。

"闽在海中,其西北有山。"福建存在山区与沿海的发展差距,影响全省经济协调发展。习近平同志亲力亲为推动山海协作,成立全省山海协作联席会议制度并担任召集人,建立全省山海协作对口帮扶制度,开创了"山海协作、联动发展"新局面。山海协作成为福建经济社会快速发展的重要推动力。

◎山海同脉,携手共赢。生态福建,绿色武平欢迎您。我们来到第三站:绿色武平站

武平被誉为"林改第一县"。2002 年,时任福建省省长的习近平到武平县捷文村调研,提出"集体林权制度改革要像家庭联产承包责任制那样,从山下转向山上"。集体林权制度改革从武平发源,星星之火,终成燎原之势。2008 年,全国集体林权制度改革全面启动,让中国 1 亿多林农林权明晰到户,实现"山定权、树定根、人定心",让"绿水青山就是金山银山""不砍树也能致富"的理念深入人心。

2021 年,习近平在福建考察时说:"绿色是福建一张亮丽名片。要接续努力,让绿水青山永远成为福建的骄傲。"作为首个国家生态文明试验区,福建省生态环境质量保持全优、领先全国,全省森林覆盖率达 66.8%,连续 43 年保持全国首位。

◎八闽绿意浓,绿色新名片。"9·8"投洽会,奏响新发展,欢迎考察员们来到第四站:开放厦门站

中国国际投资贸易洽谈会(简称"投洽会")于每年 9 月 8 日至 11 日在中国厦门举办。投洽会是中国目前唯一以促进双向投资为目的的国际投资促进活

动,是通过国际展览业协会认证的全球规模最大的投资性展览会。投洽会的前身是由厦门市领导班子始创的闽南三角区外商投资贸易洽谈会。习近平说:"厦门,寓意'大厦之门',我们也可以把它理解为对外开放之门,衷心希望把这个对外开放之门建设得更快些更好些。"2001 年,时任福建省省长的习近平在"9·8"投洽会接受中外记者采访时,谈到"对外开放兴,福建兴;对外开放步伐加快,福建兴旺繁荣的机会越大",至今仍深深激励着福建人民。

◎厦庇五洲客,门纳万顷涛。走进闽宁镇,打卡山海情,欢迎考察员们来到第五站:共享闽宁站

1996 年,中央确定福建对口帮扶宁夏,时任福建省委副书记的习近平担任福建对口帮扶宁夏领导小组组长。1997 年,习近平在充分调研基础上,提出实施"移民吊庄"工程,从根本上解决了"一方水土养活不了一方人"的问题,亲自命名和推动建设闽宁村。(播放视频"习近平讲述的故事|闽宁镇:携手共圆小康梦")

20 年多来,闽宁两省区对口扶贫协作结出累累硕果。福建累计无偿援助资金十多亿元,30 多个条件最好的县(市、区)轮流与宁夏 9 个贫困县(区)结对,始终遵循"优势互补、互惠互利、长期协作、共同发展"的方针,做到"宁夏所需、福建所能"。2020 年,中央宣传部授予闽宁对口扶贫协作援宁群体"时代楷模"称号;2021 年,宁夏回族自治区永宁县闽宁镇获得"全国脱贫攻坚楷模"荣誉称号。

[学习任务]福建是习近平新时代中国特色社会主义思想的重要孕育地和实践地。理念是行动的先导,闽山闽水之"新","新"在发展理念。请根据教材第 34—38 页,结合考察的城市,组内商议并填写课前所发的站点考察表,每个小组选派一名同学担当站点讲解员。

表 2　站点考察表

	站点关键信息	发展侧重点	重要性
创新晋江站			
协调建阳站			
绿色武平站			
开放厦门站			
共享闽宁站			

[知识建构]

表3　站点信息

	站点关键信息	发展侧重点	重要性
创新晋江站	"晋江经验"推动安踏等民营企业创新发展,安踏成为奥运会的品牌主角	创新发展注重解决发展动力问题	发展动力决定发展速度、效能、可持续性,创新是引领发展的第一动力
协调建阳站	山海协作,建设闽东北、闽西南协同发展区,实现联动发展	协调发展注重解决发展不平衡问题	协调发展是持续健康发展的内在要求,是发展平衡和不平衡的统一
绿色武平站	武平集体林权制度改革点亮绿色福建,体现"绿水青山就是金山银山"	绿色发展注重解决人与自然和谐共生问题	绿色发展是永续发展的必要条件和人民对美好生活追求的重要体现
开放厦门站	中国国际投资贸易洽谈会开启厦门对外开放之门,对外开放兴,福建兴	开放发展注重解决发展内外联动问题	开放是国家繁荣发展的必由之路
共享闽宁站	闽宁对口扶贫协作,共谱山海情,闽宁镇荣获"全国脱贫攻坚楷模"荣誉称号	共享发展注重解决社会公平正义问题	广大人民共享改革发展成果是社会主义的本质要求;共享发展是我们党全心全意为人民服务根本宗旨的重要体现

[设计意图]晋江、建阳、武平、厦门、闽宁是福建新发展的象征,通过形式新颖的站点考察活动,激发学生的探究热情,实现课程内容活动化;借助展示每个站点的关键信息,学生对点连接新发展理念,归纳、梳理、理解贯彻新发展理念的侧重点和重要性;学生担当站点讲解员,在"讲"中"学",针对不同站点有效分析、灵活运用,学习贯彻新发展理念的具体要求,增强知识迁移的高效性;通过该议题的探究和论证,能够培育学生透过现象看本质的能力,增强学生对新发展理念的认同感,涵养学科核心素养。

环节三:溯福建发展之源

[教学情境]提供五个站点考察的信息,追问为何能够实现发展。

晋江站:外来常住人口是晋江工业化、城镇化、现代化建设的主力军,是晋江发展的力量源泉。晋江稳步推进外来人口市民化,以产聚人兴城,以城留人促产,实现"产城人"融合发展。

建阳站:为了缩小山海发展差距,解决发展不平衡不充分问题,习近平推动山海协作,建立全省山海协作对口帮扶制度。

厦门站:2022年,第二十二届投洽会以"全球发展:共享数字机遇,投资绿色未来"为主题,释放中国投资好声音。中国与各国共享发展机遇,促进全球发展和互利共赢。

武平站:面对林业改革难题,习近平做到"民有所呼,我有所应",实行集体林权制度,实现了生态美、百姓富有机统一。

闽宁站:闽宁扶贫协作25年,西海固地区经济总量增长20多倍、财政收入增长近70倍、农村居民收入增长12.4倍,向实现共同富裕目标迈进。

[学习任务]回顾站点考察,小组讨论,从新发展思想角度思考福建发展是如何体现以人民为中心的发展思想的。每个小组选派一位同学进行归纳总结。

[知识建构]

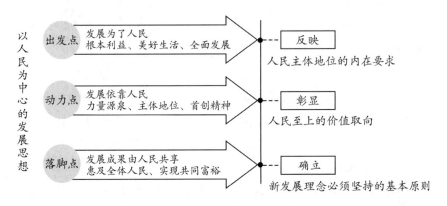

[设计意图]采用"一案到底"方法,把以人民为中心的发展思想贯穿五个站点的考察之中。通过回顾考察的形式,对五个站点进行分析,梳理学科知识,透过现象看本质,用学科语言阐述和论证促进福建发展的原因,领悟新发展理念的优越性,增强教学的整体性。

环节四:延福建发展之路

[教学情境]播放习近平2021年3月在福建考察时的新闻录音。

习近平2021年3月在福建考察时强调:"要落实党中央决策部署,坚持稳中求进工作总基调,立足新发展阶段、贯彻新发展理念、构建新发展格局,深化供给侧结构性改革,扩大改革开放,推动科技创新,统筹疫情防控和经济社会发展,统筹发展和安全,在加快建设现代化经济体系上取得更大进步,在服务和融入新发展格局上展现更大作为,在探索海峡两岸融合发展新路上迈出更大步伐,在创造高品质生活上实现更大突破,奋力谱写全面建设社会主义现代化国家福建篇章。"

福建的发展离不开新发展理念,以人民为中心的发展思想是新发展理念必须遵循的基本原则。新发展理念五个方面相互贯通、相互促进,是具有内在联系的集合体,要统一贯彻,不能顾此失彼,也不能相互替代。

[学习任务]听音频,小组合作从促进福建新发展角度写一份创新提纲,可投稿至福建省人民政府门户网站,为福建新发展建言献策。要求:①观点明确,紧扣主题,利用充分,合乎逻辑;②综合运用所学思想政治学科知识加以阐述;③学科术语使用规范,字数不限。

[知识建构]

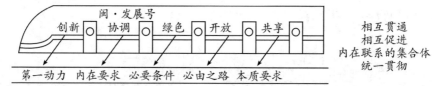

[设计意图]走出教室小课堂,迈入社会大课堂,助力福建新发展,搭建文本与生活联系的桥梁,做到理论与实践相结合。撰写创新提纲,用新发展理念解决生活中的实际问题,让学生思考新发展理念五个方面之间的关系,思考自身在创造更美好生活、推动经济社会发展过程中的责任和使命,实现公共参与素养立意与议题主线相结合。

(结语)"挽住云河洗天青,闽山闽水物华新。"福建的"发展号"列车驶向前方。本节课,我们跟随习近平的福建足迹,探寻新发展理念,学习以人民为中心的发展思想。作为福建青年,生活在八闽大地,要继续沿着习近平在福建留下的足迹,用双脚丈量土地,以脚踏实地、严谨务实的态度书写奋斗新篇章,创造发展新奇迹,展望福建新未来!

[板书设计]

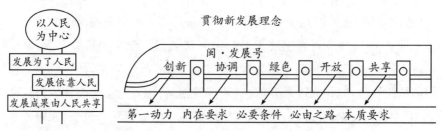

三、教学资源

1.习近平:《全党必须完整、准确、全面贯彻新发展理念》。

2.本书编写组:《闽山闽水物华新——习近平福建足迹》。

3.胡熠:《武平:全国林改第一县的乡村振兴之路》。

4.樊前锋:《闽宁镇记事》。

5.金建萍:《坚持以人民为中心的发展思想研究》。

"贯彻新发展理念"教学设计

张东立(河南省新乡市平原外国语学校)

议题：为什么发展必须以人民为中心？

一、课前准备

1.教材分析

(1)本框地位：本框内容是新时代我国经济层面的宏观蓝图,对我国经济发展具有指导意义;是对我国基本经济制度的深化,是新时代经济发展的指挥棒。学习本框内容有利于学生认同以人民为中心的发展思想和创新、协调、绿色、开放、共享的发展理念,增强学生关心国家发展、践行新发展理念的热情,推动经济高质量发展。

(2)内容分析：本框内容阐释指导我国经济社会发展的新理念,树立以人民为中心的发展思想。涉及的主要问题有:什么是以人民为中心的发展思想？为什么要坚持以人民为中心的发展思想？新发展理念"新"在何处？通过对这些问题的探究,理解坚持以人民为中心的发展思想和新发展理念的重要性。本框下设两目:

第一目"坚持以人民为中心的发展思想",是贯彻新发展理念的原则。教材通过经济发展与民生福祉关系的探究,对以人民为中心的发展思想,从"发展为了谁、依靠谁、谁共享"出发进行科学回答。结合小凡与家人对美好生活的畅想,指出新时代我国需要着力解决发展不平衡不充分的问题,以满足人民日益增长的美好生活需要。

第二目"坚持创新、协调、绿色、开放、共享发展",是"以人民为中心的发展思想"的体现。教材通过《探究与分享》《名词点击》《相关链接》等栏目,分别分析了创新、协调、绿色、开放、共享发展理念所解决的不同问题、各自地位作用、贯彻落实等。

2.学情分析

(1)知识基础:通过初中道德与法治课、必修 1《中国特色社会主义》相关内容的学习,学生对我国进入新时代、经济发展进入新常态的知识有一定了解,对本框内容有深入学习的可能性。大多数学生对"以人民为中心的发展思想""贯彻新发展理念"等知识缺乏系统认识,不清楚两者之间的内在联系;对"以人民为中心的发展思想"的内涵、要求,以及"贯彻新发展理念"的内容、重要性、实践要求,没有清晰的认知。

(2)认知能力:学生对于社会发展有敏锐的认知、强烈的表现欲,但缺乏鲜明的分析视角和系统的分析能力。学生作为未来社会的主人,需要加强对本地重大经济举措的分析和理解。

3.教学目标

(1)必备知识:了解党和国家始终把确保人民群众生命安全和身体健康放在第一位的基本事实,理解我国为什么坚持以人民为中心的发展思想,理解贯彻新发展理念的意义和实践要求,用新发展理念分析和论证本地经济举措,并积极参与本地经济发展。

(2)关键能力:培养学生交流合作、批判、创新能力,培养辨识与判断、分析与综合、推理与论证、探究与建构的能力。

(3)学科素养:培育学生拥护党的指导思想、方针政策和肩负实现中华民族伟大复兴中国梦时代重任的政治认同,培育科学认知与求真务实、正确价值判断和行为选择的科学精神,培育勇于承担社会责任、参与现代化建设的公共参与素养。

(4)核心价值:帮助学生成为具有坚定政治方向、正确价值判断和行为选择、主动承担社会责任的社会主义建设者和接班人。

4.教学重难点

(1)教学重点:以人民为中心的发展思想、新发展理念。

(2)教学难点:以人民为中心的发展思想与新发展理念的关系。

5.教学方法

议题式教学法、情境教学法。

6.教学结构

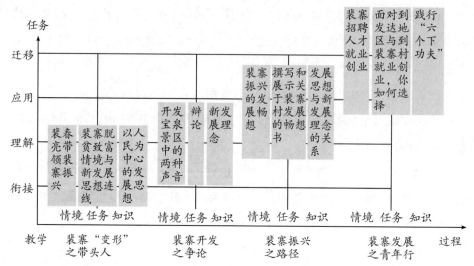

二、教学过程

(一)前置学习

学生搜索并观看《二十大代表风采:裴春亮》《裴寨村"变形记"》视频。

(二)课堂教学

导入:今天,我们共同领略一位党的二十大代表的风采——河南省新乡市辉县裴寨村党支部书记裴春亮的乡村奋斗记。

地处太行山丘陵地带的裴寨村土薄石厚、干旱少雨,曾是省级贫困村,"吃水要过罗,红薯当白馍,光棍排成队,冬天不穿鞋"是其真实写照。

在裴春亮带领下,裴寨村实现了从省级贫困村到全国文明村的华丽转身,人均年收入由 2005 年不足千元增长到 2022 年两万多元,村民们过上了好日子。

环节一:裴寨"变形"之带头人

[教学情境]裴春亮带领裴寨振兴。

乡亲们评价裴春亮"心很大,干的都是别人不敢想的大事儿;心也很细,村里大小事儿他一摸清"。为改善村民居住条件,他捐资 3000 万元建裴寨新村,捐资 8000 万元建宝泉花园社区;为结束当地群众种地靠天收的历史,他先后出资 900 多万元为村民打深水井、修建引水灌溉工程,投资 131 亿建抽水蓄能电站;为让村民共同致富,裴春亮让村民家家入股,筹资 5 亿元创建了多元产业并存的春江集团,让裴寨村实现了"人人有活干、家家有钱赚、户户是股东"的致富梦。他带领乡亲拆除老村复垦土地 600 亩,兴建了 750 余座钢架地温大棚、玻璃日光温室,成立蔬菜花卉种植专业合作社,带动 350 余户 1250 多名群众发展高效农业,使每亩土地年收益从五六百元提升到五六万元,甚至达到十多万元;捐资 2000 万元建服装产业园,让村民在家门口就业……每一项都是民生工程。他给老人们购买自带放大镜的指甲剪,给家家户户订制"裴寨一家人"竹筷子,给考上大学的孩子发"奖励红包",逢年过节给困难村民买衣服、送米送面,给 90 岁以上老人发"敬老红包"……

裴春亮说:"作为一名共产党员,关键时候就应该站得出来、豁得出去,为党和人民尽好责,为乡亲们遮风挡雨。"

[学习任务]同桌交流:将裴寨村脱贫致富情境片段与以人民为中心的发展思想相关知识进行连线。

[知识建构]以人民为中心的发展思想。从发展的根本目的、过程、结果三个维度分析以人民为中心的发展思想,做到"为了人民,满足人民对美好生活的需要;依靠人民,实现共同富裕;人民共享,实现共同富裕"。

[设计意图]通过知识与情境关联,理解以人民为中心的发展思想,提高学生的政治认同。

环节二:裴寨开发之争论

[教学情境]裴寨村开发宝泉景区过程中出现两种声音——建筑材料是用挖掘机修路运上山,还是用马驮上山。

裴春亮说:"亲帮亲、邻帮邻,大山里都是一家人。"看到东寨、西沟等村子发展慢,裴春亮筹资 5 亿元开发了宝泉旅游度假区,助力乡村振兴。他们开发建设的河南宝泉景区,以带动地方经济、盘活旅游资产、有利生态保护为目标,打造"新旅游、新山水、新生活、新宝泉"。现在的宝泉景区春有郁金香踏青赏花节,夏有泼水狂欢节,秋有秋趣潮玩节,冬有冰雪节,一年四季游客如织。景区的年游客量最高达到 300 万,年综合收入达到 1.5 亿元,真正实现了让绿水青山成为带动乡亲们增收致富的金山银山。但是,在开发景区过程中出现了两种不同的声音。

用挖掘机修路,具有经济价值:所需建筑材料运到山下后,用外地来的马将其驮到山上。租一匹马一天 800 元,租 20 匹马一天就是 16 000 元。不如用挖掘机修路,十天半个月就修好了。

不用挖掘机修路,具有生态价值:用挖掘机修路,虽然十天半个月就能修好,但是会对生态造成破坏。尽管代价大点,但我感觉值。如果我们不讲科学,胡乱开路,破坏了生态,那游客来看什么?

[学习任务]组际辩论:请从创新、绿色、共享角度,针对宝泉景区开发过程中的两种声音展开辩论。

[知识建构]新发展理念。

支持"用挖掘机修路,具有经济价值"的理由:第一,发展必须以人民为中心。用挖掘机修路,虽然省时省力,但会破坏生态环境,没有坚持以人民为中心。第二,必须坚持创新发展,注重发展的动力问题,创新是发展的第一动力,景区的不合理开发能带来短期的经济价值,但会影响当地的生态价值。第三,以人民为中心的发展必须坚持共享发展,解决社会公平正义问题。如果用挖掘机修路,就不能解决发展过程中不平衡不充分问题,无法体现共享发展。

支持"不用挖掘机修路,具有生态价值"的理由:第一,以人民为中心发展,必须坚持绿色发展,遵循自然规律。尊重、顺应和保护自然,注重人与自然和谐共生,在青山绿水中间实现中国梦。第二,以人民为中心发展,必须坚持共享发展,解决社会公平正义问题。宝泉景区的开发,使人们在共建共享中提高了获得感、幸福感和安全感。第三,发展必须以人民为中心,是中国特色社会主义的本质特征。宝泉景区的开发有利于提高当地人民的生活水平,缩小与发达地区的区域差距,实现共同富裕。

[设计意图]通过"独立思考—讨论合作—组间辩论"等环节,促进学生深度学习,提高学生批判思维与团队协作能力。

环节三:裴寨振兴之路径

[教学情境]裴寨振兴的发展畅想。

目前,裴寨村正在实施第四个五年规划,围绕乡村振兴量身定制了10项目标任务:规划建设占地2000亩的裴寨乡村振兴产业园,打造从育苗、种植、采收到加工、销售一条龙的红薯产业链;规划200亩的裴寨智慧农业示范园;整村推进屋顶光伏项目,建成后,每年可发电350多万度,给村集体增加近200万元的经济收入;发展跨境电商产业,积极推进"品牌化输出+农村电商+农业产业化+乡村振兴"的发展战略,重点打造以裴寨村品牌为引领的农产品品牌,推动农产品电商发展……

裴春亮说:"我们就是要依托大产业、大项目,带动太行山区15万群众走好共同富裕之路,让农业强起来、农村美起来、农民富起来。"

裴春亮带领裴寨村走一步看两步,心中想着第三步、第四步,一步步走在乡村振兴的宽广大道上。

[学习任务]小组合作:撰写一份关于裴寨村发展的畅想书并交流、展示。

[知识建构]以人民为中心的发展思想与新发展理念的关系。

第一,创新。在遵循规律基础上,实现乡村振兴。

第二,协调。裴寨村位于不发达地区,借助"一带一路"的发展机遇,推进新型工业化、信息化、城镇化和农业现代化同步发展,缩小城乡差距、区域差距、收入分配差距。

第三,绿色。推进绿色发展,推动人与自然和谐共生。

第四,开放。通过共建"一带一路",实现内外联动发展,在共商共建共享原则基础上共同发展。

第五,共享。让人民在经济发展基础上共享发展成果,提高获得感、幸福感、安全感,实现共同富裕。

发展必须坚持以人民为中心,在新发展理念指导下改善民生。新发展理念是具有内在联系的整体,在乡村振兴过程中,必须把五大发展理念相互贯通。

[设计意图]让学生在团队合作中设计畅想书,在议题情境中提炼信息,在讨论、合作中迁移和应用以人民为中心的发展思想和新发展理念有关知识,形成政治认同。

环节四:裴寨发展之青年行

[教学情境]裴寨招聘人才,实现就业创业。

[学习任务]个人分享:为了吸引更多的人才返乡就业创业,裴寨准备招聘各方面的人才,你会应聘吗? 面对去发达地区就业创业或是到乡村就业创业,你会如何选择? 请阐明理由。

[知识建构]习近平提出的人才培养工作要遵循的"六个下功夫"。

第一,坚定理想信念,以实现中华民族伟大复兴为己任。第二,厚植爱国情怀,听党话、跟党走,服务人民,奉献祖国。第三,加强品德修养,拥有良好的个人品德、家庭美德、社会公德、职业道德。第四,增长知识见识,努力学习,不负时代、不负韶华、不负党和人民的期待。第五,培养奋斗精神,敢于不懈奋斗。第六,培养综合素质,拥有创新思维、职业精神、劳动观念、健康体魄、健全人格。

[设计意图]对于高中生来说,"未来想成为怎样的人"是人生规划,彰显思想政治学科特有的育人价值。坚持素养立意,并回归本课议题"发展必须以人

民为中心",将学科核心素养与议题主线有效结合,帮助学生践行和弘扬社会主义核心价值,把个人与社会、小我与大我、青春梦与中国梦相结合。

(结束语)如果信仰有颜色,那一定是中国红;如果梦想有颜色,那一定是乡村绿。裴春亮不仅自己回来了,还影响带动了一批年轻人回乡创业,成为守望太行、建设乡村的新一代! 只有始终坚持以人民为中心,坚持新发展理念,才能实现经济高质量发展、人民高品质生活!

[板书设计]

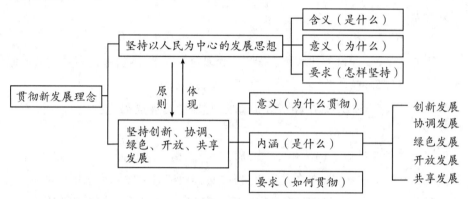

三、教学资源

1.新华网:《二十大代表风采:裴春亮》。

2.大河网:《乡村振兴篇:裴寨村"变形记"》。

3.央视网:《因地制宜 老区精神助力乡村振兴》。

"贯彻新发展理念"教学设计

周　芳(昆明理工大学附属中学)

议题:如何坚持以人民为中心的发展思想与贯彻新发展理念?

一、教学准备

1.教材分析

(1)本框地位:"贯彻新发展理念"是《经济与社会》第二单元第三课第一框,是第二单元的开篇,奠定第二单元的中心主线:以人民为中心。本框内容是对生产资料所有制和市场经济体制的深化。学习本框内容有利于学生理解以人民为中心的发展思想,认同创新、协调、绿色、开放、共享的新发展理念,增强关心国家发展、践行新发展理念的热情,推动经济高质量发展。

(2)本框内容:本框下设两目,分别是"坚持以人民为中心的发展思想"和"坚持创新、协调、绿色、开放、共享发展"。第一目通过探究经济发展与民生福祉关系,从发展的根本目的、动力和趋向等角度对以人民为中心的发展思想进行科学回答。结合小凡与家人对美好生活的讨论,指出进入新时代,我国要着力解决发展不平衡不充分的问题,以更好地满足人民日益增长的美好生活需要。第二目是对以人民为中心的发展思想的具化。教材通过《探究与分享》《名词点击》《相关链接》等栏目,图文并茂,逐一分析创新、协调、绿色、开放、共享发展理念所解决的不同发展问题,以及各自地位作用和如何贯彻落实。

2.学情分析

(1)知识基础:学生在初中道德与法治课中学习过我国的基本经济制度、党和政府坚持以人民为中心的发展思想和新发展理念等相关内容。在第一单元学习时,学生再一次深入地认识我国的基本经济制度,对本框的学习具有一定知识基础,具有继续深入学习的可能性。

(2)认知能力:基于学生思维习惯、对学科的喜欢程度和所能承受的考试压力,高一学生需要的课堂是活动而开放的。本框采用议题式教学,可以激发学生兴趣,培养学生思维习惯。学生有一定知识基础,能结合具体的案例深入剖析贯彻新发展理念的现实依据和意义,领悟新发展理念和以人民为中心的发展思想的内在联系,坚持新发展理念。同时,结合社会生活经验,关注观察社会问题,学以致用,理论联系实际,提出可行性意见和建议。

3.教学目标

(1)必备知识:正确认识以人民为中心的发展思想的基本内涵和重要意义,理解贯彻新发展理念的必要性和重要性,阐述新发展理念的实践要求。

(2)关键能力:能够结合所学知识辩证地观察、分析问题;能够通过查阅资料、调查采访等方式,培养社会实践能力。

(3)学科素养:感悟以人民为中心的发展思想,提升政治认同;辩证科学地分析贯彻新发展理念的必要性和重要性,提升科学精神和公共参与素养。

(4)核心价值:引导学生关注家乡发展,积极为家乡建设建言献策,用自身行动践行以人民为中心的发展思想、贯彻新发展理念。

4.教学重难点

(1)教学重点:理解和把握坚持以人民为中心的发展思想,贯彻创新、协调、绿色、开放、共享的发展理念。

(2)教学难点:如何从整体上把握五大发展理念内在联系,理解以人民为中心的发展思想和新发展理念的内在联系。

5.教学方法

议题式教学法、社会实践教学法。

6.教学结构

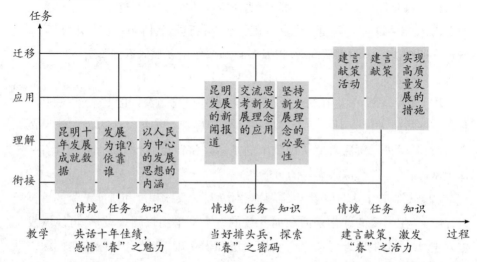

二、教学过程

(一)前置学习

[学生活动]

1.利用网络资源和图书资源,围绕"经济建设、政治建设、文化建设、社会建设、生态文明建设"总体布局,查阅昆明2012—2022年发展历程,了解昆明发展成就。

2.调查或采访身边的人,关注身边事,初步了解昆明发展给人民带来的获得感、幸福感。

3.实地了解昆明滇池治理现状,思考环滇经济发展与生态文明建设、人民幸福生活的发展方向。

(二)课堂教学

导入:"云南这十年"系列新闻发布会昆明专场视频。提问:共筑魅力春城,如何坚持以人民为中心的发展思想,贯彻新发展理念?

环节一:共话十年佳绩,感悟"春"之魅力

[教学情境]昆明十年发展成就部分数据。

争先进位:贯彻新发展理念、推动高质量发展,不断厚植发展优势,经济总量在全国省会城市中实现了争先进位。昆明经济总量从2012年的3051.62亿元增加至2021年的7222.5亿元。

城乡新貌:深入实施区域协调发展战略和新型城镇化战略,统筹推进城市品质提升和乡村振兴,使城乡面貌焕发新颜。

绿色发展:深入贯彻落实习近平生态文明思想,坚持生态优先、绿色发展,着力打好蓝天、碧水、净土保卫战,生态环境质量持续提升。今天的昆明天更蓝、山更绿、水更清、环境更优美,"春城绿""昆明蓝""四季花"成为昆明最靓丽的名片。

全面小康:紧紧围绕与全省、全国同步实现全面小康的目标,全力保障和改善民生,让群众的获得感更足。

[学习任务]

1.小组调查:课前分小组采访身边的居民,调查昆明居民的获得感、幸福感和满意度,收集昆明2012至2022年发展成就相关数据。分小组展示调查成果,可以是视频或者问卷数据分析。

2.同桌交流:昆明十年发展佳绩都有谁的贡献?发展为了谁、依靠谁?

[答案提示]昆明居民的获得感、幸福感和满意度逐年上升,昆明十年发展交出了一份满意的答卷。这份佳绩的取得离不开中国共产党的领导,彰显了社

会主义制度的显著优势,是全体人民共同努力的结晶。

坚持以人民为中心的发展思想,要维护人民根本利益,增进民生福祉,不断实现发展为了人民、发展依靠人民、发展成果由人民共享,让现代化建设成果更多更公平惠及全体人员。

[知识建构]

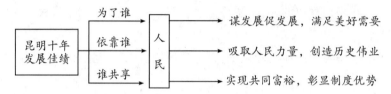

[设计意图]"坚持以人民为中心的发展思想"相关内容学习难度较低,学生可以运用所学政治知识并结合社会实践成果加以分析,提升学生跨学科学习、整合、运用知识的能力。通过问卷调查和访谈及查阅资料,体现党和政府始终坚持以人民为中心的发展思想,让学生更加深刻地认同以人民为中心的发展思想的内涵,更加坚定和认同党的领导,拥护党和政府。

环节二:当好排头兵,探索"春"之密码

[教学情境1]生态优先理念深入人心,绿色发展成为"时代之选":2021年5月以来,昆明在滇池沿岸违规违建整治上下了大功夫、真功夫,使滇池沿岸的整体面貌得到很大改观。2022年1月至7月,滇池全湖水质保持Ⅳ类。在坚持生态优先的前提下推动滇池沿岸绿色发展:一是打造滇池沿岸大生态、大湿地、大景区;二是建设具有云南特色、春城特点的公园城市;三是跳出滇池流域优化调整城市发展布局。坚决守住"环境质量只能更好、不能变差、不能退步"的底线,坚决守住"不能让优美的生态环境变成一些有钱人'私产'"的底线,还湖于民、造福于民。

[教学情境2]思路一变天地宽,通江达海沿边开新局:2021年12月3日,中老铁路正式通车,从昆明到老挝万象的物流时间由原来的30小时缩短至10小时,运输成本降低30%左右,实现朝发夕至。由昆明市托管西双版纳州磨憨镇,共同建设国际口岸城市,一子落而满盘活。接管磨憨镇,把昆明南向发展的棋局走活了,昆明的区位优势更加彰显,新发展格局正在构建,昆明找到了面向23亿人口大市场的发展支点。外部打通黄金通道,内部打破发展壁垒,为昆明的区域协同联动发展注入强大动力。

[学习任务]

1.小组讨论:分析昆明贯彻新发展理念的现实依据和意义,并完成下表。

表1　昆明贯彻新发展理念举措及解读

新发展理念	现实依据	现实意义	解决重点
示例:中老铁路正式通车,昆明市托管西双版纳州磨憨镇,共同建设国际口岸城市,体现开放发展理念	老挝是我国"一带一路"建设合作的国家之一,与中国交好。中挝交通互联,打通国际国内两个市场,顺应当今世界和平与发展的主题,顺应经济全球化趋势	一方面,将极大地带动老挝经济社会发展,提高当地运输效率和水平,并为老挝创造大量就业机会;另一方面,将为中国西南地区经济发展注入新的动力	解决发展内外联动问题

2.个人思考:以人民为中心的发展思想和新发展理念的内在联系是什么?

[答案提示]学习任务1答案见下表。

表2　昆明贯彻新发展理念举措示例

新发展理念	现实依据	现实意义	解决重点
中老铁路正式通车,昆明市托管西双版纳州磨憨镇,共同建设国际口岸城市,体现开放发展理念	老挝是我国"一带一路"建设合作的国家之一,与中国交好。中挝交通互联,打通国际国内两个市场,顺应当今世界和平与发展的主题,顺应经济全球化趋势	一方面,将极大地带动老挝经济社会发展,提高当地运输效率和水平,并为老挝创造大量就业机会;另一方面,将为中国西南地区经济发展注入新的动力	解决发展内外联动问题
坚持生态优先的前提下,推动滇池沿岸绿色发展,体现绿色发展理念	围湖造田、滇池沿岸过度开发、无序开发等人为原因导致滇池生态破坏严重,影响居住环境、经济发展等;贯彻"双山"理论	让群众共享生态红利,让群众更加自觉地拥护习近平生态文明思想,更加自觉地践行"两山"理论	解决人与自然和谐共生的问题
建设具有云南特色、春城特点的公园城市;跳出滇池流域优化调整城市发展布局,体现创新发展理念	滇池保护治理是昆明市生态文明建设头号工程和最大的民生工程。实行绿色可持续创新战略,改善环境质量的同时,不断实现创新经济效益	创新滇池治理模式,处理好经济发展与生态环境保护的关系,推动环滇经济健康发展	解决发展动力问题

外部打通黄金通道,内部打破发展壁垒,为昆明的区域协同联动发展注入强大动力,体现协调发展理念	共同建设国际口岸城市是基于服务和融入国家发展战略、促进区域协调发展做出的战略部署和重大决策。昆明市统筹跨区域产业协调发展,打破产业发展壁垒	促进城乡协调发展、经济社会协调发展,促进新型工业化、信息化、城镇化、农业现代化同步发展	解决发展不平衡问题
坚决守住"不能让优美的生态环境变成一些有钱人'私产'"的底线,还湖于民、造福于民。体现共享发展理念	坚持湖泊的公共性、公益性、开放性,不能将公共生态资源私有化	让人民群众切实感受到经济发展带来的经济效益,将良好生态环境作为最普惠的民生福祉,共享发展成果	解决社会公平正义问题

[教师总结]坚持创新、协调、绿色、开放、共享的发展理念。新发展理念是以人民为中心的发展思想的集中体现。落实以人民为中心的发展思想,必须在实践中贯彻新发展理念。五大发展理念是一个具有内在联系的集合体,相互贯通、相互促进,要统一贯彻,不能顾此失彼,更不能相互替代。

[知识建构]

[设计意图]通过昆明发展中的具体案例,帮助学生深刻理解新发展理念的丰富内涵及意义价值。在合作探究过程中,学生集思广益,理论联系实际,从现实角度思考贯彻新发展理念的必要性,以及落实新发展理念带来的显著效益,从而更加深刻地理解新发展理念,认同和践行新发展理念。

环节三:建言献策,激发"春"之活力

[教学情境]为者常成,行者常至。目前,昆明市正热火朝天地开展"当好排头兵"大讨论大竞赛活动。"我为昆明发展献良策"意见征集活动正式启动,围绕昆明产业强省建设、一流营商环境建设、创新发展和改革开放、城市建设管理、坚持人民至上和增进民生福祉五个方面,提出具体的意见建议和对策措施,

为昆明当好全省排头兵、实现高质量发展建言献策。

[学习任务]小组合作:结合生活经验,围绕昆明在产业强省建设、一流营商环境建设、创新发展和改革开放、城市建设管理、坚持人民至上和增进民生福祉五个方面展开讨论与提出意见建议。

[知识建构]

发现问题 —坚持以人民为中心的发展思想 贯彻新发展理念→ 解决问题 —促进→ 社会发展

[设计意图]通过本课的学习,学生对以人民为中心的发展思想和新发展理念以及两者间的内在联系有了更深刻的理解。在此基础上,引导学生回归现实,关注生活的城市,观察社会发展存在的问题,运用本课所学知识,理论联系实际,对昆明的发展提出可行性意见或建议,从而使知识活学活用,提升学科素养和能力。

[答案提示]

示例1:以昆明呈贡大学城为核心区,重点打造"环大学城知识经济圈",推动科产教融合型城市建设。

示例2:利用好西南联大文化遗存,打造昆明新文化IP,发展高质量文化产业,增进民生福祉。

示例3:加强校外培训机构监督管理,"双减"政策落到实处。

[板书设计]

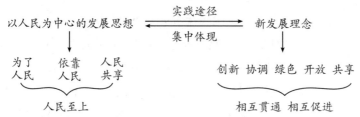

三、教学资源

1."云南这十年"系列新闻发布会昆明专场的新闻报道及成就数据。

2.习近平:《习近平谈治国理政》。

3.习近平:《习近平论新发展理念(2022年)》。

"贯彻新发展理念"教学设计

张　美(浙江省绍兴市稽山中学)

议题:如何贯彻新发展理念,推动高质量发展?

一、教学准备

1.教材分析

"贯彻新发展理念"为高中思想政治必修 2《经济与社会》第三课"我国的经济发展"第一框内容。本框题以"新发展理念"为教学主题,包括"坚持以人民为中心的发展思想""坚持创新、协调、绿色、开放、共享发展"两个目题,遵循"为什么、是什么、如何做"逻辑思路,重点从"如何做"深入阐述,围绕新发展理念的基本原则、基本内涵、具体举措展开,重在引导学生深化对新发展理念的深入理解与理性认同。

2.学情分析

每一个学生都是处于发展过程中的人。"认知发展是一个由易到难、由此及彼、由感性逐步上升到理性认识的渐进过程。"从知识积累看,高一学生对新发展理念的内容并不陌生。通过学习《习近平新时代中国特色社会主义思想学生读本(初中)》,学生对新发展理念基本内容有了初步把握。高中教材对知识深度要求较高,重在提升思维认知的深度与思辨性。从认知能力和思维特征看,高中生知识储备不断丰富,生活经验不断累积,自我意识和独立性逐渐增强,思维能力不断提高,"思想活动和行为方式的多样性、可塑性较强",具备开展深度学习和抽象思维的能力与基础。为此,教学任务设计与推进需要遵循"基础性—挑战性—创造性"发展路径,引导学生在自主辨析中感悟真理的力量,激发主体性、能动性。

3.教学目标

(1)必备知识:掌握以人民为中心的发展思想;理解创新、协调、绿色、开放、共享的发展理念的重要性、基本内涵及其具体要求。

(2)关键能力:提高获取信息和解读信息的能力,培育探究问题与知识解构的能力。

（3）学科素养:增强对新发展理念的政治认同,增进对高质量发展的公共参与。

（4）核心价值:帮助学生理解党的理念与政策的正确性,成为社会主义事业的可靠接班人。

4.教学重难点

（1）教学重点:知道以人民为中心的发展思想,掌握贯彻新发展理念的具体措施。

（2）教学难点:如何在新发展理念指导下实现经济高质量发展。

5.教学方法

议题式教学法、合作探究法、情境式教学、活动型课堂。

6.教学结构

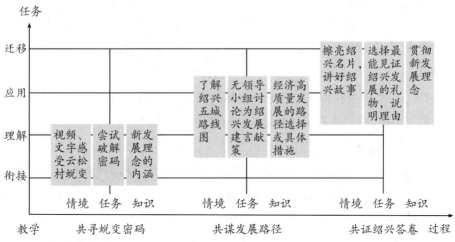

二、教学过程

（一）前置学习

学生以小组为单位,结合自身实际或查阅资料,了解绍兴目前发展的不足之处,选取一个方面,就绍兴如何实现"五城"(创新之城、开放之城、生活之城、品质之城、善治之城)梦想建言献策,并及时记录。(尝试以公民、企业经营者、政府机关人员等身份展开讨论)

（二）课堂教学

导入:近些年,坡塘云松村不仅成为乡村振兴的典范,还成为绍兴高质量发展建设共同富裕示范区的一个缩影。今天,我们以云松村的蜕变为切入点,共同学习如何以新发展理念推动高质量发展。

[教学情境]播放视频,了解云松村的蜕变。

[学习任务]师生对话:用一个词或一句话概括云松村的变化。

[设计意图]截取绍兴人比较熟悉的云松村视频导入,通过贴近学生生活的视频情境提高学习兴趣、活跃课堂氛围,引导学生在观看视频过程中直观感知、分析概括云松村蜕变,并为后续议题开展奠定基础。

环节一:一个村,共寻蜕变密码

[教学情境]环境立村、艺术兴村、创新强村、文化赋能。

情境一:环境立村,乡村"旧貌换新颜"。村委书记罗国海带领由两委班子、网格员、党员村民代表组成的工作专班,挨家挨户解释政策,在倾听收集解决意见中,逐渐聚拢"人心"。随后,用 8 个月时间对"一纵一横"主要干道进行重点整治,拆除违建、私搭棚户等 4500 平方米,完成立面改造升级。

情境二:艺术兴村,打造"向往的生活"。2020 年初,来自中国人民大学艺术学院的"艺乡建"领队陈炯,发现村子里到处都是改造的"节点",如座椅设施、墙面美化等,用艺术叩开这座传统村落的大门,与村民合力打造"向往的生活"。"艺术赋能乡村振兴,2021 年坡塘村集体经济收入 165 万元,实现高增长。截至目前,村里依靠新兴业态成功帮助近 200 人实现就业。"

情境三:创新强村,"田园梦"照进现实。2021 年,坡塘村已成功流转 120 亩农村闲置土地,准备打造一个集生产加工、观光休闲、互动体验为一体的生态农业庄园"稻梦空间",并即将面向绍兴市民公开招募"微农场主",设计无公害蔬菜种植、龙虾垂钓等场景体验,为都市人筑起"田园梦"。

情境四:文化赋能,竹销海外丰口袋。家住浙江绍兴越城区坡塘村云松自然村的陈荣苗怎么也没有想到,自己做了大半辈子的竹制品,如今成了艺术品,还能用来开店赚钱。"前段时间,有国外游客打电话,让我做一套中国地方特色的竹制酒杯。"这给陈荣苗带来新的灵感,也带来新的收入。自开店以来,靠着售卖竹艺制品,他已增收 1 万余元。

[学习任务]同桌交流:破解云松村蜕变的密码。

[知识建构]新发展理念的基本内涵及重要性。

[设计意图]情境创设的教学价值在于展示材料信息、开展教学活动、设计教学问题,引导学生探究学习,在教学情境解构中回归现实生活,在学生深度参

与中实现真实发展。此环节承接导入内容,引导学生通过同桌交流探究体验情感、体会观点,在具体事件分析中概括云松村的蜕变密码,理解新发展理念的基本内涵和重要性,同时培养学生合作探究和分析归纳能力。

环节二:一座城,共谋发展路径

[教学情境]政府工作报告为未来绍兴5年的发展勾画"五城"路线图,打造创新之城、开放之城、生活之城、品质之城、善治之城。

按下创新之城"加速键":传统产业破旧立新,印染化工企业"跨域整合"、搬迁搬出新天地,新兴产业异军突起,成功引进中芯国际、长电科技、比亚迪等头部企业,高标准打造国家级集成电路创新中心、高能级实验室体系和区域性人才高地,城市人才吸引力居全国第27位,成功入选国家创新型城市。

驶入开放之城"快车道":持续推进古城新城联动发展,大力实施融杭联甬接沪战略。杭绍台高速、杭台高铁、嘉绍大桥等重大项目建成投运,智慧快速路网初步成形,实现"县县通高铁、融杭快速路、杭甬通勤线",杭甬"双城记"金扁担作用日益显现。

奏响生活之城"最强音":推动社保扩面提标、基本医保市级统筹,全国义务教育基本均衡县、全省教育基本现代化县全覆盖,城乡居住条件显著改善,强村富民取得实效,文体生活多姿多彩,5个亚运场馆投入使用,成为杭州亚运会协办赛事最多的城市。

展现品质之城"新魅力":建设绍兴文创大走廊和浙东唐诗之路、浙东运河、古越文明三大文化带,打响宋韵文化、越文化、阳明文化、大禹文化等文化品牌,对标世界文化遗产标准保护利用绍兴古城;牢固树立"绿水青山就是金山银山"理念,圆满完成全国"无废城市"建设试点,加强生物多样性保护,提升稽山鉴水颜值。

锻造善治之城"金钥匙":以数字化为牵引,打造"一照通用"、浙里兴村治社、无废城市、历史文化名城保护传承等具有绍兴味、改革味的重大应用;圆满承办"枫桥经验"周年纪念活动,深入开展矛盾纠纷大排查、大化解、大整治,纵深推进扫黑除恶专项斗争。

[学习任务1]同桌交流:目前绍兴发展面临哪些问题?

[学习任务2]小组讨论:围绕"如何实现'五城'梦想"主题,绍兴市政府正在开展紧锣密鼓的意见征集活动,诚邀您的参与。请结合绍兴发展的不足之处,就绍兴如何实现"五城"梦想建言献策。(尝试以公民、企业经营者、政府机

关人员等身份展开讨论)

[学习任务 3]无领导小组讨论:设置 1 个观察组、4 个讨论组。

观察组:5 人左右,每组代表回答完问题后,秉持客观公正原则,结合评价量表(见表 1)对各组表现进行打分,其他环节表现突出者可适当加 2—6 分;环节全部结束后,由观察团代表对各组整体表现进行简单评价,给出各组总分,分高的小组荣获"最佳建议团队"奖,赢取老师提前准备的精美礼品。

讨论组:8—10 人组团,积极参与,踊跃表达。

1.明分工。确定 1 名发言人,共同讨论,撰写意见稿。

2.阅读《习近平新时代中国特色社会主义思想学生读本(高中)》第 49 页至 51 页部分内容,为建议寻找理论支撑,完成学案表格。

3.重合作。发言人总结,其他成员补充。

4.互评竞优,选出最佳代表团。

[答案提示]

表 1　绍兴市实现"五城"梦想建言献策

	不足之处	实现"五城"梦想,我们认为	习近平新时代中国特色社会主义思想如是说
探究活动成果		我们是从…… 参考身份: 老百姓——农民、工人、学生等; 企业经营者——印染纺织厂、旅行社餐饮等; 政府机关——财税局、外贸管理局等; 其他身份——人大代表、政协委员等。 我们的建议是…… (围绕具体角色,提出具体建议) 例如,农民角色。作为云松村村民,我认为,可以充分利用茶叶、笋、竹子等特色资源,发展特色农业。同时,定期开展对农民的技能培训,提高农业生产效率,借助乡村旅游打出知名度,实现农民增收,缩小贫富差距,助力共同富裕示范区建设,打造"生活之城"	建议的依据是…… 例如:坚持绿色发展、共享发展理念;建设彰显优势、协调联动的城乡区域发展体系

[颁奖典礼]请观察团成员结合评价量表对各组整体表现进行点评,并公布

分数,选出"最佳建议团队"获得者,当场颁发奖品。

表 2   无领导小组讨论综合评量表

议学活动评价标准	等级	等级评定			
		1	2	3	4
紧扣主题,立场坚定	5-6				
逻辑清晰,理例融合					
表达清晰,感染力强					
基本围绕主题,立场比较明确	3-4				
逻辑基本顺畅,理例有所结合					
表达大方自然,有一定感染力					
无明确主题,立场不明确	1-2				
逻辑性较差,纯罗列知识					
表达无条理,缺乏感杂力					

[知识建构]理解新发展理念之间的关系;贯彻新发展理念,实现经济高质量发展的路径选择。

[设计意图]学成于思,思源于疑。因此,此环节创设绍兴"五城"发展的教学情境,进行问题设计,开展无领导小组讨论活动,通过合作探究的活动型课堂教学,给予学生充分的思考时间,充分发挥学生在课堂教学中的主体作用;通过设计进阶性问题,引导学生经历自主思考、合作探究的学习过程,在对绍兴"五城"梦想的建言献策中归纳概括贯彻新发展理念实现经济高质量发展的具体举措,理解新发展理念、建设现代化经济体系和构建新发展格局之间的逻辑关系,突破教学难点,实现学生思维渐进发展、深度进阶与梯度上升。

环节三:一份礼,共证绍兴答卷

[教学情境]绍兴高质量发展道路上没有旁观者、没有局外人,我们每个人都是参与者、建设者,都是答卷人。

[学习任务]小组讨论:作为绍兴发展的见证者,请选择一份最能够代表绍兴发展的礼物,并说明理由。学生前后 4 人为一个小组,1 分钟思考。各小组选定发言人,1 分钟回答。其他成员补充,教师适时予以鼓励和肯定。

[教师举例]介绍选择茶叶作为礼物的原因:第一,中国自古就有以茶待客的礼仪传统,很高兴与在座各位同学完成这场奇妙的知识之旅。第二,茶是最

好的保健品,在繁忙的高中生活中,希望大家能够有强健的体魄,投身未来绍兴高质量发展事业。第三,绍兴曾被评为中国的茶都,将云松村的茶叶特产赠予大家,既是绍兴发展成绩的见证,又寓意新绍兴人对绍兴未来高质量发展的坚定信心。

[设计意图]秉持思想政治课生活化的教学理念,充分体现生活化、实践化要求。此环节通过选择绍兴发展的见证礼物,增进学生对绍兴发展的主人翁意识。无论是城市地图,还是黄酒、染缸等"绍礼"的选择,都体现学生对家乡发展的自豪感和对家乡发展的美好愿景。

(结束语)同学们,未来绍兴发展的画卷正在徐徐展开。习近平总书记曾言,奋斗是青春最亮丽的底色,行动是青年最有效的磨砺。未来绍兴发展的新篇章需要你们。希望大家能够砥砺奋发,有责任、有担当,让青春闪闪发光,让绍兴越来越好。

[板书设计]

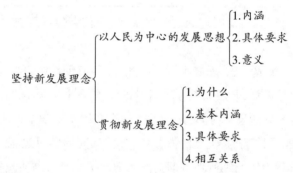

三、教学资源

1.浙江新闻:《160秒,看千年古城的十年蝶变》。

2.中国小康网:《解码"浙"十年——从"五个之城"看绍兴千年古城蝶变》。

3.新浪绍兴特别策划:《美丽乡村看越城》第一站——鉴湖街道坡塘村云松。

4.人民日报:《一步一景,村庄变得更美》。

"贯彻新发展理念"教学设计

周树发(华中师范大学龙岗附属中学)

议题:如何贯彻新发展理念,促进高质量发展?

一、教学准备

1.教材分析

(1)本框地位:高中思想政治必修2《经济与社会》第三课"我国的经济发展"是教材的核心内容,也是学生需要着重突破和掌握的重难点。学生需联系具体事例理解和把握国家经济政策,提高理论联系实际的能力。本课由"贯彻新发展理念"和"推动高质量发展"两框构成,主要讲述要解决发展不平衡不充分与人民日益增长的美好生活需要的矛盾,需要坚持以人民为中心,贯彻新发展理念,推动高质量发展。

(2)内容分析:第一框有两目。第一目"坚持以人民为中心的发展思想",通过活动探究人民有哪些美好生活需要,主要阐述为什么要坚持以人民为中心的发展思想、如何坚持以人民为中心的发展思想的结论。第二目"坚持创新、协调、绿色、开放、共享发展",通过《探究与分享》《相关链接》《名词点击》等栏目,分别讲述新发展理念的内涵,为什么要贯彻创新、协调、绿色、共享、开放的新发展理念,以及如何贯彻落实新发展理念等内容。

2.学情分析

(1)知识基础:学生通过初中学段和前两课知识的学习,对教材必备基础知识有了准确把握,了解我国的生产资料所有制与社会主义市场经济体制;科学认识我国经济发展与社会发展中有关问题,明确要让人民的幸福感更强,离不开高质量发展;深刻理解习近平新时代中国特色社会主义思想对我国经济高质量发展的重大意义。

(2)认知能力:高一学生已经形成良好的政治素质、道德品质和科学思想方法,具备辨识与判断、分析与综合、推理与论证、探究与建构、反思与评价等关键能力,但思维的深度和广度还有待拓展,在调动和运用知识、论证和探究问题方面还有困难,需要进行专项提升。

3.教学目标

(1)掌握以人民为中心的发展思想和创新、协调、绿色、开放、共享的新发展理念,阐释如何贯彻落实新发展理念,分析坚持新发展理念、转变经济发展方式的重大意义等必备知识。

(2)理解习近平新时代中国特色社会主义思想是全党全国各族人民为实现中华民族伟大复兴而奋斗的行动指南,坚定坚持新发展理念的理论自信和行动自觉。

(3)提高学生的探究力、思考力、领悟力,促进知行合一,培育公共参与能力;引导学生积极将个人理想融入国家发展大局。

4.教学重难点

(1)教学重点:如何坚持以人民为中心的发展思想,贯彻落实新发展理念。

(2)教学难点:结合具体事例,说明坚持新发展理念对促进经济高质量发展的重大意义。

5.教学方法

案例教学法、理论实践一体式教学法、议题式教学法。

6.教学结构

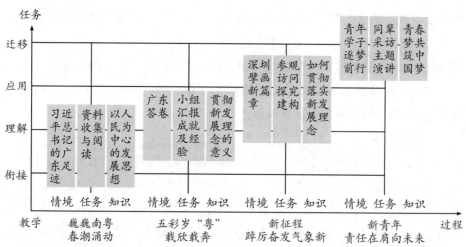

二、教学过程

(一)前置学习

1.资料收集:将全班学生分成"足迹"和"答卷"两组,每组分别设置广州、珠海、佛山、清远、潮州、深圳六个小组,分组进行前期准备。各小组需要收集的材料信息包括:习近平总书记到访的时间、具体地点、调研项目、重要讲话,以及该地的发展成果、经验。各小组将资料整理形成课件,做好展示、交流准备。

2.自主梳理:课前自主阅读教材第32—38页,各小组将收集的资料按照新发展理念的五个方面进行归类,以表格形式绘制知识结构图。

(二)课堂教学

环节一:巍巍南粤,春潮涌动

[教学情境]广东是改革开放的排头兵、先行地、试验区,在我国改革开放和社会主义现代化建设大局中具有十分重要的地位和作用。习近平总书记对广东工作高度重视、亲切关怀、寄予厚望,党的十八大以来,三次赴广东考查调研、两次参加全国人大广东代表团审议、多次作出重要指示批示,亲自谋划、亲自部署、亲自推动粤港澳大湾区、深圳中国特色社会主义先行示范区建设和横琴粤澳深度合作区、前海深港现代服务业合作区建设,支持深圳实施综合改革试点,发布广州南沙深化面向世界的粤港澳全面合作总体方案,赋予广东重大机遇、重大平台、重大使命。

[学习任务1]小组展示:课前搜集整理的习近平总书记的足迹资料。

[学习任务2]同桌交流:国家对广东的部署和规划坚持的原则是什么?广东经济高质量发展受益于什么样的发展理念? 这一理念是如何让人民生活更美好的?

[教师活动]教师提前将学生分组,就资料搜集、资料整理、课堂展示方面进行指导,引导学生加强同伴协作,观察学生在活动中的突出表现;引导学生按照教材知识进行建构,形成知识体系,帮助学生梳理语言、思维逻辑,流畅地表达观点,并对学生的表现做好记录。

[设计意图]本环节带领学生沿着习近平总书记的足迹,走出课堂,融入社会。通过查阅资料、整理归类等活动,一方面,能增长学生见识,提高学生学习积极性;另一方面,提高学生的实践能力,培育学科核心素养。学生在资料整理过程中,结合具体事例,多维度分析国家对广东的部署和规划,探究改革开放给广东经济发展和人民生活带来的巨大影响,增强政治认同,培育科学精神。

环节二:五彩岁"粤",载欣载奔

[教学情境]牢记习近平总书记殷殷嘱托,广东坚持新发展理念、坚持高质量发展,以"闯"的精神、"创"的劲头、"干"的作风,在更高起点上推进改革开放,奋力绘就高质量发展的新时代广东画卷,续写更多"春天的故事"。

[学习任务]小组展示:任选创新、协调、绿色、开放、共享某一领域,广州、珠海、佛山、清远、潮州组展示广东答卷,并说明成就背后的经验。

[教师活动]教师参与学生资料的收集与整理工作,帮助学生厘清材料和知识脉络;观察学生的知识建构过程,引导学生理论联系实际,论证和探究问题,深入探究问题的本质;考查学生的语言表达能力与辩证思维能力,引导学生全面、辩证地看问题;引导学生坚定中国特色社会主义道路自信、理论自信、制度自信、文化自信。

[设计意图]本环节通过组织学生小组讨论、综合分析、推理论证等活动,一方面,让学生亲身参与实践,交流分享广东如何向党和人民交出满分答卷,探究广东改革开放、创新发展积累的宝贵经验,增强认同感和归属感;另一方面,提高学生的数据收集和处理能力、获取和解读信息能力、论证和探究问题能力,促进学生将所学知识与生活实际结合起来,真正做到学以致用。

环节三:新征程,踔厉奋发气象新

[教学情境]深圳是改革开放后党和人民一手缔造的崭新城市,是中国特色社会主义在一张白纸上的精彩演绎。2012年,习近平总书记首次赴地方考察就来到深圳,登上莲花山,向邓小平铜像敬献花篮,并种下一棵高山榕。2018年,习近平总书记再次来到深圳,向全世界宣示,中国改革不停顿、开放不止步。2020年,习近平总书记出席深圳经济特区建立40周年庆祝大会时指出,经济特区不仅要继续办下去,还要办得更好、办得水平更高。

牢记习近平总书记嘱托,深圳以粤港澳大湾区建设为纲,以中国特色社会主义先行示范区建设为总牵引、总要求,以综合改革试点为关键抓手,以一往无前的奋斗姿态、风雨无阻的精神状态,在更高起点上推进改革开放,不断交出从先行先试到先行示范的答卷。新征程,深圳肩负着建设好中国特色社会主义先行示范区的历史重任,要为全面建设社会主义现代化国家、实现第二个百年奋斗目标作出更大贡献。

[学习任务]小组讨论以下两个问题。

(1)请从创新、协调、绿色、共享、开放中任选一个方面,为深圳建设先行示范区提出两条建议。

(2)结合材料,说明深圳在经济高质量发展中如何坚持以人民为中心、满足人民日益增长的美好生活需要。

[教师活动]教师截取《深圳建设中国特色社会主义先行示范区综合改革试

点实施方案(2020—2025 年)》《深圳市 2021 年国民经济和社会发展统计公报》《2022 年深圳市政府工作报告》部分内容进行展示。在学生观看过程中,对相关内容进行解释、引导,观察学生的辩证分析能力与语言表达能力;关注学生对政策性文件的理解与把握程度,传授学生获取和解读信息、调动和运用知识的方法,增强知识的广度、深度。

[设计意图]本环节通过参观访问、辨识判断、探究建构等活动分析深圳经济特区发展所取得的成就,以及面临的主要困难,分析深圳纵深推进改革开放的重要举措,并为深圳如何实现社会主义现代化强市出谋划策;通过自主探究和深度学习,激发学生的应用、论证能力;通过小组讨论和问题探究,学生能够积极为新时代深圳经济特区如何新作为、实现新担当出谋划策,增强学生对国家政策的理解和掌握,培育公民素养。

环节四:新青年,责任在肩向未来

[教学情境]深圳 00 后女孩古慧晶,从小喜欢汽油的味道,初中毕业后义无反顾地选择了汽修专业,钻车底排查汽车故障,拆装发动机、四轮定位……每天都和这些操作打交道。她表示:"汽修专业的女生很少,但越深入学习,越喜欢这门课程。我不在乎外面的声音和看法,因为这是自己的选择。"

李亮是一名听障人士,热爱生活、积极向上,积极参加核酸检测点的志愿服务,手势和翻译手机是他的沟通工具。他用独特方式为排队的居民抚平焦虑、带来温暖,并带动身边的残障朋友一起做志愿者。

[学习任务 1]小组展示:结合课前调查,选取一位深圳"新时代好青年"的先进事迹,与同学交流分享。

[学习任务 2]个人演讲:以"深圳青年更有为"为主题,进行一次简短的主题演讲活动。

[教师活动]教师提前对学生分享的内容进行了解,在学生分享过程中,观察学生的语言表达和综合运用能力。参与主题演讲活动,营造良好的课堂氛围,对学生表现进行点评。

[设计意图]本环节主要以学生的展示活动为主,引导学生将小我融入大我,践行习近平总书记的嘱托,自觉担当实现中华民族伟大复兴的时代责任;通过让学生在活动中学,学以致用,拓宽学科知识,提升公共参与能力,培育学科核心素养,增强学习的幸福感、获得感。

[知识建构]

表1　新发展理念知识

解决的问题		重要性	措施
创新	发展动力	创新是引领发展的第一动力	把创新摆在国家发展全局的核心位置；推动理论、制度、科技、文化创新；贯穿党和国家一切工作
协调	发展不平衡	协调是持续健康发展的内在要求	促进城乡、区域、经济社会协调；促进新型工业化、信息化、城镇化、农业现代化同步发展
绿色	人与自然和谐共生	绿色是永续发展的必要条件和人民对美好生活追求的重要体现	坚持节约资源和保护环境的基本国策、坚持可持续发展、走文明发展道路；建设人与自然和谐共生的现代化
开放	发展内外联动	开放是国家繁荣发展的必由之路	奉行互利共赢的开放战略、遵循共商共建共享原则、发展更高层次的开放型经济、构建人类命运共同体
共享	社会公平正义	共享是社会主义的本质要求，是党全心全意为人民服务宗旨的体现	全民共享、全面共享、共建共享、渐进共享；增强人民获得感、幸福感、安全感，共同富裕

[板书设计]

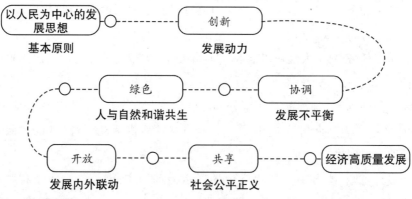

三、教学资源

1.袁晓江:《深圳经济特区40年》。

2.中国社会科学院:《改革开放简史》。

"我国的个人收入分配"教学设计

姜志莲(广东省深圳市布吉高级中学)

议题:如何完善个人收入分配助推共同富裕?

一、教学准备

1.教材分析

(1)本框地位:"我国的个人收入分配"是《经济与社会》第二单元第四课第一框的内容。本单元以"经济发展与社会进步"为核心,探究如何在高质量发展中保障和改善民生,而本框题"我国的个人收入分配"是实现社会公平和共同富裕的重要举措,其重要性不言而喻。

(2)内容分析:本框由"我国的个人收入分配制度是什么、为什么要建立这一收入分配制度,以及如何完善这一分配制度"组成。

"我国的个人收入分配制度是什么"主要内容为:从理论和实践两个不同层面,阐述我国为什么必须实行按劳分配为主体、多种分配方式并存的分配制度。

"为什么要建立这一收入分配制度"主要内容为:按劳分配的基本内容和实行按劳分配的重要意义;按生产要素分配的基本内涵和意义。

"如何完善这一分配制度"主要内容为:优化收入分配与民生的关系;完善收入分配制度的措施。

2.学情分析

本框教学对象为高一学生。他们正处于世界观、人生观和价值观形成的关键时期,在日常生活中对收入分配有一定了解,但普遍认为经济社会比较抽象,学习兴趣并不浓厚。本节课试图从学生兴趣点着手,实现由浅入深、由表及里的理解和学习。

3.教学目标

(1)必备知识:识记我国个人收入分配制度的基本内容,理解我国实行这一分配制度的必然性,以及如何进一步完善我国的个人收入分配制度。

(2)关键能力:提高解决问题的能力,论证收入分配公平,助推共同富裕。

(3)学科素养:深刻领悟社会公平和共同富裕的实现,既需要党和国家的统筹规划,又需要每一位公民的参与,提高公共参与。相信我国能够实现共同富裕,提升政治认同。

(4)核心价值:通过了解自己家庭收入结构,理解我国实行现阶段个人收入分配制度的必然性;通过未来职业选择,区分按劳分配与按生产要素分配;通过聚焦打工人的困境,得出我国进一步完善个人收入分配的措施。

4.教学重难点

(1)教学重点:按劳分配的基本内容及意义;如何完善收入分配制度。

(2)教学难点:按生产要素分配的意义;国民收入三次分配的区分。

5.教学方法

议题式教学、情境探究、合作探究、讲授式教学。

6.教学结构

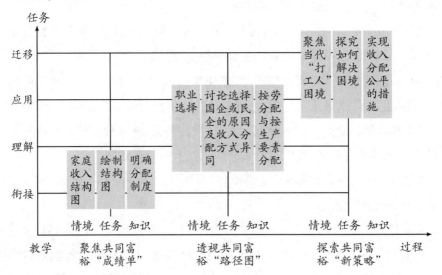

二、教学过程

导入:以《中国经济时报》迎接宣传贯彻党的二十大系列报道——"逐梦共同富裕的十年实践"为背景,引出"扎实推进共同富裕,形成橄榄型收入分配结构"的主题。

环节一:聚焦共同富裕"成绩单"

[教学情境]我的家庭收入结构图。

通过"数"说促进共同富裕,了解全国收入分配结构。

[学习任务]同桌交流:根据全国收入分配结构绘制自己的家庭收入分配结构图。

[知识建构]

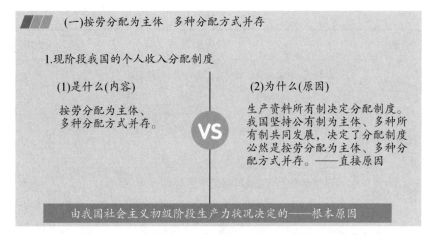

[设计意图]点明个人收入分配与学生生活之间的关系,激发学生求知欲,总结得出现阶段我国的个人收入分配制度及其必然性。

环节二:透视共同富裕"路径图"

[教学情境]"国企 VS 民企,令年轻人心动的职业选择"。

表1　国企与民企对比

	国有企业	民营企业
属性	国家控制或者控股的企业	所有的非公有制企业
薪酬待遇	与20世纪80年代绩效考核以平均数决定分配金额、干与不干一个样、干多干少一个样、干好干坏一个样的"铁饭碗"不同,如今的国企工资收入金额以劳动为尺度,按多劳多得、少劳少得的原则进行分配,每月有工资、年终有奖金,同时有可能参与员工持股,获得年底股息分红	工资收入以贡献为尺度进行分配,贡献大则收入高、贡献小则收入低。通过技能和实力,可以得到较快晋升,工资也能得到较大幅度提高,同时有可能参与员工持股,获得年底股息分红
工作强度	工作相对稳定、工作压力相对较小、平均工资一般低于民营企业	工作面临市场风险大、工作压力相对较大、平均工资一般高于国企

[学习任务]小组讨论:你的第一份工作会更倾向于国有企业还是民营企

业? 为什么?

观点交流:国有企业和民营企业的收入分配方式有什么相同点与不同点?其意义是什么?

[知识建构]正确认识各种分配方式。

表2 分配方式

类别		分配形式	适用范围
按劳分配		公有制范围内的劳动收入(工资、奖金、津贴) 农民承包土地所得	公有制经济
按要素分配	按劳动要素	在私营企业和外资企业中,劳动者所获得的工资、奖金、津贴收入	非公有制经济
	按资本要素	私营企业主生产经营取得的税后利润 债权人取得的利息收入、股息分红、债券、股票交易收入等	
	按土地要素	指出租土地、房屋取得的收入(土地流转收入)	
	按知识要素	与知识相关的要素参与分配	

[设计意图]突破按劳分配与按生产要素分配的重难点,丰富学生对我国分配方式的理性认识。

环节三:探索共同富裕"新策略"

[教学情境]聚焦当代"打工人"的困境。

表3 当代"打工人"面临的困境及对策

问题	策略
被平均的"打工人"——2021年,全社会平均工资7478元。"打工人"在线发问:我是不是又被平均了?	
被抽成的"打工人"——网约车平台对司机师傅一单的抽成普遍在20%—30%之间。	
被外包的"打工人"——某外卖平台的外卖注册人员已经接近1000万,而这些均属于外包关系,未购买社保。	

[学习任务]小组讨论:以小组为单位为"打工人"出谋划策,针对问题提出解决措施。

[知识建构]初次分配、再分配、第三次分配。

表4 三种分配方式

类型	初次分配	再分配	第三次分配
范围	物质生产部门内部,主要为工业企业	全社会	全社会
主体	主要是企业	国家、政府	全社会
手段	市场机制决定	政府调控机制(税收、政策、法律)	通过个人自愿捐赠而进行的分配
目的	提高效率,体现公平	主要是更加体现公平	更加体现公平
举例	按劳分配收入、生产要素按贡献参与分配的收入,都属于初次分配	转移支付、社会保障、低保、企业所得税、个税、房产税、财产税、遗产税、救助金等	捐赠、慈善事业、志愿行动等济困扶弱的行为,包括扶贫、助学、救灾、济困、解危、安老等形式

表5 "我国的个人收入分配"知识

根本措施	大力发展生产力,促进经济高质量发展,增加社会财富和居民收入
制度保障	坚持和完善按劳分配为主体、多种分配方式并存的分配制度
两个同步	坚持居民收入增长和经济增长基本同步、劳动报酬提高和劳动生产率提高基本同步
初次分配	努力提高居民收入在国民收入分配中的比重,提高劳动报酬在初次分配中的比重;坚持多劳多得,鼓励勤劳致富,促进机会公平,增加低收入者收入,扩大中等收入群体;完善按要素分配制度,探索多种渠道增加中低收入群体要素收入,多渠道增加城乡居民财产性收入
再分配	要加大税收、社会保障、转移支付等调节力度,完善个人所得税制度,规范收入分配秩序,规范财富积累机制,保护合法收入,调节过高收入,取缔非法收入
第三次分配	引导支持有意愿有能力的企业、社会组织和个人积极参与公益慈善事业

[设计意图]深化共同富裕的行动导向,潜移默化引导学生积极参与共同富裕的专项计划。

(结语)千百年来,共同富裕就像是人类社会绵延不绝的理想,与寻常百姓密切相关。我们热切地希望通过不懈的努力和发展能够让寒门有机会再出贵子,让敢于创业、合法经营的后来者能够有更公平的待遇,让更多人都有机会勤劳致富。

[板书设计]

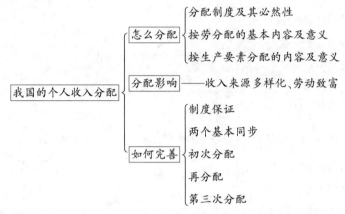

我国的个人收入分配
- 怎么分配
  - 分配制度及其必然性
  - 按劳分配的基本内容及意义
  - 按生产要素分配的内容及意义
- 分配影响——收入来源多样化、劳动致富
- 如何完善
  - 制度保证
  - 两个基本同步
  - 初次分配
  - 再分配
  - 第三次分配

三、教学资源

1.求是网:《"数"说促进共同富裕》。

2.统计微讯:《数说十年:居民收入水平较快增长 生活质量取得显著提高》。

3.王荣增:《应届生就业是去国企还是去民企》。

4.国家统计局:《中国统计年鉴 2022》。

5.界面新闻:《外卖平台何时能为骑手缴纳社保》。

6.新浪新闻:《网约车的高抽成降得下来吗》。

"我国的个人收入分配"教学设计

张永超(山东省淄博市张店区铝城第一中学)

议题:如何让人民从收入分配中品味获得感、幸福感、安全感?

一、教学准备

1.教材分析

"我国的个人收入分配"是必修2《经济与社会》第二单元第四课第一框的内容。本框所在第二单元主要讲述财富的生产创造和财富的分配知识,是全书的落脚点。与第一单元相呼应,重在解决我国发展不平衡、不充分的问题,从而满足人民对美好生活的需要。

第二单元标题为"经济发展与社会进步",其中,第三课"我国的经济发展"是本框所在第四课"我国的个人收入分配与社会保障"的基础,收入分配公平又反过来促进经济进一步发展。第三课主要阐述的是通过坚持新发展理念,实现高质量发展,侧重做大蛋糕;第四课主要讲述通过完善个人收入分配和社会保障,从而实现社会公平,侧重分好蛋糕。两课侧重点虽有不同,但都坚持和展现了习近平经济思想中的以人民为中心的发展思想,做大蛋糕要为了人民、依靠人民,由人民共享。

从宏观上对第二单元两课进行分析之后可以发现,本框具有重要的价值和意义,是分好国民收入大蛋糕、促进社会公平的落脚点,是习近平以人民为中心的经济思想的重要部分。

2.学情分析

(1)知识基础:学生在初中阶段对我国的基本经济制度有了初步了解,高中阶段已经学习我国的生产资料所有制及我国的社会主义市场经济体制,对我国的相关经济制度和体制已有理论认知,对我国个人收入分配制度的理解和认同尚待加强。

(2)认知能力:高中学生的思维能力不断提高,具备一定观察能力、分析能力,有利于全面系统理解我国的个人收入分配制度。由于网络的普及和发展,学生对个人收入分配有一定了解,在生活中对各种分配方式有所接触,所以对本框知识比较感兴趣。但学生从理论及实践层面理解"我国的个人收入分配制度"时,与本课核心素养要求存在一定差距。通过本框的学习,可以进一步激发学生关注经济生活的兴趣和热情。此外,学生学习从兴趣出发,教学要从学生生活经验出发,增强学生体验,避免简单的灌输说教。

3.教学目标

(1)必备知识:理解按劳分配为主体、多种分配方式并存的个人收入分配制度;明确我国个人收入分配的方式与合法途径;理解完善个人收入分配的措施,评析实现共同富裕、促进社会公平正义的收入分配政策;阐明劳动对社会发展和进步的意义,弘扬劳动精神,树立崇尚劳动、热爱劳动的观念。

(2)关键能力:提高学生整理、解读资料的能力,在小组合作探究中培养交流合作、获取和解读信息、辨析和推理等能力,应用和迁移"完善个人收入分配措施"知识解决情境问题。

(3)学科素养:认识我国的个人收入分配制度,坚定中国特色社会主义制度自信;明白完善个人收入分配不只是国家和政府的事,人人都有责任,中学生应该增强担当意识、责任意识。

(4)核心价值:树立劳动精神,成为自信自强、热爱劳动、尊重劳动、崇尚劳动的新时代中国青年。

4.教学重难点

(1)教学重点:区分按劳分配和按生产要素参与分配;理解国家完善个人收入分配的措施。

(2)教学难点:理解国家完善个人收入分配的措施。

5.教学方法

议题式教学法、讲授法、合作探究法。

6.教学结构

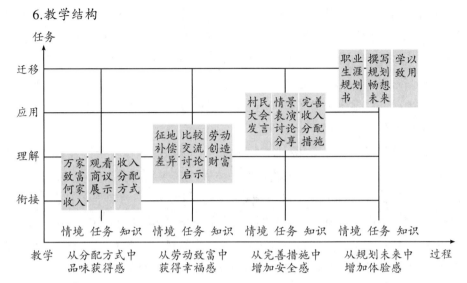

二、教学过程

导入:播放电视剧《幸福到万家》片花,分享习近平总书记讲话摘录。

《幸福到万家》以一人、一家、一村庄的成长史、变化史、发展史为线,串起新时代乡村振兴的发展之路。通过讲述农村姑娘何幸福的成长故事,着重展现我国乡村振兴战略及农村精神文明建设、法治文明建设成果。今天,我们就从《幸福到万家》看我国的个人收入分配。

"我们要着力解决人民群众所需所急所盼,让人民共享经济、政治、文化、社会、生态等各方面发展成果,要更多、更直接、更实在的获得感、幸福感、安全感,不断促进人的全面发展、全体人民共同富裕。"

——习近平总书记在庆祝改革开放40周年大会上的重要讲话

[设计意图]创设主题情境,引入本课议题。班内绝大多数学生看过影视作品《幸福到万家》。以此导入,能点燃课堂气氛,触发学生对我国个人收入分配制度的关注,涵养政治认同。同时,创设与教学内容有关的生活情境,使学生明确本节课议学任务,促进公共参与素养培育。

环节一:从分配方式中品味获得感

[教学情境1]万家庄的致富路。

万家庄是全省闻名的明星村、富裕村,40多年前却一穷二白。改革开放以前,万家庄实行平均分配,村民生产积极性不高,导致共同贫穷。改革开放后,在村支书万善堂带领下,万家村坚持发展集体经济,村办企业"万家集团"红红火火,每年的集体分红让人羡慕不已。村民不仅耕种自家承包的土地,还在村办企业领着一笔不菲的工资。随着集体经济的壮大,村民也早早享受免费教育和医疗。万家庄富裕后,还不忘带动周边的乡村共同富裕。

[学习任务1]同桌交流:万家庄富裕前后实行什么样的个人收入分配方式?从提高效率、促进公平角度,谈谈你对这种收入分配方式的看法?

[教学情境2]何幸福一家的收入。

何幸福通过投资、经营"幸福客栈",带头创办旅游合作社获得收入,负责家庭投资理财,银行存款和国债都有收益。丈夫王庆来转让自家承包地的经营权获得一定收入,种植有机蔬菜进行蔬菜采摘获得收入,通过刻苦钻研改进种植技术,申请一项国家专利,为种植户提供技术指导,普及种植知识。弟弟王庆志是公务员,每月有工资。妹妹王秀玉在"万家集团"工作,每月有工资,年终还有奖金,投资嫂子的"幸福客栈"每年获得分红,还用一部分钱购买股票,也有一定收入。何幸福的公婆每月有养老金。

[学习任务2]小组讨论:何幸福一家获取收入的方式是什么?他们获取收入的途径有哪些?

个人分享:你的家庭收入大概有多少?由哪几部分组成?

独立思考:结合何幸福一家的收入及自己家的收入,思考当前个人获得收入的途径为什么多种多样?

[知识建构]

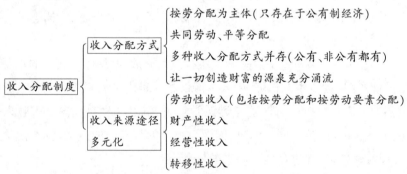

[设计意图]通过材料阅读与分析,增强学生从材料中提取关键信息的能力。讨论作答,鼓励学生互帮互助,产生思维碰撞。从万家庄的致富路这一小切口展现改革开放以来社会主义新农村变化,总结我国农村经济发展的途径,以小见大,使学生理解我国在社会主义公有制基础上实行按劳分配的必要性、按劳分配的内容。

晒晒自己家的钱包,将教材知识与生活情境相结合,激发学生关注生活、思考生活的积极性,使学生对自家收入有更深刻的认识。将自家收入与何幸福一家收入进行对比,加深对分配方式、分配途径的认识,从而引导学生理解当前个人获得收入途径多种多样的原因,突出本节课的重点内容。

环节二:从劳动致富中获得幸福感

[教学情境1]征地补偿的差异。

万家庄要征地建污水处理厂,在征地补偿时却出现了争议。被征地的有庆来、春贤、福生、贯财四户,同样是河滩地,同样是三四亩的面积,但是四户的补偿款却大不相同。按照近三年土地收成折算,由于庆来勤恳耕地,改进技术,种植有机蔬菜,拿到20多万元的土地补偿款,地上修建的大棚等附着物另行计算。而春贤、福生、贯财三户人家耕地荒芜,每户只有六七万元的土地补偿款。

[学习任务1]同桌交流:同样的土地为何征地补偿差异巨大?结合材料和身边实例,说说应该如何致富?

[教学情境2]生活中有像庆来这样通过劳动创业致富的人,在各行各业创造着自己的价值。当然,也有人妄图追求快速赚钱,参加传销活动,结果反而债台高筑,并因触犯法律而受到制裁。

[学习任务2]个人思考:我们该如何致富?

[答案提示]我们要弘扬劳动最光荣、劳动最崇高、劳动最伟大、劳动最美丽的社会风尚,树立以辛勤劳动为荣、以好逸恶劳为耻的劳动观。通过辛勤劳动、诚实劳动、创造性劳动致富!

[知识建构]

弘扬劳动精神 ┬ 原因:劳动是财富的源泉,我们获取的任何收入归根结底都来自劳动创造
　　　　　　 └ 要求 ┬ ①要弘扬劳动精神,崇尚劳动、尊重劳动,牢固树立劳动最光荣、劳动最崇高、劳动最伟大、劳动最美丽的观念
　　　　　　　　　　 └ ②要鼓励全体劳动者通过辛勤劳动、诚实劳动、创造性劳动致富

[设计意图]通过分析材料,提高学生分析问题的能力。通过《幸福到万家》中王庆来勤劳致富形象的刻画,学生明确劳动是财富的源泉,从劳动致富中获得幸福感,从而树立劳动精神,热爱劳动、尊重劳动、崇尚劳动,达成德育目标。

环节三:从完善措施中增强安全感

[教学情境]村民大会说出我的幸福感。

万善堂:这几年,我最大的感受就是国家经济突飞猛进,大家的收入也年年上涨。新引进设备使生产效率大大提高,集团分红也是一年好过一年。

何幸福:咱们村办企业根据劳动的数量和质量完善薪酬,还鼓励我们发挥特长,实现"人尽其才、物尽其用、各凭本事、生财有道"。

万贯财:要我说,咱们实行的新个税制度减轻了我家的负担,像我这样上有老、下有小的劳动者,专项附加扣除之后,退了不少税呢!

王友德:新闻上说,2022年退休人员基本养老金上调4%,居民医疗保险财政补贴标准也涨了,我能放心过晚年生活!多余的钱我要捐给希望工程,让更多人受益!

王秀玉:我成为网红后赚钱比较多,但是都按照要求按时交税了,从来没打法律的擦边球,我也要为国家构建"橄榄型"收入分配格局作贡献。

万传家:咱们村富裕了,也没有忘记帮助周边的村庄。大家一起富起来了!

[学习任务]小组合作:根据村民大会上大家的发言,以小组为单位进行情景剧表演,思考并讨论如何完善收入分配制度。

[知识建构]

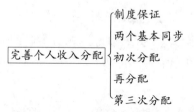

完善个人收入分配
- 制度保证
- 两个基本同步
- 初次分配
- 再分配
- 第三次分配

[设计意图]通过组内合作,调动学生解决问题的积极性。以情景剧表演的形式进行小组展示和交流,引导学生思考完善个人收入分配的措施,从而突出本节课的重点,突破难点。

环节四:从未来规划中增加体验感

[教学情境]职业生涯早规划。

职业生涯规划课上,教师询问学生:"你将来想从事哪方面的工作?你会选择什么样的职业?请大家结合自己的兴趣爱好及特长,撰写一份职业生涯计划书。"

[学习任务]个人撰写:从职业名称及畅想、努力方向与计划两个方面撰写

一份职业生涯计划书,规划自己的未来收入,思考获得收入的方式和途径分别是什么。

[教师总结]伟大出自平凡,英雄来自人民,在平凡工作岗位上书写不平凡的故事。无论将来从事什么样的职业,相信你们都能成为理想中的自己。当然,你们要从今天开始朝着心中的目标不断努力,加油!

[设计意图]学生能够把教材知识和现实生活结合起来,学以致用,进行职业生涯规划,实现成长和发展。做完善个人收入分配的参与者,积极践行,增强担当意识、责任意识。

(总结)风华正茂迎百年,中流砥柱担重任!生逢盛世,当不负盛世!同学们,第一个百年奋斗目标已经实现,让我们一起努力学习、辛勤劳动,向第二个百年奋斗目标奋进!

[课后作业]

1.必做:绘制本节课知识框架,完成议学单相关内容。

2.选做:寻找身边的万家庄,写一份乡村致富典型案例。

[板书设计]

三、教学资源

电视剧:《幸福到万家》。

"我国的社会保障"教学设计

丁　巧(浙江省台州市第一中学)

议题: 如何从社会保障中收获幸福感?

一、教学准备

1.教材分析

(1)本框地位:"我国的社会保障"是必修 2《经济与社会》第四课"我国的个人收入分配与社会保障"第二框的内容,是对"我国的个人收入分配"再分配的进一步阐述。社会保障作为再分配的重要形式,是促进社会公平的重要途径,直接关系人们的获得感、幸福感、安全感。据此,设置总议题"如何从社会保障中收获幸福感",引领学生理解、应用并迁移"完善社会保障体系"相关知识。

(2)本框内容:本框内容主要阐述我国依法建立起由政府和社会承担主要责任的社会保障体系,下设两目:

第一目"多种多样的社会保障",主要内容是社会保障的实现形式和意义。通过"探究与分享"中的人物对话情境,引发学生思考社会保障的形式、探究社会保障的意义,为拟设置"村民求助""民生人社成就展"等情境提供启示。"相关链接"对社会保障的意义及形式进行具体分析,从而更好理解社会保障的四种基本形式——社会保险、社会救助、社会福利和社会优抚。

第二目"完善社会保障体系",主要内容是完善社会保障体系的举措。通过"探究与分享""相关链接"介绍我国社会保障的现状,以及全面建成覆盖全民、统筹城乡、公平统一、安全规范、可持续的多层次社会保障体系的目标。这启发笔者设置"村湾夜话""社保调研"等情境。

2.学情分析

(1)认知能力:本课授课对象是高一学生,他们已具备一定的观察能力和逻辑思维能力,对社会保障形式有一定的认知意向,对完善社会保障措施有一定认知兴趣。高一学生的思想活动和行为方式呈现多样性、可塑性特征,对情景剧表演、辩论、撰写发言稿、社会调研、创意设计等任务充满探究欲望,对议中学教学方式抱有期待。

(2)知识基础:一方面,学生通过之前内容的学习,具备一定的经济学素养,我国的基本经济制度、现代化经济体系、我国经济建设的新思想新理念、以人民为中心的发展思想、我国的个人收入分配等知识学习为本框学习打好基础;另一方面,从课前调查中获知,学生对社会保障了解较少且不够广泛和深入。课前的社会调研活动、源自生活的情景剧表演有利于学生更好地参与本课议学活动。

3.教学目标

(1)必备知识:了解社会保障的基本形式,理解经济发展与社会保障水平之间的关系,理解社会保障的功能、意义和作用,应用和迁移"完善社会保障体系的措施"。

(2)关键能力:培养交流、合作、批判和实践能力,培养辨识与判断、获取和解读信息等能力。

(3)学科素养:培育学生主人翁意识、对社会保障制度的政治认同。

(4)核心价值:帮助学生成为富有思辨精神和担当意识的新时代中国青年。

4.教学重难点

(1)教学重点:政府完善社会保障体系的措施。

(2)教学难点:经济发展与社会保障水平之间的关系。

5.教学方法

议题式教学法、情境探究法、合作探究法。

6.教学结构

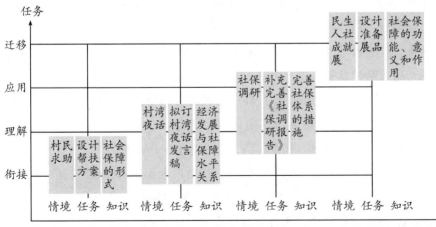

二、教学过程

（一）前置学习

[学生活动]

1.自主预习教材,选派人员参与情景剧表演,了解社会保障的形式。

2.小组合作,对区财政局、区劳动和社会保障局、企业、市民进行走访调研,搜集、整理当地社会保障相关情况。

（二）课堂教学

导入:习近平总书记指出,增进民生福祉是中国共产党立党为公、执政为民的本质要求。社会保障则是保障和改善民生、维护社会公平、增进人民福祉的基本制度保障,是促进经济社会发展、实现广大人民群众共享改革发展成果的重要制度安排,是治国安邦的大问题。本节课以"如何从社会保障中收获幸福感"为总议题,一起探究学习第四课第二框"我国的社会保障"。

环节一:感知幸福,落实社会保障政策

[学科概念]社会保障的形式。

[教学情境]情景剧表演第一幕:村民求助。

某区人力资源与社会保障局驻村扶贫干部王某和同事按照安排到某村开展扶贫工作。刚开始上岗,来找他们求助的村民络绎不绝。

小李:我大学毕业后到一家企业工作。一年后,因为公司经营困难,我被裁员。现在一直在家,找不到工作,也没有生活来源,真不知道怎么办才好。

老罗:我只有小学文化水平,平时只能靠捡塑料瓶子为生,月收入100元左右,生活经常没有着落。国家有没有什么政策可以帮我解决困难?

老张:我70岁了,老伴儿早就去世了,无儿无女,也没有人照顾,想想也怪可怜的。这以后的日子可怎么办呀?

老钱:我原来是军区某部士官,在一次救灾行动中受了重伤,导致左腿和右腿截肢(被鉴定为二等乙级革命伤残)。我觉得能找到一份力所能及的工作就满足了,但是因为身体残疾,好像找到一份合适的工作很难。

[学习任务]小组讨论:结合教材知识,针对四人不同的困难,扮演驻村扶贫干部王某,分别为四位村民设计一份帮扶方案,详细介绍社会保障形式。

[学生活动示例]四个小组分别介绍方案。

第一组代表(帮助小李)展示帮扶方案:根据我国失业保险条例,失业人员领取失业保险必须满足相关要求。首先,按照规定参加失业保险,所在用人单位和本人以按规定履行缴费义务满 1 年。其次,非本人意愿中断就业,已办理失业登记并有就业要求。小李可以享受失业保险,但是需要先办理失业登记。小李还可以参与当地社保部门提供的就业培训,帮其更好就业。

介绍社会保障形式:基本养老保险、基本医疗保险、工伤保险、失业保险、生育保险属于社会保障中的社会保险。社会保险是我国社会保障体系的核心,它保障公民在年老、疾病、工伤、失业、生育等情况下依法从国家和社会获得物质帮助。

第二组代表(帮助老罗)展示帮扶方案:老罗月收入只有 100 元,基本生活得不到保障。可以帮助老罗申请农村居民最低生活保障,领取最低生活保障金,解决基本生活问题。

介绍社会保障形式:贫困群众领取最低生活保障金属于社会救助。社会救助是政府通过国民收入再分配,对因自然灾害或其他经济社会原因而无法维持最低生活水平的公民给予无偿帮助,以保障其最低生活水平。社会救助是保障社会成员生活安全和生存权利的"最后一道防线"。

第三组代表(帮助老张)介绍帮扶方案:根据社会福利制度的规定,对城市孤寡老人、符合供养条件的残疾人和孤儿实行集中供养,对农村孤寡老人、符合供养条件的残疾人和孤儿实行集中供养与分散供养相结合;集中供养一般通过举办社会福利院、敬老院、疗养院、儿童福利院等福利机构进行。因此,老张可以入住社会福利院、敬老院等。

介绍社会保障形式:政府和社会向老年人、残疾人、妇女、儿童和其他社会成员提供的社会化服务、实物供给或者福利津贴,以满足社会成员的生活需要并促使其生活质量不断得到改善和提高,属于社会福利。社会福利是最高层次的社会保障。

第四组代表(帮助老钱)介绍帮扶方案:老钱在部队参加救灾活动时受重伤,致使身体残疾。根据《军人抚恤优待条例》规定,二等乙级以上(含二等乙级)革命伤残军人,享受公费医疗待遇。革命伤残军人因伤残需要配假肢、代步三轮车等辅助器械,由民政部门审批并负责解决。退出现役后没有参加工厂工作的革命伤残军人,由民政部门发给伤残抚恤金。退役安置是指国家和社会为退出现役的军人提供资金和服务,以帮助其重新就业的一项优抚保障制度。

安置对象包括转业军官、复员志愿兵和退伍义务兵。退役安置主要从资金和服务两个方面对退役军人提供保障。资金保障方面包括提供安置费、各级临时性生活津贴和生产性贷款;服务保障包括就业安置、就学安置、落户安置、职业培训、技术培训等。

　　介绍社会保障形式:退役军人从政府得到物质照顾和工作安置,属于社会优抚。社会优抚是一种褒扬性、优待性、补偿性、综合性的特殊社会保障。它是指国家和社会依法对现役军人、复员退伍军人及军烈属等优抚对象实行物质照顾、生活和工作安置、精神抚慰等特殊社会保障。让我们感受到党中央和政府对退役军人等群体的深切关怀与特殊关爱。

　　[教师总结]谢谢各小组代表的分享,我们从中了解了社会保障的不同形式。代表们能够紧密结合实际情况,充分运用教材知识,做到价值性和知识性相统一。接下来,我们通过表格梳理、归纳社会保障四种基本形式,了解社会保险、社会救助、社会福利和社会优抚的地位、施行主体、保障对象、保障形式等内容,从而更清晰地区分社会保障的四种基本形式。除了四种基本形式,社会保障还存在大量补充形式,如企业年金、社区服务等。

　　[知识建构]社会保障的基本形式。

表1　社会保障的基本形式

	社会保险	社会救助	社会福利	社会优抚
地位	核心	历史最悠久、最低层次"最后一道防线"	最高层次	特殊
施行主体	政府、单位、个人三方共同筹资	政府	政府和社会	国家和社会
保障对象	公民	无法维持最低生活的公民,保障其生存生活安全	老年人、残疾人、妇女、儿童和其他社会成员	现役军人、复员退伍军人、军烈属等
保障形式	基本养老保险、基本医疗保险、工伤保险、失业保险、生育保险等	通过国民收入再分配,给予无偿帮助	社会化的服务、实物供给、福利津贴	物质照顾、生活和工作安置、精神抚慰等

　　[设计意图]通过角色扮演,促进学生进一步掌握、理解和运用社会保障助

力困难群众脱贫,拉近学生与知识之间的距离,激发学生学习热情。在解决真实问题过程中,了解、熟悉我国社会保障的多种形式。通过设计帮扶方案,学生在理解的基础上运用教材知识,做到价值性和知识性相统一。整个环节充分发挥学生的主体作用,既可以使学生在轻松愉快的氛围中学习,又可以有效对接教材知识。

环节二:感悟幸福,思"辩"社会保障话题

[学科概念]经济发展与社会保障水平之间的关系。

[教学情境]情景剧表演第二幕:村湾夜话。

村湾夜话是干群通过座谈聊天形式,集中组织村民代表议事,解决村民实际问题的一种工作形式。

在一次村湾夜话中,村民们对我国是否要建立同欧洲国家一样的从摇篮到坟墓的福利制度发生分歧。

老林:我觉得欧洲国家的福利制度特别好,他们的社会福利水平高,生活在这些国家可以享受免费的医疗、悠长的假期、长期的失业救济。"与其去做1欧元1小时的体力活,不如舒舒服服躺在家里拿救济金"是他们的写照。我国现在经济发展这么快,经济实力逐步增强,还是社会主义国家,社会保障水平应该更高。我认为咱们国家也要建立起同欧洲国家一样的从摇篮到坟墓的福利制度,提高福利水平,体现社会主义制度的优越性。

老赵:老林,我可不认同你的看法,高福利会助长民众惰性。如果舒舒服服躺在家里就可以拿高额救济金,就没有多少人愿意劳动。

[学习任务]小组讨论:结合教材知识,围绕村民们对"建立同欧洲国家一样的从摇篮到坟墓的福利制度"看法,以经济发展与社会保障水平之间的关系为话题,为驻村干部王某拟订一份村湾夜话发言稿。(要求:250字左右,观点鲜明,逻辑清晰,论证有力)

[学生活动示例]小组代表分享发言内容。

第一组代表:欧洲国家从摇篮到坟墓的保障制度形成了一张没有漏洞的安全网,养娃、上学、就业、养老,生老病死都有保障,很好地维护了弱势群体的利益,基尼系数小,社会相对和谐,值得我们国家学习。我国应该维护好弱势群体利益,建立起覆盖全民、城乡统筹的社会保障体系,缩小贫富差距,促进社会和谐发展。

第二组代表:欧洲国家社会保障制度会导致企业和个人负担重、政府债务高、经济增长乏力。我们国家既要尽力而为,不断满足人民的社会保障需要,充分发挥社会主义国家的优越性,又要量力而行,坚持社会保障水平与经济社会发展相适应,实现社会保障可持续发展。

第三组代表:欧洲国家的保障制度容易养懒人,动不动就罢工,只想获取不想工作。这告诉我们,作为国家的公民,应该坚持劳动最光荣、劳动最美丽的观点,通过辛勤劳动、诚实劳动实现美好生活。国家相关部门应该权责清晰,明确各方权利与责任,严格依法监管。

[知识建构]经济发展与社会保障水平之间的关系。

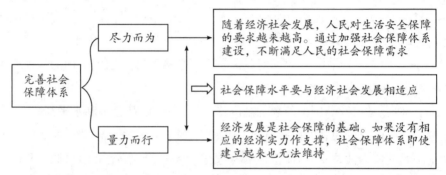

[设计意图]引导学生在商议、争议过程中辨析经济发展与社会保障、公平与效率之间的关系,增强科学、辩证看待问题的能力。创造"村湾夜话"情境,能更好地引导学生在观点商议评析中明确政府、企业、个人和其他组织在完善社会保障体系中的权利与责任,帮助学生提高价值辨识能力、辩证思维能力,激发学生积极发言的欲望。

环节三:创造幸福,参与社会保障建设

[学科概念]完善社会保障体系的措施。

[教学情境]情景剧表演第三幕:社保调研。

社保调研是指通过各种调查方式系统、客观收集社会保障相关情况,研究分析社会保障现状,并预测社会保障未来发展趋势或发展方向,从而为正确决策做准备。为了更好地了解本区社会保障情况,驻村扶贫干部王某所在某区人力资源与社会保障局组织工作人员分别对当地区财政局、区劳动和社会保障局、企业、市民进行走访调查,搜集相关资料和数据,驻村干部王某撰写完成《2023年区社会保障调研报告(初稿)》。

小王:我走访了区财政局。收集到2021—2023年区经济发展水平和财政收支资料。

表2　2021年至2023年上半年区GDP与财政收支

年份	GDP（亿元）	财政收入（亿元）	财政支出	
			财政支出总额（亿元）	社会保障支出（亿元）
2021	229.38	18.63	43.82	4.1542
2022	265.74	19.93	53.64	5.069
2023（上半年）	122.75	9.36	24.14	4.01

小刘：我走访了区劳动和社会保障局。自2014年起，全区建设覆盖全民、城乡统筹的社会保障体系，推出了完善统一的城乡居民基本医疗保险制度和大病保险制度，全面实施全民参保计划，逐步完善城镇职工基本养老保险和城乡居民基本养老保险制度，推进基本养老保险省级统筹，完善失业、工伤保险制度，统筹城乡社会救助体系，发展残疾人事业，加强残疾康复服务，建设残疾人社会保障体系和服务体系，完善社会救助、社会福利、慈善事业、优抚安置等制度等举措，形成了没有漏洞的安全网。

小李：我采访了50多位市民。有城市的，也有农村的；有老年人、残疾人、妇女和儿童。他们一致感慨，政府大力维护弱势群体的利益，现在对生活很满足。

小丁：我随机走访三维公司了解情况。三维公司员工全部参保，但员工级别不同，保障水平不一样。有些员工认为，社会保障体系不断完善，打工挺辛苦，工资不是很高，不如等着拿政府救济金，工作积极性普遍不高。

[学习任务]小组合作：分析当前社会保障现状，结合四位人员调查走访情况，帮助驻村干部王某补充、完善《2023年区社会保障调研报告》（见附件），为进一步完善社会保障体系提出建议。要求：200字左右，建议具体可行，语言通顺且富有逻辑。

[学生活动示例]四个小组代表分享。

第一组代表：完善社会保障体系，既要尽力而为，又要量力而行，要坚持社会保障水平与经济社会发展相适应。我们区的经济发展水平和周边区县还有很大差距，财政出现赤字，但政府仍然关注社会保障事业，社会保障支出占财政支出比例不低。如果没有相应的经济实力作支撑，社会保障体系即使建立起来也无法维持。只有建立起与经济发展水平相适应、保障适度的社会保障体系，才能使社会保障持续发展。

第二组代表：从社会保障局反馈看，区政府采取一系列完善社会保障的举措。从中可以感知到,完善社会保障体系,还应该落实一整套覆盖全民、城乡统一的制度,做到人人有保障。

第三组代表:小李的走访很有意义。完善社会保障体系要更多地维护弱势群体利益,缩小贫富差距,促进社会和谐发展,让人民群众有更多的获得感、幸福感、安全感。

第四组代表:根据小丁深入企业了解到的信息,我们组认为,完善社会保障体系要做到权责清晰。社会保障资金要由政府、企业、职工合理分担。个人切不可有等、靠、要的思想,要共担责任。

[教师总结]大家获取信息、解读信息、分析问题的能力都非常强。通过走访调研,我们发现社会保障主要存在城乡区域间保障水平不平衡、责任不明确、公民缴费意愿和能力不足、社保资金管理不健全等问题。面对这些问题,各组都提出了有针对性、可行性的建议和举措。总之,健全多层次的社会保障体系,要坚持应保尽保原则,健全统筹城乡、可持续的基本养老保险制度、基本医疗保险制度,稳步提高保障水平,全面建成覆盖全民、统筹城乡、公平统一、安全规范、可持续的多层次社会保障体系。

[知识建构]完善社会保障体系的措施。

表3　完善社会保障体系的措施

问题描述	对策分析	总体目标
城乡、区域间保障水平不平衡	建立起覆盖全民、城乡统筹的社会保障体系;更好地维护弱势群体的利益,缩小贫富差距	按照兜底线、织密网、建机制的要求,全面建成覆盖全民、统筹城乡、公平统一、安全规范、可持续的多层次社会保障体系
责任不明确	做到权责明确;明确各方的权利与责任,严格依法监管	
公民缴费意愿和能力不足	加强宣传,增强公民的权责意识	
社保资金管理不健全	完善各项管理体制机制,推进社保治理体系和能力现代化	

[设计意图]通过调查、走访、学生汇报展示等形式,分析区社会保障的现状,激发学生参与民生社会保障发展的责任感和积极性,在活动中感受当前社会保障给人们带来的获得感,体会优越性,增强认同感,增强参与社会生活的意识和能力。在探寻完善社会保障过程中,培育科学精神和公共参与等学科核心素养。

环节四:收获幸福,展示社会保障功能

[学科概念]社会保障的作用、功能、意义。

[教学情境]情景剧表演第四幕:"民生人社"成就展。

"民生人社"成就展将在驻村干部王某所在区人力资源与社会保障局大院精彩亮相。"民生人社"成就展主要通过展板、电子屏、微信等载体回顾我局近五年来取得的成就,展现人力资源和社会保障部门的服务理念、佳绩成果和未来愿景,展示工作人员风采与责任担当。

"民生人社"展板包含"人社大家庭""人力社保人风采""听民意惠民生"三个方面。本次展览集图文展板、实物展览等多种形式于一体,用多样化艺术方式形象生动展现社会保障的工作亮点。

[学习任务]小组合作:6 人一组,任选一个板块,帮助驻村干部王某设计、制作"民生人社"成就展的展品。展品形式不限,内容要贴合主题。

[学生活动示例]四个小组代表分享。

第一组代表:我们组选择的方式是绘画。我们现在构思了四个画面,分别是贫困群众领取最低生活保障金、享受最低生活保障的困难家庭免费领取生活用品、关心残疾儿童健康行动、退伍军人岗前培训。通过绘画方式展示社会保障的功能,体现社会保障可以防范和化解生存危机、保障基本生活权利、维护社会稳定。

第二组代表:我们组选择拍摄视频,展示社会保障通过国民收入再分配,调节社会群体利益关系,促进社会公平正义。比如,我们可以拍摄社区卫生服务中心为留守儿童建立健康档案、社区开办"银发网络课堂"、村里为低收入村民送救济金等画面。

第三组代表:我们选择的方式是集中展出被救助者们的感谢信。我们组将走访区档案馆、人社局,收集被救助者亲笔写的感谢信。通过感谢信真实再现社会保障可以促进社会互助,达到风险分摊与责任共担、推动社会持续健康发展的强大作用。

第四组代表:我们选择展示驻村干部的驻村日记。比如,我们通过网络搜索到一位驻村干部的日记。他在一篇日记中写道:互帮互助是中华民族的传统美德。我国优秀传统文化中蕴含丰富的社会保障思想。社会保障通过风险分摊和责任共担,充分发挥社会互助功能;通过社会成员自助和他助,推动社会持续健康发展。驻村开展扶贫工作以来,我们通过社会保障和其他形式帮助村民脱贫逐渐有了成效。实践证明,社会保障对个人和社会发展都具有重要意义。

[教师总结]各组选择不同形式展现社会保障的功能、意义和作用,内容丰富、形式多样、方式可行。学生在设计、构思、制作过程中切实感受中国特色社会主义社会保障体系对个人和社会产生广泛、真实、有效的作用,收获幸福感,增强中国特色社会主义制度自信。

[知识建构]社会保障的作用、功能、意义。

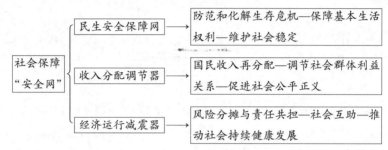

[设计意图]通过帮助驻村干部王某准备"民生人社"成就展展品,学生真切感受和体会社会保障的功能、作用,明确实施社会保障的意义。活动生动真实,可以寓教于乐,提高学生兴趣,提升学习效率。在设计、构思、制作过程中,学生切实感受中国特色社会主义社会保障体系对个人和社会产生的广泛、真实、有效的作用,增强制度自信,培育政治认同、科学精神和法治意识等学科核心素养。

[教师总结]本节课我们一起探究学习"我国的社会保障",明白社会保障有社会保险、社会救助、社会福利、社会优抚四种基本形式,还有其他一些补充性社会保障形式,进一步明晰社会保障的意义,社会保障是民生保障安全网、收入分配调节器、经济运行减震器。理解完善社会保障体系的措施,既要尽力而为,又要量力而行,要坚持社会保障水平与经济社会发展相适应;建立起覆盖全民、统筹城乡的社会保障体系,形成没有漏洞的"安全网";要更多地维护弱势群体的利益,缩小贫富差距,促进社会和谐发展;做到权责清晰,社会保障的资金要政府、企业、职工合理分担责任,从而实现全面建成覆盖全民、统筹城乡、公平统一、安全规范、可持续的多层次保障体系的目标。

[课后作业]

1.采访家长或亲戚,了解工资条中的"五险一金"缴纳情况,并比较"五险一金"的不同。

2.查阅相关资料,对比分析社会保险和商业保险的区别,并完成下表。

表4　商业保险与社会保险对比

	商业保险	社会保险
性质		
经营目标		
经营方式		
费用来源		
保障对象		
保障水平		

[评价设计]借助评价表对学生学习效果进行评价。

表5　学习效果评价表

素养	能力要求	维度	权重
一般素养	搜集资料	搜集社会保障现状的积极性、主动性、科学性	
	表达展示	村民求助、村湾夜话环节表达的充分性	
	交流合作	村民求助、村湾夜晚、完善社保体系、设计制作展品的参与度	
学科素养	学习理解	展示成果对社会保障形式、意义、举措的理解	
	实践应用	撰写村湾夜话发言稿、撰写完善社会保障调研报告中运用学科知识情况	
	迁移创新	撰写村湾夜话和社会保障调研报告的探究性、设计制作展品的创意性	

[板书设计]

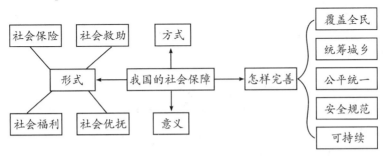

三、教学资源

1.腾讯网:《社保基金条例5月起实施》。

2.腾讯网:《2017年社保发生十大变化　跨省异地就医可直接结算》。

"我国的社会保障"教学设计

郭荣华(辽宁省朝阳市第一高级中学)

议题:如何织牢社会保障网,提升人民幸福感?

一、教学准备

1.教材分析

"我国的社会保障"是高中思想政治必修2《经济与社会》第四课第二框内容。教材第一、二、三课从宏观角度讲授如何"做大蛋糕",为第四课"分好蛋糕"奠定基础。

第四课主要讲述我国社会建设中有关个人收入分配、社会保障的基本原理,从完善个人收入分配到完善社会保障,实现社会公平,人民有更多的获得感、幸福感、安全感。两框内容从不同角度逐层展开,前后呼应。

2.学情分析

(1)知识基础:高一学生在生活中听说过医保或社保,但并对社会保障没有形成系统认识。学生知识基础薄弱,需要充分预习、加强引导。

(2)认知能力:高一学生思维活跃,善于思考,学习积极性高,但尚未对社会保障制度形成情感认同。

3.教学目标

(1)必备知识:懂得多种多样的社会保障内容及意义,掌握国家完善社会保障体系的措施。

(2)关键能力:提升获取信息、解读信息、交流合作、知识运用和迁移能力。

(3)学科素养:理解我国的社会保障政策,增强对社会主义的认同,支持我国社会保障事业,培养爱国主义精神,树立社会主义信念。

4.教学重难点

(1)教学重点:社会保障的功能及完善措施。

(2)教学难点:社会保障的功能,社会保障体系要与经济社会发展水平相适应。

5.教学方法

议题式教学、合作探究、分组讨论、小组展示等。

6.教学结构

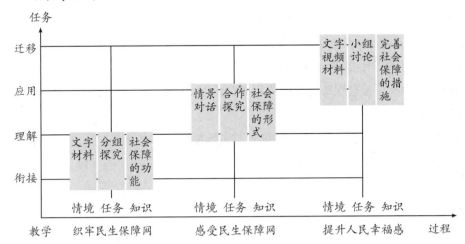

二、教学过程

(一)前置学习

[教师活动]准备多媒体教具;把学生分成小组,并布置查阅资料任务。

[学生活动]分小组查阅国家社会保障的政策及变化、本地区社会保障具体政策材料。

(二)课堂教学

导入:播放视频"健康中国",介绍我国社会保障政策五个方面的变化:门诊异地报销;社保卡跨省通办;养老金重新核算;降低失业风险;医保个人账户家庭共济。让学生了解我国社会保障政策的变化,懂得随着经济发展,人民的福利越来越多,充分体现发展成果人民共享,人民逐步迈入美好生活。

环节一:织牢民生保障网

[教学情境]2020年是极不平凡的一年,新冠疫情不仅给全国经济社会发展带来不利影响,还给人民群众生产生活造成困难。为此,中央防疫领导小组和人社、民政、医保、财政、税务等部门及时出台包括医疗保障、社会救助、工伤认定、失业保险、减免社会保险缴费等一系列社会保障新政:医保支付新冠患者治疗费用16.3亿元,用医保基金滚存结余和财政资金支付新冠病毒疫苗费用;及时认定在一线牺牲的医护人员工伤并发放抚恤金;打出减负、稳岗、扩就业的政策组合拳。2020年2月至年底,企业养老、失业、工伤三项社会保险共为企业

和个人减负 1.54 万亿元,发放失业保险稳岗返还 1042 亿元,支出就业补助资金和专项奖补资金 1000 亿元。规定阶段性降低失业保险、工伤保险费率政策 2021 年 4 月底到期后,将再延长至 2022 年 4 月 30 日……展现出社会保障制度作为国家应对突发公共卫生事件治理工具的强大保障功能,发挥了社会保障制度保障民生"定心丸"和维护社会安定"稳定器"的重要作用。

[学习任务]小组讨论:结合教材第 50—51 页内容和以上材料,以及抗击新冠疫情中我国社会保障发挥的作用,探究我国为什么要建立全球最大的社会保障体系。

提示:面对现实生活中人们可能遇到的疾病、失业、养老、灾害、生活贫困等各种问题,国家依法建立起由政府和社会承担主要责任的社会保障"安全网"。在我国经济社会发展过程中,形式日益多样的社会保障发挥越来越广泛的作用。

[知识建构]

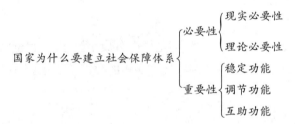

[设计意图]以国家为抗击疫情及时出台包括医疗保障、社会救助、工伤认定、失业保险、减免社会保险缴费等一系列社会保障新政为情境,在突发疫情、人民生活受影响的背景下,合作探究社会保障发挥的巨大意义和作用,使学生科学地认识我国社会保障体系,增强制度自信和制度认同,充分感受我国社会主义制度的优越性。

环节二:感受民生保障网

[教学情境]不同人的社会保障形式。

小韩:我每个月都缴纳基本养老保险、基本医疗保险、失业保险和住房公积金,将来有保障,心里踏实多了!

任奶奶:我 80 多岁了,住在社区居家养老服务中心,有人照顾,国家每个月还给我补贴,生活真好!

小丁:妈妈身体不好,爸爸生重病住院了,家里没有收入。村里帮助我家申请了低保,我可以安心上学了。

王兵:我退伍回来就参加了县政府举办的退伍军人职业教育和技能培训,接着在县人社局帮助下找到了工作,真开心!

[学习任务]小组讨论:结合对话和教材第52—53页,归纳社会保障四种主要形式的地位、内容和作用,并判断情境中的4个人受益于我国社会保障哪种形式?

[知识建构]社会保障的四种主要形式。

表1 社会保障的四种主要形式

	地位	方式	目的	内容
社会保险	我国社会保障体系的核心	政府、单位、个人三方共同筹集资金	保障公民在年老、疾病、工伤、失业、生育等情况下依法从国家和社会获得物质帮助	基本养老保险、基本医疗保险、工伤保险、失业保险、生育保险等
社会救助	是最先形成的历史最悠久的社会保障形式,是保障社会成员生活安全与生存权利的最后一道防线	政府通过国民收入再分配,对因自然灾害或其他经济社会原因而无法维持最低生活水平的公民给予无偿帮助	保障最低生活水平	灾害救助、最低生活保障、医疗救助、教育救助、就业援助、生育救助、丧葬救助、法律援助
社会福利	最高层次的社会保障	政府和社会向老年人、残疾人、妇女、儿童和其他社会成员提供的社会化服务、实物供给或者福利津贴	满足社会成员的生活需要并促使其生活质量不断得到改善和提高	对老人、儿童、妇女、残疾人的特殊福利、职业福利、社区福利性服务和津贴、全民医疗教育住房福利
社会优抚	是具有褒扬性、补偿性、优待性、综合性的特殊社会保障	国家和社会依法对现役军人、复员退伍军人及军烈属等所提供的社会保障	国家和社会依法对现役军人、复员退伍军人及军烈属等优抚对象实行物质照顾、生活和工作安置、精神抚慰	各种优待、抚恤、养老、就业安置、精神抚慰

[知识拓展]社会保险和商业保险的区别。

表2　商业保险与社会保险对比

	商业保险	社会保险
性质	自愿的市场行为	具有强制性和福利性质
经营目标	追求利润	保障社会成员的基本生活,维护社会稳定
经营方式	保险公司经营	由国家经办
费用来源	全部由个人承担	由国家、单位和个人分摊
保障对象	签订保险合同,并按照约定缴费的人	法律规定有权利享受社会保险的人
保障水平	满足被保险人的较高层次的保险需要	保障社会成员的基本生活需求

[设计意图]情景对话的内容贴近生活,学生能理解并区分社会保障的四种形式。知识拓展能使学生进一步区分社会保险与商业保险的区别,增强学生参与家庭保障的能力。

环节三:提升人民幸福感

[教学情境]新中国成立后,特别是改革开放以来,我国城乡居民养老保险制度在经济和国力增强基础上不断完善、实现社会公平的大事记。

1951年,建立由国家主导、单位包办的城镇企业职工劳动保险制度

2009年,启动全国新型农村社会养老保险试点工作,破解农民社会养老的历史难题

2014年,在全国范围内建立统一的城乡居民基本养老保险制度

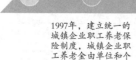

1997年,建立统一的城镇企业职工养老保险制度,城镇企业职工养老金由单位和个人共同承担

2011年,启动城镇居民养老保险试点工作,标志城镇非从业居民从此实现老有所养

2020年末,社保卡持卡人数达到13.35亿人,覆盖95%人口和所有地市。全国基本养老保险参保人数增长至9.99亿人

[延伸材料]2020年7月21日,中国社会保障学会世界社会保障研究分会召开主题为"新冠疫情与各国社会保障制度"的研讨会。中国社科院人口所助理研究员华颖在题为《典型国家应对新冠疫情的医保政策及启示》报告中,以德国、日本、韩国、英国、美国为主要分析对象,指出在新冠疫情应对中,已有完备的全民医疗保障制度并为之投入足够资源的国家,应对往往更为有力。例如,德、日、韩等医保制度健全的国家,能够相对迅速地动员和扩大已有的机构能力与资源,从而更好地应对危机。相反,缺乏健全的全民医保的国家需要依靠大量临时政策和紧急措施,从而反应迟缓或不足,美国就是一例。她认为,反思疫情应对得失,我国要加快健全法定医疗保障制度。她还强调,新冠疫情给世界带来深刻的影响,已成为二战以来全球面临的最严峻危机,极大增加了全球政

治、经济、社会等方面的不确定性和风险。社会保障是应对社会风险、对抗不确定性的制度,在当前变局中更需要增加各项社保制度的确定性,推动我国社保制度尽快成熟定型。

[学习任务]小组讨论:结合图示、材料和教材第54—56页内容,探究我国完善社会保障体系的举措并分析原因。

[知识建构]

$$
\text{完善社会保障}\begin{cases}
\text{措施}\begin{cases}
\text{公平对待每个公民,并确保其享受相应的社会保障权益}\\
\text{与经济社会发展相适应(量力而行、尽力而为)}\\
\text{权责清晰}
\end{cases}\\
\text{总要求和目标}
\end{cases}
$$

[知识拓展]《中华人民共和国社会保险法》。

第二十三条　职工应当参加职工基本医疗保险,由用人单位和职工按照国家规定共同缴纳基本医疗保险费。

无雇工的个体工商户、未在用人单位参加职工基本医疗保险的非全日制从业人员及其他灵活就业人员可以参加职工基本医疗保险,由个人按照国家规定缴纳基本医疗保险费。

第二十五条　国家建立和完善城镇居民基本医疗保险制度。

城镇居民基本医疗保险实行个人缴费和政府补贴相结合。

享受最低生活保障的人、丧失劳动能力的残疾人、低收入家庭六十周岁以上的老年人和未成年人等所需个人缴费部分,由政府给予补贴。

[设计意图]通过图片和材料分析,使学生理解国家进一步加强社会保障的措施,从而感受社会主义制度的优越性,认同社会主义制度。

[板书设计]

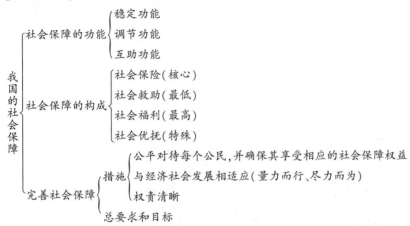

$$
\text{我国的社会保障}\begin{cases}
\text{社会保障的功能}\begin{cases}
\text{稳定功能}\\
\text{调节功能}\\
\text{互助功能}
\end{cases}\\
\text{社会保障的构成}\begin{cases}
\text{社会保险(核心)}\\
\text{社会救助(最低)}\\
\text{社会福利(最高)}\\
\text{社会优抚(特殊)}
\end{cases}\\
\text{完善社会保障}\begin{cases}
\text{措施}\begin{cases}
\text{公平对待每个公民,并确保其享受相应的社会保障权益}\\
\text{与经济社会发展相适应(量力而行、尽力而为)}\\
\text{权责清晰}
\end{cases}\\
\text{总要求和目标}
\end{cases}
\end{cases}
$$

"我国的社会保障"教学设计

吴秋怡(安徽省淮北市第一中学)

议题:如何从社会保障中品味安全感?

一、教学准备

1.教材分析

本框是高中思想政治必修 2《经济与社会》第二单元第四课第二框。从单元大概念看,第二单元介绍经济发展与社会进步,教学主题是"高质量发展,人民幸福感提升"。第三课介绍经济发展,侧重生产环节;第四课讲成果共享,侧重分配环节。本框是对前一框"我国的个人收入分配"中再分配的进一步阐述。社会保障作为再分配重要形式,是促进社会公平的重要途径,直接影响人们的获得感、幸福感和安全感,落脚到经济发展以人民为中心的思想。本框的核心概念是社会保障体系,分解后的重要概念包括社会保障的内容、作用、措施。

2.学情分析

从知识经验看,学生已经了解我国的收入分配,尤其是再分配的基本内涵,为本节课理解社会保障奠定了良好的基础。从生活经验层面看,学生对"五险一金"、低保救助等概念有所耳闻,但停留在经验层面,未上升到理性认识。从心智与能力层面看,高一学生具有一定的观察和逻辑思维能力,能够在分析社会现象中提升能力和素养。

3.教学目标

(1)掌握我国加强社会保障体系建设的形式、意义和措施,认识到我国的社会保障体系是根据我国的国情、与经济社会发展水平相适应,增强对完善社会保障体系的认同感。

(2)积极参加社会保险,针对我国社会保障存在的问题提出合理化建议,提高运用知识解决问题能力,增强社会责任感。

4.教学重难点

(1)教学重点:我国社会保障的基本形式与功能。

（2）教学难点：完善社会保障体系的措施。

5.教学方法

议题式教学法、合作探究法。

6.教学结构

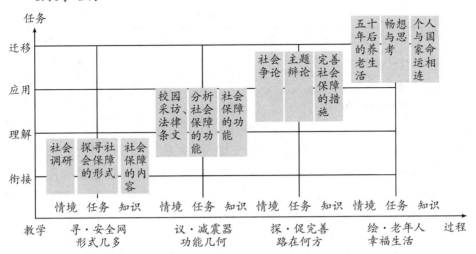

二、教学过程

（一）前置学习

[课前调研]学生走进家庭、校园、社会进行调研，搜集社会保障相关信息。

[设计意图]学生通过实地调查研究了解社会保障并发现问题、解决问题，将思政小课堂同社会大课堂相融合，培育公共参与意识，让教学更具深度和广度。

（二）课堂教学

导入：从古至今，社会保障意识深深地影响人类社会的发展。早在汉代，就有"老有所终，壮有所用，幼有所长，矜寡孤独废疾者皆有所养"的记载。时至今日，社会保障发展现状如何？今天，我们带着疑问，通过调研的学习方法一起走进"我国的社会保障"。

[设计意图]带领学生进入情境，培养文化自信；由古及今引发学生对当今社会保障的关注。

环节一：寻·安全网形式几多

[教学情境]假期里，为了探寻社会保障的面貌，学生走进社会大课堂，开展各种形式的调研活动。先通过一段视频看看大家的调研成果。

[学习任务1]师生对话:你从调研成果中发现了社会保障的哪些形式?

[学习任务2]同桌交流:大家一起找出社会保障的形式表格中的错误并纠正。

[知识建构]社会保障的基本形式与内涵。

表1　社会保障知识

	社会保险	社会救助	社会福利	社会优抚
资金来源	政府、单位、个人	政府	政府和社会	国家和社会
对象	法定社会成员	遭遇生活困境的群体	老年人、残疾人、妇女、儿童和其他社会成员	现役军人、复员退伍军人、军烈属等
内容	养老、医疗、失业、工伤、生育	保障最低生活水平	社会化服务、实物供给、福利津贴	物质照顾、生活和工作安置、精神抚慰
地位	核心	最先形成、最悠久、最后一道防线	最高层次	褒扬性、补偿性、优待性、综合性

[设计意图]对教材内容进行适当处理,从我国社会保障的构成开始讲起。学生通过预习与纠错练习,自主建构关于社会保障基本形式的知识体系;通过寻找身边的社会保障形式,将感性认知上升到理性认识,激发学生的政治认同与制度自信。

环节二:议·减震器功能几何

[教学情境1]校园调研:采访校园资助中心负责人(观看视频)。

[学习任务1]小组讨论:(1)结合采访视频,找一找助学金的资金来源。(2)谈谈发放助学金给学生带来了哪些影响?(3)分析国家开展教育救助对社会发挥的作用。

[评价与总结](1)社会保障是精巧的"社会减震器"。当人失去收入来源而面临生存危机的时候,就会大大增加社会的不稳定因素。国家通过提供物质和服务等形式保障人们的基本生活权利,满足社会成员对安全和发展的需求,有利于缓解甚至消除社会震荡和潜在风险,进一步维护社会秩序稳定与健康发展。(2)教育中的差距、不平等容易引发一系列社会矛盾和冲突。我们常说,教育是阻隔贫困代际传播的有效手段。通过发放助学金,不仅可以帮助学生顺利完成学业,还可以调节不同学生之间的利益关系,让每个学生都能平等接受教育,促进教育公平的实现。

[知识建构1]社会保障的功能。

社会保障的功能 {
稳定功能:化解生存危机,保障生活权利,维护社会稳定

调整功能:调节利益关系,化解矛盾冲突,促进公平正义

互助功能:风险分摊与责任共担,社会互助,自助与他助
}

[设计意图]透过现象看本质,深入挖掘调研成果。采用学生熟悉的校园情境,从学生个人到社会教育事业,通过序列化问题设置,逐层递进、深化理解。从微观到宏观,由教育救助的功能上升至社会保障的功能,培养政治认同。

[教学情境2]文献调研:社会救助法草案;社会保险法。

[学习任务2]师生对话:朗读法条,思考社会保障还有什么功能?

[评价与总结]国家鼓励在构建社保体系的过程中形成人人为我、我为人人的社会风气。我们在享受权利的同时,要积极参加社会保险,承担相应的责任。从横向看,这是社会各方相互帮助的体现,如养老金的领取。虽然养老金在个人账户中累积,但我国实行个人账户与社会统筹相结合的机制,国家通过再分配,将我们现在缴纳的养老金部分提供给现在需要提取的老年人,等我们到达法定退休年龄时,同样也可以享受。从纵向看,这是代际互助,将养老风险分摊到国家、企业和个人身上。

[知识建构2]社会保障的功能:通过风险分摊与责任共担,发挥社会互助功能;通过自助与他助,推动社会持续健康发展。

[设计意图]通过多样化调研形式深化对社会保障功能的理解;通过朗读法条,了解有关法律政策,增强学生法治意识。

环节三:探·促完善路在何方

(过渡)进入新时代,我国社会保障事业快速发展,尤其在"十三五"期间,我国社会保障事业取得巨大成就,不仅改善了百姓生活,还助推社会进步。

[教学情境]有成就也就有挑战。随着社会主要矛盾的转变,人们对美好生活和社会保障的期待越来越高。我国的社会保障体系究竟该如何完善?有人认为应该强调全民性和公平性;有人认为应该增加政府投入,不断提高社会保障水平。

[学习任务]组际辩论:社会保障的发展应更注重公平还是水平?(包括立场陈述和自由辩论环节)

[评价与总结]社会保障发展应更注重公平还是水平,要辩证看待。离开水

平空谈公平会导致普遍贫穷,离开公平谈水平会挫伤人民积极性。总之,我国要建成以人民为中心的覆盖全民、城乡统筹、权责清晰、保障适度、可持续的多层次社会保障体系。

[知识建构]完善社会保障的措施。

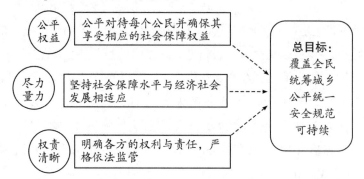

[设计意图]引导学生辩证思考,培养理性思考能力与科学精神,求同存异,综合判断。学生在求同存异的基础上可能会产生主观评价,教师始终坚持价值引领,实现开放性与导向性的统一,培育政治认同素养。

环节四:绘·老年人幸福生活

[学习任务]50年后,你的老年生活是什么样的?你会为之做何努力?

[设计意图]通过时光畅想,让学生畅想养老生活,引导学生将个人命运与国家命运相连,激发学生对社会保障发展前景的自信,培育政治认同与公共参与素养。

(小结)回望过去,群众的笑脸是对社会保障工作最好的褒奖;展望未来,社会保障体系会更加完善,保障项目日益完备、制度运行更加有序、保障水平稳步提高,我们坚信人民群众将体会到更多的获得感、幸福感和安全感。未来已来,前路可期!

[设计意图]情感升华,培养制度自信,增强政治认同。

[板书设计]

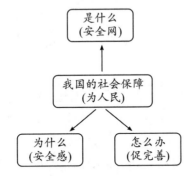

三、教学资源

1.《中华人民共和国社会救助法(草案)》。

2.《中华人民共和国社会保险法》。

"践行社会责任　促进社会进步"教学设计

付丽宾(江西省萍乡市安源中学)

议题:如何践行社会责任,促进社会进步?

一、教学准备

1.教材分析

(1)本课地位:"践行社会责任　促进社会进步"是思想政治必修2《经济与社会》第二单元的综合探究。综合探究既是对本单元重要理论知识和实践问题的系统概括与深化升华,又是全书的落脚点。既能让学生在感悟社会中运用知识分析和解决问题,又能在探究中培养学生的责任意识与担当精神,体现核心素养目标。同时,本探究具有开放性,为学生提供了一个更广阔的合作、交流与实践平台,让学生在交流探究中理解我国经济社会发展的新理念和全面深化改革的意义,提升学生在新时代参与社会主义现代化建设的能力。

(2)本课内容:本综合探究与单元主题"经济发展与社会进步"相统一,是单元教学内容的深化与升华。单元主题更多强调理论总结,而综合探究更突出实践研究,在此基础上实现理论与实践的统一。在理论与实践统一中践行社会责任,落实公共参与素养目标。本综合探究共有三个探究问题。

2.学情分析

(1)知识基础:学生通过前面的学习已具备一定的经济学素养,为本课学习奠定基础。虽然学生在初中阶段对共同富裕、绿色发展、劳动精神等知识有所了解,但整体认知比较分散,缺乏系统性和逻辑性,且大多认知停留在理论层面,未上升到实践层面。

(2)认知能力:本课教学对象是高一学生,具备一定的公共参与意识和科学思辨能力。教师要立足学生生活实际,选取和学生生活贴近的情境和议题,引导学生在探究中践行社会责任、培养责任担当,将思政小课堂与社会大课堂相结合。

3.教学目标

理解实现共同富裕的目标,坚持正确的财富观和致富观,坚定道路自信和制度自信;提高正确辨别与评价绿色生产和绿色消费行为的能力,坚持绿色发展、低碳生活的发展方式和消费方式,在生活中参与社会公共事务,提升公共参与能力;理解劳动创业精神,涵养崇尚劳动精神,树立劳动创造未来、劳动创造美好生活的理念,自觉在劳动中促进经济发展和社会进步,成为担当时代使命的新青年。

4.教学重难点

(1)教学重点:劳动创业精神,共同富裕的目标。

(2)教学难点:如何做到个人进步与社会发展相统一。

5.教学方法

议题式教学法、合作探究法、启发式教学法、社会实践教学法。

6.教学结构

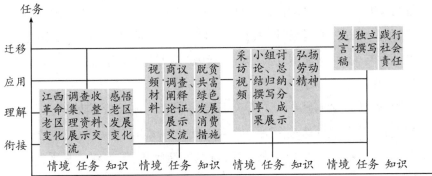

二、教学活动

(一)前置学习

[教师活动]将全班学生分成资料组、问卷组、调研组和综合组,布置任务。

[学生活动]完成调查与采访任务。

1.利用课余时间,从衣、食、住、行中选择一个感兴趣的领域,访谈家人、市民或先进人物,调查10年间他们的生活发生了哪些变化,并将调研成果制成PPT或视频。

2.课前进行校园问卷调查,撰写调查报告。将调查情况进行汇总、分析,尝试提出至少一项切实可行的行动方案。

3.介绍或采访身边优秀劳动者或奋斗者,做好过程记录,制作PPT或拍摄视频。

(二)课堂教学

导入:谈到革命老区,你心中是什么印象呢?有人可能会想到雪山草地,有人可能会想到黄土高坡,也许还有人会想到"老少边穷"。如今的老区究竟是什么样子?今天,让我们走进江西这片红色热土,看一看这片红土地的新面貌。

环节一:走进老区看新貌

[教学情境]展示学生关于江西革命老区近10年人民生活变化的社会实践调研成果——《红土地上竞风流 江西风景将更好》。

[学习任务1]小组展示:展示老区近10年的发展变化。

[学习任务2]师生对话:根据调研成果,你最想对江西革命老区说什么?

[设计意图]此环节让学生从生活实际入手,走出课堂、融入社会。通过调研采访,学生不仅对老区的发展有了更全面、深刻的体验,还增长了见识、提高了实践能力、增强了学习主动性,于潜移默化中培育学生公共参与、政治认同等学科核心素养。同时,通过设计"我想对老区说句话"活动,既能表达学生对革命老区的歌颂与赞美,又能增强其对革命老区的认同感和归属感。

环节二:深入老区探原因

[教学情境1]江西是一片红色沃土,被誉为"一座没有围墙的红色博物馆"。全省各类革命遗址遗迹多达2960处,国有馆藏可移动革命文物达43 650件(套)。近年来,江西省深挖红色资源,赓续红色血脉,传承红色基因,凝聚红色力量。在顶层设计上用力,制定推进红色文化资源保护与开发利用的意见规划等;在精品打造上用功,推出一批红色旅游经典景区、精品线路;在培训研学上用心,大力发展红色教育培训和红色研学;在人才培养上用情,开展红色旅游五好讲解员建设行动试点;在区域合作上用劲,成立湘赣边红色文化旅游共同体,形成红色旅游区域联动的良好格局。尤其在融合发展上用心用情用力,推动红色旅游与乡村振兴有机融合、深度融合,让当年的"革命路""长征路"成为新时代的"振兴路""幸福路"。

[教学情境2]视频:央视特别节目《走进老区看新貌·聚焦萍乡》。

[教学情境3]江西省萍乡市作为长江以南最大的煤矿产区,近130年的煤炭开采给萍乡留下了近9万亩的废弃矿山,水土流失、环境恶化、采煤沉陷区等生态问题严重影响群众的生产生活、城乡环境。绿色发展是资源枯竭型城市转型发展的必由之路。近年来,萍乡创新"生态+"治理模式,坚持规划先行、系统

治理,建立多元投资机制,引导社会资金参与。2021年对萍乡市99个废弃矿山图斑进行修复,2024年底将剩余的废弃矿山全部复绿。从"光秃秃"到"绿油油",从"地下开挖"到"地上开花",从"一城煤灰半城土"变为"一城青山半城湖","腾笼换鸟""凤凰涅槃"实现"华丽转身",从"矿区"到"景区",萍乡市6万多亩废弃矿山变身"绿水青山""阳光花海""金山银山",成为乡村振兴、农民增收的新天地。

[学习任务1]小组合作:商议后绘制图片,并派代表展示。

1.如果用颜色表达江西革命老区发生变化的原因,你会用什么颜色?

2.谈谈江西革命老区发生变化的原因有哪些? 为其他地区消除贫困提供了哪些致富样板?

3.绘制革命老区发展的"致富样板图"。

[设计意图]本环节设计目的是突破本框重点内容,既有声情并茂的视频资料,又有贴近学生实际的阅读资料,于情境中提炼有效信息,在讨论、合作中应用和迁移知识,培养学生发散性思维和综合分析归纳能力。同时,为了让学生掌握必备知识,设计绘制致富样板图任务,让学生在"议"中学,在"动"中学,在"学"中思考教材、思索社会、思辨人生。

[教学情境4]习近平总书记指出:"生态文明建设同每个人息息相关,每个人都应该做践行者、推动者。要加强生态文明宣传教育,强化公民环境意识,推动形成节约适度、绿色低碳、文明健康的生活方式和消费模式,形成全社会共同参与的良好风尚。"2020年3月,中共中央办公厅、国务院办公厅印发《关于构建现代环境治理体系的指导意见》,要求"引导公民自觉履行环境保护责任,逐步转变落后的生活风俗习惯,积极开展垃圾分类,践行绿色生活方式,倡导绿色出行、绿色消费"。

[学习任务2]师生对话:校园调查。

表1 校园调查表

节约达人	减少家中能耗,节约水电、食品、纸张
低塑达人	减少使用一次性及不可降解塑料,自带餐具、环保购物袋等
循环利用达人	旧物再利用,二手物品租借、转卖、捐赠
垃圾分类达人	主动进行垃圾分类

低碳达人	选用新能源汽车、节能电器,尽量选择公交、共享单车出行
动植物保护达人	避免消费濒危野生动物制品,爱护一草一木
断舍离达人	控制消费欲望,减少过度消费和囤积物品
无废达人	有意识减少生活垃圾
公益志愿者达人	参与公益环保活动
零污染达人	拒绝消费含污染成分产品

[学习任务3]小组讨论:将调查情况进行汇总、分析,尝试提出至少一项切实可行的行动方案,形成调研报告。

[知识建构]

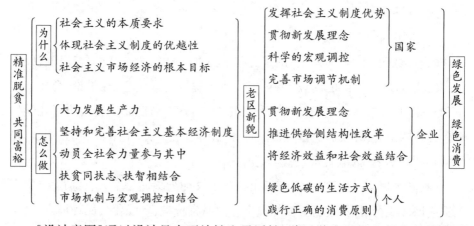

[设计意图]通过设计具有开放性和灵活性、贴近学生思想和行为的校园调查,进一步让学生反思日常生活中的环保习惯和消费行为,树立低碳生活观念和绿色消费观念,自觉成为绿色发展理念的践行者。同时,培养学生深入社会、参与实践、发现问题、明辨是非、解决问题的能力。

环节三:助力老区展初心

[教学情境]老区之变,说到底是人之变。老区有今天的新颜,除了"红绿融合"的"现代密码",离不开身着不同颜色工装、在各种岗位上挥洒热情与汗水的劳动人民。正是因为劳动创造,我们才拥有了历史的辉煌;也正是因为劳动创造,老区才拥有了今天的新貌。

[学习任务1]小组展示:课前制作或拍摄身边的优秀劳动者或奋斗者的PPT或视频。

[学习任务2]小组讨论:思考他们身上有哪些共同的精神品质,为人物撰

写解说词。

[知识建构]

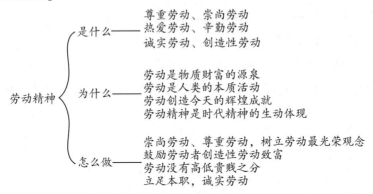

劳动精神
- 是什么——尊重劳动、崇尚劳动 热爱劳动、辛勤劳动 诚实劳动、创造性劳动
- 为什么——劳动是物质财富的源泉 劳动是人类的本质活动 劳动创造今天的辉煌成就 劳动精神是时代精神的生动体现
- 怎么做——崇尚劳动、尊重劳动,树立劳动最光荣观念 鼓励劳动者创造性劳动致富 劳动没有高低贵贱之分 立足本职,诚实劳动

[设计意图]通过介绍或采访身边的劳动者,让学生深入社会,全面认识劳动精神的现代价值,涵养崇尚劳动的精神,自觉将劳动精神内化于心、外化于行。

环节四:展望老区奔未来

[教学情境]奋进新征程,建功新时代。新时代是奋斗者的时代,自强不息的老区人民用奋斗人生谱写了新时代老区的最好故事。我们既是老区未来发展的在场者、参与者,又是书写者、创作者。

[学习任务]独立撰写:2035年,老区会是什么样?你会是什么样?请以"奋进新征程,建功新时代——老区未来,有我参与"为主题,分享人生理想。

[设计意图]让学生展望未来,认真思考新时代背景下青少年应该担当什么责任。通过分享人生理想,让学生有话可说、有话想说、有话能说。结合江西革命老区未来发展这个现实问题,让学生展望家乡发展蓝图,增进学生的归属感和自豪感。问题情境与任务活动相呼应,意在培养学生的家国情怀和责任担当,指向学科核心素养培育与提升,最终落实到实现个人进步与社会发展相统一。

[板书设计]

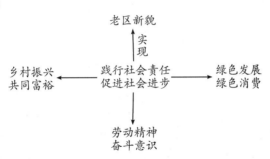

老区新貌
↑实现
乡村振兴 ← 践行社会责任 → 绿色发展
共同富裕　　促进社会进步　　绿色消费
↓
劳动精神
奋斗意识

三、教学资源

1.央视网:《走进老区看新貌·江西篇》。

2.厉以宁:《中国道路与经济高质量发展》。

3.何建明:《那山,那水》。

4.渠涛、邵波:《生态振兴——建设新时代的美丽乡村》。

5.中共中央、国务院:《关于全面加强新时代大中小学劳动教育的意见》。